Merlin Wolf (Hrsg.)
Irrwege der Kapitalismuskritik

Unter der Mitarbeit von Lea Heyer.

Merlin Wolf (Hrsg.)

Irrwege der Kapitalismuskritik

Alibri Verlag
Aschaffenburg

2017

Alibri Verlag
www.alibri.de
Aschaffenburg
Mitglied in der Assoziation Linker Verlage (aLiVe)

Erste Auflage 2017

Copyright 2017 by Alibri Verlag, Postfach 100 361, 63703 Aschaffenburg

Alle Rechte, auch die des auszugsweisen Nachdruckes, der photomechanischen Wiedergabe, der Herstellung von Mikrofilmen, der Einspeicherung in elektronische Systeme sowie der Übersetzung vorbehalten.

Umschlaggestaltung: Claus Sterneck
Titelgraphik: Laura aus dem Siepen, www.farbtier.de
Titelzeichnung: Steven Rademacher
Druck und Verarbeitung: Dardedze Holografija, Riga

ISBN 978-3-86569-273-3

Inhaltsverzeichnis

Merlin Wolf
Einleitung 7

Merlin Wolf
Die Ideologie von raffendem und schaffendem Kapital 13

Frédéric Krier
**Brechung der Zinsknechtschaft: Über Proudhon'schen
Antisemitismus und deutschen Nationalsozialismus** 35

Norbert Trenkle
Aus der Krise in die Regression
Nationalismus und Populismus von links 51

Thomas Ebermann
Facetten einer Kritik der Arbeit 71

Bakara Merle
Die Neoklassik als Dogma der VWL 91

Nadja Rakowitz
Wir kaufen uns eine bessere Welt
Konsumkritik, ein weiterer Irrweg der Kapitalismuskritik? 111

Maximilian Hauer
Die Grenzen der Schrumpfung
Kritische Bemerkungen zu Theorie und Praxis der
Postwachstumsbewegung 129

Stephan Grigat
Subversives Denken im Postfaschismus und der Staat des Kapitals
Eine Erinnerung an Johannes Agnoli 149

Autorinnen und Autoren 172

Merlin Wolf
Einleitung

Der vorliegende Band ist das Resultat einer Vortragsreihe, die im Sommersemester 2016 an der Universität Heidelberg stattfand und von der Gruppe AKUT [+c] organisiert wurde. In leicht geänderter Besetzung versuchen die AutorInnen Irrwege der Kapitalismuskritik zu analysieren und aufzuklären.

Dass ein solcher Aufwand überhaupt betrieben werden soll, hat etwas mit der historischen Entwicklung der letzten knapp zehn Jahre zu tun, die weitere zehn Jahre zuvor kaum abzusehen war.

Die Frage, in welcher Welt wir leben wollen, schien Anfang der 1990er obsolet geworden. Francis Fukuyama rief das „Ende der Geschichte" aus – der liberale Kapitalismus sei alternativlos geworden. Die marginalisierte kapitalismuskritische Gegenseite blieb weitgehend stumm. Noch Anfang der 2000er Jahre hatte sich das gegründete Weltsozialforum – im Rückgriff auf die zapatistische Erhebung in Chiapas, Mexiko – ein Motto als zaghafte Erwiderung gegeben: „Eine andere Welt ist möglich". Nicht die Frage, in was für einer Welt man leben wollte, stand im Zentrum der kapitalismuskritischen Bewegung, sondern nur noch, ob eine nicht kapitalistisch eingerichtete Welt überhaupt möglich sei.

Seit der Weltwirtschaftskrise, die 2008 begann, ist das anders. „Ich beginne zu glauben, dass die Linke recht hat", erklärte 2011 zuerst Charles Moore im Londoner *Daily Telegraph* und kurz darauf auch Frank Schirrmacher in der *Frankfurter Allgemeinen Zeitung*. „Im bürgerlichen Lager werden die Zweifel immer größer, ob man richtig gelegen hat, ein ganzes Leben lang. Gerade zeigt sich in Echtzeit, dass die Annahmen der größten Gegner zuzutreffen scheinen. Ein Jahrzehnt enthemmter Finanzmarktökonomie entpuppt sich als das erfolgreichste Resozialisierungsprogramm linker Gesellschaftskritik",[1] so Schirrmacher weiter. Seitdem ist neben Globalisierungskritik auch Kapitalismuskritik wieder Teil des gesellschaftlichen Mainstreams.

Zu einer gewissen gesellschaftlichen Verunsicherung führten auch die Reaktionen auf die Krise. Die neoklassische Theorie der traditionellen Volkswirtschaftslehre kann die Krise nicht erklären, hilflos ignoriert sie diese noch immer in vielen Lehrbüchern. Auf der anderen Seite rufen die AnhängerInnen des Keynesianismus nach dem Eingreifen des starken Staates. Die deutsche Bundesregierung wiederum boxt eine Austeritätspolitik in Europa durch – das große Sparen. Die Folgen beispielsweise in Griechenland sind bekannt: Massenarbeitslosigkeit, Armut, Erhöhung der Kindersterblichkeits- und Suizidraten. Doch nicht alle sind betroffen vom Rückgang der Löhne, Massenarbeitslosigkeit, dem Zusammenbrechen der öffentlichen Versorgung, Armut und Hunger. Gerade in der Krise kommt es selbst in reichen Industrienationen zur Zuspitzung sozialer Ungleichheit, die kaum jemand mehr verteidigen möchte. Kapitalismuskritik ist plötzlich en vogue.

Das geht mit einer Reihe von Problemen einher: Allzu häufig richtet sich der Zorn gegen jene, die die Krise verursacht haben sollen. Das Resultat ist eine wütende Kapitalismuskritik des Bauches. Oft mit chauvinistischem Ergebnis: Die Erfolglosen seien einfach zu faul. Die Krise sei von den Gierigen im Casinokapitalismus herbeigezockt. Wir seien die ehrlichen, betrogenen 99%.

Dagegen richtet sich dieses Buch. Es will einen Einblick in das Labyrinth der Kapitalismuskritik geben und es ermöglichen, eigene Bilder und Vorstellungen zu reflektieren. Kritik ist die Analyse und Beurteilung eines Gegenstandes. Sie sollte die strukturellen Ursachen gesellschaftlich beobachtbarer Phänomene offenlegen, um sich nicht in den Irrwegen der Kritik zu verlieren, die sich über bloße Symptome beklagen. Stattdessen sollten die dahinterstehenden Ideologien analysiert werden.

Schließlich soll das Buch auch eine Diskussion anstoßen: Was lässt sich aus den bisherigen Versuchen der Kapitalismuskritik lernen? Worin unterscheiden sich progressive und regressive Kapitalismuskritik? Welche Bedingungen muss progressive Kapitalismuskritik erfüllen?

Dies ist auch deswegen so wichtig, weil in der Krise RechtspopulistInnen auf dem Vormarsch sind und mit ihren Antworten auf die Krise zuneh-

---

1 Schirrmacher, Frank: „Ich beginne zu glauben, dass die Linke recht hat", in: FAZ vom 15.8.2011

mend Einfluss in Europa und der Welt bekommen. Schließlich agitieren auch Nazis gegen den Kapitalismus als den „Feind der Völker", „Global dient dem Kapital. Sozial geht nur national".

Rechter Antikapitalismus ist weder ein Versuch der Kopie linker Konzepte noch ein bloßer Propagandatrick. In dem Beitrag *Die Ideologie vom raffenden und schaffenden Kapital* wird ein zentrales Motiv eines Antikapitalismus von rechts nachvollzogen. Dem guten schaffenden Kapital wird dabei das parasitäre raffende Kapital gegenüber gestellt. Die begriffliche Unterscheidung geht auf den Nationalsozialisten Gottfried Feder zurück und besitzt ein antisemitisches Wesen. In dem Beitrag beschreibe ich aber auch, welche Strukturen des Denkens diese Ideologie bedingen und welche psychosozialen Bedürfnisse dahinter stehen. So erklärt sich, warum Elemente der Ideologie auch in Kapitalismuskritiken der Mitte und der Linken zu finden waren. Abschließend wird erklärt, woran die Ideologie erkannt werden kann und welche Differenzen und gemeinsamen Probleme es mit personalisierter Kapitalismuskritik gibt.

In *Brechung der Zinsknechtschaft: Über Proudhon'schen Antisemitismus und deutschen Nationalsozialismus* schließt Frédéric Krier hieran an. Er geht einer Verbindung zwischen nationalsozialistischer Ideologie und dem sogenannten „kleinbürgerlichen Sozialismus" von Pierre Joseph Proudhon nach, die insbesondere für die Zins- sowie die Eigentumskritik gilt. Die hierbei festzustellenden Kontinuitäten, aber auch Diskontinuitäten werden in Zusammenhang mit dem Proudhon'schen Antisemitismus und seinen weltanschaulichen Grundlagen betrachtet. Hierbei wird gezeigt, dass Proudhons Haltung gegenüber den Juden weder ganz einem rassisch orientierten Antisemitismus noch dem „herkömmlichen" christlichen Antijudaismus entspricht, obwohl sie Elemente von beiden aufweist. Vielmehr steht Proudhons judenfeindliche Einstellung in engem Zusammenhang mit seinem Antitheismus, den Krier als eine Art Neuauflage der marcionschen Häresie versteht.

Aktuellen Phänomenen regressiver Kapitalismuskritik widmet sich Norbert Trenkle. In *Vorwärts in die Regression – Zur Kritik des linken Nationalismus* beschäftigt er sich mit plakativen Erklärungen der Finanzkrise, die seit 2008 anhält. Der Volkszorn von rechts bis links macht wahlweise gierige Banker, zockende Börsianer oder die „Finanzoligarchie" für die globale kapitalistische Krise verantwortlich. Davon ausgehend betrachtet Trenkle aktuelle Erscheinungsformen linkspopulistischer und linksnationalistischer Kapitalismuskritik und erhebt Einwände gegen diese. Abschließend beschreibt der Beitrag die jahrzehntelange Aufblähung des Finanzüberbaus, die keinesfalls die Ursache der ökonomischen Verwerfungen darstellt, sondern ein Ausdruck einer fundamentalen Strukturkrise ist. Eine Analyse, die Krisen- und Kapitalismuskritik nicht außer Acht lassen sollte.

In *Facetten einer Kritik der Arbeit* liefert Thomas Ebermann eigentlich gleich zwei Beiträge. In einer ersten Bestandsaufnahme untersucht er derzeitige Vorstellungen von Lohnarbeit in unserer Gesellschaft. Anhand des Aufkommens von Firmenhymnen beschreibt er die Entwicklung der Arbeit von einem Feld der Mühsal und Plackerei zu einem Feld der Selbstverwirklichung, bei dem alle froh sein müssen, die arbeiten dürfen. In einem zweiten Teil zur historischen Genese findet Ebermann die Ursache der derzeitigen Misere auch in der Geschichte der Arbeiterbewegung. Diese habe die kapitalistische Arbeitsweise nur unzureichend kritisiert und eine notwendige Steigerung der Produktivität nicht in Frage gestellt. Schuld daran war eine Kapitalismuskritik, die an eine Automatik des gesellschaftlichen Fortschritts glaubte.

Bakara Merle betrachtet den Common Sense der Kapitalismuskritik der Wirtschaftswissenschaften. In *Die Neoklassik als Dogma der Volkswirtschaftslehre* stellt sie das hegemonial gewordene, neoklassische Denken und die Idee des Homo oeconomicus vor. Obwohl dieses die Krise weder vorhersehen noch erklären konnte und deswegen erste Risse bekommen hat, scheint es seine Vorrangstellung erfolgreich zu verteidigen. Im positivistisch vorgehenden Modell der Wirtschaftswissenschaften weist das Menschen- und Gesellschaftsbild schwerwiegende Mängel auf, da es ausschließlich von rationalen und informierten individuellen KonsumentInnen ausgeht. Alles Irrationale ist ihm fremd. Einer wissenschaftlichen Ökonomiekritik steht ein neoklassisches Dogma daher im Wege.

Nadja Rakowitz betrachtet in ihrem Beitrag *Wir kaufen uns eine bessere Welt – Konsumkritik, ein weiterer Irrweg der Kapitalismuskritik?* die sogenannte „Macht der VerbraucherInnen". Während sie auf der einen Seite feststellt, dass Konsumkritik durchaus positive Auswirkungen haben kann, arbeitet sie auf der anderen Seite heraus, dass die Ursachen zahlreicher Fehlentwicklungen und Problemen nicht im falschen Konsumverhalten der Mehrheit, sondern in der kapitalistischen Dynamik bestehen. Zwischen beiden Polen manövrierend untersucht sie verschiedene konsumkritische Themenfelder, um Mindestanforderungen an eine progressive Konsumkritik zu stellen und findet auf der anderen Seite auch Formen der Konsumkritik, die Elendsverhältnisse bloß stützen.

In seinem Beitrag *Die Grenzen der Schrumpfung: Kritische Bemerkungen zu Theorie und Praxis der Postwachstumsbewegung* untersucht Johannes Hauer die Kapitalismuskritik der Postwachstumsbewegung, die auch als Décroissance- oder Degrowth-Bewegung bekannt ist. In der pluralistischen Bewegung findet er außer einem Unbehagen gegenüber dem Kapitalismus kaum feste Gemeinsamkeiten oder theoretische Grundlagen. Als besonderes Problem habe man das Wachstum ausgemacht. Damit enden aber bereits die Übereinstimmungen. Weite Teile der Postwachstumsbewegung stellen sich dabei nicht als ökonomiekritisch, sondern als bloß kulturkritisch heraus, da sie nicht die Logik des Kapitals kritisieren, sondern stattdessen für einen Wertewandel eintreten. Die Folge der mangelnden Ökonomiekritik ist die Wendung gegen „Wachstumskapitalismus".

Vor dem Beginn der Lektüre habe ich noch auf die Unzulänglichkeiten der Sprache und ihrer Begriffe hinzuweisen, die zu Schwierigkeiten führen können: Gelegentlich ist von Konstrukten die Rede, beispielsweise von der antisemitischen Vorstellung des Juden, die, wie dargestellt wird, nichts mit tatsächlichen Jüdinnen und Juden zu tun hat. Auch die Deklination nach Geschlecht ist mitunter schwierig, wenn es sich um Konstrukte, historisch fast ausschließlich männliche Gruppen oder männlich dominierte, patriarchale Gruppen handelt. Ein aufmerksames Lesen sollte aber stets Klarheit verschaffen, wen die Begriffe umfassen. In einigen Fällen verweist das Binnen-I darauf, dass alle Geschlechter gemeint sind.

Merlin Wolf

Die Ideologie von raffendem und schaffendem Kapital

Einleitung

Seit der Wirtschaftskrise, die inzwischen seit fast zehn Jahren anhält, hinterfragen mehr und mehr Menschen den Kapitalismus. Einen kurzen Höhepunkt davon bildete das Jahr 2010. In einer repräsentativen Umfrage von Emnid im Auftrag der Bertelsmann Stiftung erklären neun von zehn Befragten, dass der Kapitalismus keinen sozialen Ausgleich in der Gesellschaft schaffe und weder den Schutz der Umwelt, noch den sorgsamen Umgang mit den Ressourcen berücksichtige. Entsprechend fordern neun von zehn Befragten eine neue Wirtschaftsordnung. Nur jeder Dritte glaubt an die Selbstheilungskräfte des Marktes. Auch folgt lediglich jede dritte befragte Person der Annahme, dass Wirtschaftswachstum die eigene Lebensqualität steigere. Hinzu kommt, dass vor allem ältere Menschen noch Vertrauen in den Kapitalismus haben, bei den jungen Menschen jedoch mehr Ablehnung zu finden ist. Zwischen den Schichten hingegen sind die Unterschiede gering. Dieselbe Studie ergab im Jahr 2012 ähnliche Ergebnisse. Allerdings forderten nun nur noch acht von zehn Befragten eine andere Wirtschaftsordnung. Im Jahr 2013 verlor die FDP ihre Sitze im Bundestag. Es ließe sich also sagen, dass es einen breiten antikapitalistischen Konsens in unserer Gesellschaft gebe, in der die Menschen das Mandat für die Transformation vor allem der CDU und SPD übertragen. Das liegt vielleicht auch daran, dass in der gleichen Studie vier von fünf Befragten erklärten, dass „jeder seine Lebensweise dahingehend überdenken sollte, ob wirtschaftliches Wachstum für ihn alles ist".[1] Statt einer Politisierung wird hier also auch die Forderung nach einer Personalisierung deutlich.

Wenn so viele Menschen über alle politischen Lager hinweg ein antagonistisches Verhältnis zum Kapitalismus entwickelt haben, dann stellt sich die Frage, welche Kapitalismuskritik dahinter steht. Auf eine Form der Kapitalismuskritik und ihre dahinterstehende Ideologie blickt dieser Text: die Ideologie von raffendem und schaffendem Kapital. Diese ist auch, aber nicht nur, bei Akteuren zu finden, die sich in der extremen Rechten verorten.

Felix Körner hat einmal vier wiederkehrende Motive des rechten Antikapitalismus herausgestellt.
1. Gegen einen internationalen Kapitalismus wird die nationale Volkswirtschaft und werden vermeintlich natürliche Grenzen und Identitäten gestellt.
2. Kapitalismus wird nicht als ökonomisches System, sondern als Weltanschauung, als kulturelles Phänomen begriffen, der man die natürliche Kultur entgegenstellen müsse.
3. Das Kapitalverhältnis wird nicht als Ganzes kritisiert, sondern es findet eine systematische Trennung in gutes, normales und ein bestimmtes böses Kapital statt. Das eine Kapital schafft Wachstum, Werte und Arbeitsplätze durch ehrliche Arbeit, das andere Kapital hingegen rafft parasitär lediglich Profite zusammen.
4. Der Zins führe die Menschen in die Knechtschaft, da so aus Geld immer mehr Geld werde und dann für die guten Menschen immer weniger Geld bleibe und sie immer mehr tun müssten, um das Zinsversprechen einzuhalten.[2]

Diese Motive stehen selbstverständlich miteinander in Bezug. Wie im Folgenden gezeigt werden wird, gilt dabei der Zins als die Methode raffenden Kapitals schlechthin.

---

1   Vgl. http://www.zeit.de/2010/34/Emnid-Umfrage und http://www.zeit.de/wirtschaft/2012-08/umfrage-deutschland-wirtschaftsordnung.
2   Vgl. https://www.antifainfoblatt.de/artikel/antikapitalismus-von-rechts.

Raffendes und schaffendes Kapital

Auf welche Annahmen bezieht sich die Unterscheidung zwischen „raffendem" und „schaffendem" Kapital? Auf der einen Seite steht das produzierende wertschaffende Kapital. Dieses erntet verdientermaßen, was es zuvor gesät hat. Auf der anderen Seite steht das Kapital, das zu Unrecht einen Teil des Reichtums einstreicht, ohne am wertbildenden Prozess beteiligt gewesen zu sein und parasitär einen „Wirt" beraubt.

Der Gedanke, manche Leute bestellten das Feld, während andere mit den geernteten Gaben große Gewinne einstrichen, ist alt und schließlich auch nicht falsch. Sklavenbesitzer und Fronherren beuteten ihre Untertanen aus. Bisweilen werden aber aus solchen Gedanken bloße Ressentiments.

Ein solches, bereits recht altes Ressentiment, wird beispielsweise gegenüber „der Stadt" gepflegt, in der sich die Menschen von Naturzwängen und der Last körperlicher Arbeit befreit haben. Während auf dem Dorf auf natürliche Art und Weise die Lebensmittel produziert würden, von denen die Menschen in der Stadt lebten, würden dort große Reichtümer angehäuft. Die Industrialisierung in der Moderne führe zur Veränderung und Verstädterung der Gesellschaft. Die soziale Kontrolle der dörflichen Gemeinschaft und Familienclans weiche der Anonymität der Großstädte.

Oswald Spengler kritisiert in *Der Untergang des Abendlandes* den Großstädter: „Statt einer Welt eine Stadt, ein Punkt, in dem sich das ganze Leben weiter Länder sammelt, während der Rest verdorrt; statt eines formvollen, mit der Erde verwachsenen Volkes ein neuer Nomade, ein Parasit, der Großstadtbewohner, der reine, traditionslose, in formlos fluktuierender Masse auftretende Tatsachenmensch, irreligiös, intelligent, unfruchtbar, mit einer tiefen Abneigung gegen das Bauerntum (und dessen höchste Form, den Landadel), also ein ungeheurer Schritt zum Anorganischen, zum Ende."[3] Spengler sieht den „Niedergang" der westlichen Gesellschaft als unausweichlich. Die Stadt bringe ihr eigenes Ende hervor, da sie auf die hart arbeitende Landbevölkerung angewiesen sei, deren Bewohner aber vom arbeitsfreien Gelderwerb der Stadt angezogen würden: „Aber dieser vulgäre Luxus der großen Städte – wenig Arbeit, viel Geld, noch mehr Vergnügen – übte eine verhängnisvolle Wirkung auf die hart arbeitenden

---

3   Spengler, Oswald: Der Untergang des Abendlandes. Umrisse einer Morphologie der Weltgeschichte. Düsseldorf 2007, S. 45. Vgl. Kahmann, Bodo: Antiurbanismus und Antisemitismus in: Tribüne – Zeitschrift zum Verständnis des Judentums 197/2011, S. 109

und bedürfnislosen Menschen des flachen Landes aus. (…) Der Bauer hatte es satt, Arbeit ohne Lohn zu tun, während die Stadt ihm Lohn ohne Arbeit versprach. So ging er davon und wurde 'Proletarier'."[4]

Was heute kurios anmuten mag, war im frühen 20. Jahrhundert durchaus gesellschaftsfähig. So gab es völkische Bewegungen, die ausgehend von der Ablehnung der Moderne eine bäuerliche Volksgemeinschaft ersehnten, die germanischen Gauen gleich organisiert wäre. In der nationalsozialistischen Bewegung setzten sich schließlich andere Kräfte durch, die auf die städtische Schwerindustrie nicht verzichten wollten. Spätestens nach dem sogenannten Röhm-Putsch galt der Konsens eines Kampfes um die Städte, um diese zu verändern. Hier zeigt sich, dass die gesellschaftliche Arbeitsteilung so weit vorangeschritten war, dass eine Einteilung in raffendes und schaffendes Kapital nicht mehr so einfach vollzogen werden konnte, da die angeblich schaffende Gruppe kleiner wurde und die Vorteile der Moderne omnipräsent erschienen. Anstatt aber die Ideologie aufzulösen, griff man zu einer anderen Strategie: die raffende Gruppe wurde klarer definiert: Goebbels rief den Kampf um Berlin aus. Die Germanisierung der Stadt, entgegen ihres kosmopolitischen Charakters, sollte beispielsweise durch politische Maßnahmen gegen Nachtcafés und Varietés vorangetrieben werden. Im Zentrum aber standen Maßnahmen gegen beispielsweise die großen Warenhäuser – und gegen jene, die als Wenige das Raffen des Kapitals versinnbildlichen sollten: die Jüdinnen und Juden.

In der modernen Gesellschaft sollte es unverkennbar sein, dass das Wirtschaftssystem auch einen tertiären Dienstleistungssektor benötigt, der die Waren transportiert, verkauft und Investitionen in den primären und sekundären Sektor möglich macht. Bei Spengler galt hingegen im eigentlichen Sinne nur die Urproduktion als schaffend, also der primäre Sektor. Andere Autoren seiner Zeit nahmen zumindest auch den industriellen Sektor als schaffend in den Blick. Auch einige frühsozialistische Kapitalismuskritiker trennten zwischen einem produktiven industriellen Kapital und einem zinsbasierten Kapital. So fokussierte sich beispielsweise bei Pierre-Joseph Proudhon wie später auch bei Silvio Gesell die Kritik am Kapitalismus auf den Teil des Kapitals, der vermeintlich nicht arbeitet, sondern durch den Zins Geld abwirft.

---

4 Spengler, Oswald: Jahre der Entscheidung. Deutschland und die weltgeschichtliche Entwicklung. München 1933, S. 117. Vgl. Kahmann, Antiurbanismus und Antisemitismus, S. 109

Seitdem gilt also der Zins als Manifestation der Raffgier. Ich möchte nicht falsch verstanden werden: Es gibt juristische und natürliche Personen, deren Zinszahlungen sie massiv überfordern. Griechenland ist ein aktuelles Beispiel. Das angebliche deutsche Wirtschaftswunder hätte es ohne einen Schuldenschnitt wohl kaum gegeben. Jeden Monat müssen die meisten Menschen für ihre Wohnung einen Mietzins bezahlen, eine Art Schutzgeld, nur um nicht aus der Wohnung geworfen zu werden. Selbstverständlich ist dies zu kritisieren. Aber falsch ist die Idee, der Zins ließe sich einfach abschaffen oder der Zins sei das treibende Moment unserer Wirtschaft. Der Zins ist lediglich eine Folge und Anzeige des Wirtschaftssystems.

Es war gerade eine der wesentlichen Leistungen von Karl Marx zu berechnen, dass der Mehrwert durch die Ausbeutung der Arbeit entsteht. Davor stellten sich Ökonomen stets die Frage, warum es eigentlich möglich ist, dass bei einem freien Markt unter Gleichen der Kapitalist für das fertige Produkt einen höheren Preis erhalten kann, als Rohstoff, Maschinen, Energie und Arbeiter kosten. Marx erklärte, wie aus Geldkapital (G) Warenkapital (W) wird und das Warenkapital im Produktionsprozess (P) zu neuem Warenkapital (W') wird, das sich teurer veräußern lässt als das ursprüngliche Warenkapital. Der Mehrwert ist dann die Differenz zwischen dem Wert geleisteter Lohnarbeit und dem gezahlten Lohn. Anhand dieser Formel G - W ... P ... W' – G' erklärt Marx, wie aus Geld mehr Geld wird.

Dies geschieht unabhängig davon, ob ich die Fabrik selbst leite, Anteilsscheine besitze oder das Geld dazu verleihe. Der Zins selbst ist also eine Folge des Kapitalprozesses.

Dass Geld aber selbst Geld heckt und sich vermehrt, erscheint als Mysterium. Wie kann aus Geld (G) mehr Geld (G') werden? Nicht anders als bei jedem Kapital. Es ist gerade die Definition von Kapital, dass es investiert wird, um vergrößert zurückzukehren. Marx spricht vom Zinsfetisch. Für viele ZinskritikerInnen ist der Zins etwas, das einfach da ist und den Kapitalismus antreibt: Mehrwert müsse überhaupt nur geschaffen werden, damit das angelegte Geld verzinst werden kann. Wenn kein Mehrwert geschaffen wird, führe ein konstanter Zins zur Verarmung auf der einen Seite, während die nicht arbeitenden GeldverleiherInnen reicher werden. Falsch an dieser Vorstellung ist zum einen die Idee, der Zins würde zur Schaffung von Mehrwert motivieren. Eine Umfrage bei ManagerInnen nach der Notwendigkeit von Innovationsprozessen zeigte, dass Verschuldung und Zins nur eine untergeordnete Rolle spielten.[5] Tatsächlich ist es laut der Umfrage

---

5 Vgl. Exner, Andreas / Grohmann, Stephanie: Über die Grenzen der Tauschkreise und den Unsinn der Freiwirtschaft, in: Streifzüge 33/2005.

eher die Konkurrenzsituation, die Unternehmen antreibt, Produkte zu verbessern, Kosten einzusparen etc.

Auf der anderen Seite erleben wir gerade eine Phase, in der der Zins teilweise abgeschafft ist. Bei der EZB kann man sich für 0% Geld leihen und wer dort Geld deponiert, zahlt Negativzinsen. Wer Deutschland Geld leiht, muss ebenfalls mit Negativzinsen rechnen. Da jedoch mit Geld gehandelt wird, fallen bei der Bank nach wie vor niedrige Zinsen an. Wenn die Wahrscheinlichkeit gering ist, dass das geliehene Geld zurückgezahlt wird, wie im Falle Griechenlands, erhöht sich der Zins. ZinsgegnerInnen müssten zur Zeit jubeln, da die Welt jetzt so aussieht, wie sie es sich immer gewünscht haben. Ist nun aber der Zins ein Indikator des Wachstums, so ist ein niedriger Zins als Zeichen einer nicht schwachen Kapitalverwertung zu lesen – die Krise. Doch für viele ZinsgegnerInnen steht der Zins eben nicht für „Arbeit", sondern für Geld, das einfach Rendite abwirft und so mehr Reichtum zusammenrafft.

Allerdings sind Unternehmen auf Geldzuflüsse von Banken angewiesen. In der NS-Ideologie setzte sich daher ein Begriff vom raffenden Kapital durch, der nur einen bestimmten Teil des tertiären Sektors dazuzählt, und zwar das jüdische Finanzkapital. Der Begriff vom raffenden und schaffenden Kapital stammt von Gottfried Feder. Er forderte 1919 die Brechung der Zinsknechtschaft und die Verstaatlichung der Banken. Unter dem schaffenden Kapital verstand er Gewerbe- und Agrarkapital, das Volk und Vaterland diene, während das raffende Kapital jüdisches Handels- und Finanzkapital umfasse, welches egoistische Ziele verfolge. Die Brechung der Zinsknechtschaft stand auch 1920 im 25-Punkte-Programm der NSDAP, also in deren Parteiprogramm. Dort wurde in Punkt 10 gefordert, entsprechend der „Pflicht jedes Staatsbürgers", „geistig oder körperlich zu schaffen". Ebenfalls im Parteiprogramm fanden sich antisemitische Inhalte sowie sozialistische Forderungen, zum Beispiel nach der Verstaatlichung der Trusts, einer Gewinnbeteiligung an Großbetrieben, einer Kommunalisierung der großen Warenhäuser zugunsten kleiner Gewerbetreibender und einer Bodenreform mit gemeinnützigen Enteignungen. Mit dem sogenannten Röhm-Putsch wurden die letztgenannten Forderungen und generell diese Seite der NSDAP ausgeschaltet. Eine Mehrheit der NSDAP setzte sich durch, welche mit Unternehmerkreisen zusammenarbeiten wollte.

In der Politik und Propaganda wurden die Ablehnung des raffenden Kapitals und die Brechung der Zinsknechtschaft jedoch beibehalten. Statt einer Abschaffung der Zinsen wurde ein gerechter Zins gefordert und das raffende Kapital mit dem Weltjudentum assoziiert. Die Abschaffung des

Zinses, also die Vorstellung, dass Geld nichts kosten darf, wäre letzten Endes einem Verbot aller Bankgeschäfte gleichgekommen, welches einen modernen Industriestaat gelähmt hätte. Man hätte den Zins höchstens umbenennen können, wie in heutigen islamischen Banken, wo auf das Leihen keine Zinsen, sondern „Gebühren" erhoben werden. Durch die Assoziation des Zinses mit dem Weltjudentum wurde also – verschwörungstheoretisch – die ganze ideologisch erschaffene Problematik auf Jüdinnen und Juden projiziert.

Es wird deutlich, dass zur Ideologie von raffendem und schaffendem Kapital die Brechung der Zinsknechtschaft und die Kritik am Finanzkapital wesentlich sind. Gegenüber antiurbanen Ressentiments hat dieser Aspekt im Laufe der Zeit wesentlich an Bedeutung gewonnen und sich, auch aufgrund der gesellschaftlichen Entwicklungen, stärker als Denkform durchgesetzt. Dennoch spielt die ideologisierte Unterscheidung zwischen „Stadt" und „Land" auch heute noch eine Rolle. Besonders in Ländern, in denen die Unterschiede zwischen Stadt und Land noch stärker ausgeprägt sind, ist die Verknüpfung der Eigenschaften städtisch – raffend – jüdisch aktuell noch verankert. Magdalena Marsoszky konnte dies beispielsweise für völkische Kreise im heutigen Ungarn herausarbeiten. In dem Land, in dem die extrem rechte Jobbik Partei 2014 über 20% der Stimmen bekam und drittstärkste Partei im Parlament ist, würde die Hauptstadt Budapest in völkischen Kreisen gern „Judapest" genannt, so Marsoszky. Besonderer Hass trifft auch New York. Schon 1922 sah der NS-Ideologe Alfred Rosenberg New York als eine Stadt, in der „fast der gesamte Grund und Boden hebräischen Millionären" gehöre. Ähnlichen Stimmen zufolge hätten die Anschläge vom 11. September 2001 das „jüdische raffende Finanzzentrum der westlichen Welt" getroffen bzw. treffen sollen und wurden daher von der hiesigen extremen Rechten mehrheitlich begrüßt. Auch bei den Anschlägen vom 26. November 2008 in Mumbai mit 174 Toten wurde eine angeblich „verwestlichte Finanzmetropole" ausgewählt. Damit die Botschaft der Islamisten nicht falsch verstanden werden konnte, wurde dort zusätzlich noch ein Rabbinerehepaar gezielt ermordet. Mumbai blickt in dieser Hinsicht auf eine lange Reihe von Anschlägen zurück. Mit Paris und vielen anderen Orten ließe sich die Liste fortsetzen.[6]

---

6 Vgl. Kahmann, Antiurbanismus und Antisemitismus. Eine ausführliche Darstellung von Antiurbanismus und Antisemitismus findet sich in Kahmanns Doktorarbeit an der Universität Göttingen.

Das Thema „raffende Stadt" bietet auf den Gegenstand „Zins" eine andere Perspektive, als sie viele TheoretikerInnen und AktivistInnen einnehmen. Zur Verbindung von Großstadtfeindschaft und Antisemitismus gibt es aktuell noch nicht viele Forschungsarbeiten außer der genannten Doktorarbeit von Bodo Kahmann. Dieser Form von Zins- und Kapitalismuskritik liegt eine Struktur zugrunde, die im Folgenden erläutert werden soll.

Struktureller Antisemitismus

Dieser Beitrag sollte ein Versuch sein, die Ideologie von raffendem und schaffendem Kapital möglichst weit zu erläutern, ohne das Attribut jüdisch zu erwähnen. Das ist nur schlecht gelungen. Die jüdische Zuschreibung sollte möglichst lange ausgespart werden, weil eine gewisse Struktur des Denkens offengelegt werden soll. Aber das ist insofern schwierig – insbesondere wenn man der historischen Entwicklung folgt –, weil in unserer Geschichte und Tradition die Seite des raffenden Kapital eben stets den Juden zugeschrieben wurde. Daher ist das kein Scheitern des Textes, sondern liegt in der Sache selbst begründet.

Das Judentum scheint sich für dieses Ressentiment ganz hervorragend zu eignen. Eine Nähe gibt es bereits im religiösen Antijudaismus seit dem Mittelalter, als Juden tatsächlich von der freien Berufswahl und den Zünften ausgeschlossen waren, während umgekehrt den ChristInnen der Geldverleih verboten war. Das heißt, die Juden arbeiteten als Händler und waren als Geldverleiher die „Herren der Zinsen" und siedelten sich nicht nur, aber auch aufgrund der ungleichen Erwerbsstruktur in den Städten und später in den Großstädten an, wo sie auf eine liberalere Stimmung hoffen konnten.

Noch mehr eignet sich die Verbindung der Ideologie vom raffenden und schaffenden Kapital mit dem Attribut jüdisch im Antisemitismus der Moderne. Nicht weil Jüdinnen und Juden in der Moderne tatsächlich besser zu dem Ressentiment passen, sondern weil das Bedürfnis nach diesem Ressentiment zugenommen hat.

Um das zu verstehen, soll auf ein häufiges falsches Verständnis von Antisemitismus eingegangen werden, nämlich dass Antisemitismus einfach ein Rassismus gegen Jüdinnen und Juden sei. Rassismus ist eine Ideologie, in der einer vermeintlich ethnischen Gruppe bestimmte Eigenschaften biologistisch zugeschrieben werden, was in der Regel mit einer allgemeinen Wertung verbunden ist. Im nationalsozialistischen Rassismus waren die

Arier die höchste Rasse, während andere Rassen weniger stark oder zumindest weniger intelligent, weniger kulturell entwickelt waren. Zusammengefasst waren sie eben minderwertig. In der nationalsozialistischen Ideologie taucht der Jude in diesem Rassen-Ranking aber gar nicht auf, er ist nicht weniger intelligent als der Arier, sondern im Gegenteil äußerst verschlagen. Besonders deutlich wird das in einem Gedicht aus einem Kinderbuch von 1936:

„Der Vater des Juden ist der Teufel
Als Gott der Herr die Welt gemacht,
Hat er die Rassen sich erdacht:
Indianer, Neger und Chinesen
Und Juden auch, die bösen Wesen."[7]

In der NS-Ideologie ist der Jude also gar keine Rasse im eigentlichen Sinn, die weniger gut schaffen kann, die weniger wert ist als die arische Rasse, sondern eine Art Anti-Rasse, die vom Raffen und Ausnutzen der anderen Rassen lebt. In dieser Ideologie sind Jüdinnen und Juden nicht minderwertig, sondern sie haben im Gegenteil einen negativen Wert. Deswegen haben die Nazis den von ihnen besetzten Gebieten nicht Geld dafür gezahlt, dass sie Jüdinnen und Juden abtransportiert haben und in Zwangsarbeitslager gesteckt haben, wie es vielleicht marktwirtschaftliche Logik der Sklaverei wäre, sondern im Gegenteil, die Nazis haben sich von den besetzten Gebieten dafür bezahlen lassen, dass sie die Jüdinnen und Juden nicht nur in Arbeitslager, sondern auch in Vernichtungslager gebracht haben.[8]

Die Unterteilung von raffendem und schaffendem Kapital ist eine Unterteilung in die ehrlich Arbeitenden und in die betrügenden Schmarotzenden. Anstatt grundsätzliche Kritik an der Produktionsweise zu üben, projiziert man sich eine heile Welt, die wegen falsch Handelnden bösartig angegriffen wird. Man selbst gehört in der Regel selbstverständlich zur Gruppe der Guten. Nicht zu denjenigen, die faul schmarotzen, sondern zu denjenigen die fleißig arbeiten und es müssten nur alle so viel arbeiten wie man selbst.

Stephan Grigat hat auf die Verbindung zwischen den fanatischsten Lobpreisenden der Arbeit und den schlimmsten AntisemitInnen hingewiesen: „Von Marin Luther, dem Vordenker des 'protestantischen Arbeitsethos' und

---

7 Vgl. Goldhagen, Daniel : Hitlers willige Vollstrecker, Berlin 1998, S. 481.
8 Vgl. Arendt, Hannah: Eichmann in Jerusalem. Ein Bericht von der Banalität des Bösen, München 1986, S. 222 ff.

Autor des Pamphlets 'Von den Juden und ihren Lügen', über den Industriellen Henry Ford, den Autor des Machwerks 'Der internationale Jude', für den es 'nichts Abscheulicheres' gab 'als ein müßiges Leben', bis zum Führer der nationalsozialistischen Volksgemeinschaft. Hitler proklamierte in 'Mein Kampf' den 'Sieg des Gedankens der schaffenden Arbeit, die selbst ewig antisemitisch war und antisemitisch sein wird'. Wie ernst er das gemeint hatte, konnte man später über den Toren der Vernichtungslager nachlesen: 'Arbeit macht frei'."[9]

Dieses Denkmuster vom raffenden und schaffenden Kapital ist geschichtlich und von der Struktur her mit dem Antisemitismus verbunden. Zumindest Andockmöglichkeiten gibt diese Struktur dem Antisemitismus, sodass viele KritikerInnen dieser Ideologie, dieser Denkstruktur, von einem strukturellen Antisemitismus sprechen. Auf der anderen Seite gibt es auch GesellschaftskritikerInnen, die meinen, es sei kein struktureller Antisemitismus, denn es sei gerade Wesensmerkmal des Antisemitismus, dass Ressentiment mit dem Attribut jüdisch verknüpft wird. Das ist eine Frage der Begriffsdefinition. In beiden Fällen gibt es eine hochproblematische Denkstruktur, die historisch ideologisch oft mit dem Jüdischen verknüpft wird.

Ursachen der Ideologie

Dieses Denkmuster taucht im Kapitalismus nicht zufällig auf. Deswegen sei im Folgenden etwas zu den Ursachen der Ideologie angemerkt. Wie zu jedem Zeitpunkt der menschlichen Geschichte wird stets behauptet, die derzeitige Wirtschaftsform entspräche der menschlichen Natur. Tatsächlich ist es keine Natur, sondern Geschichte. Aber in der Geschichte des Menschen war jede Form der Herrschaft bis ins 18. Jahrhundert hinein personalisierte Herrschaft. Der Unterschied zwischen kapitalistischen und vorkapitalistischen Gesellschaften ist jedoch fundamental. Im Kapitalismus beseitigt die Herrschaft der Dinge – der Sachzwänge – die Herrschaft der Personen. Die harte Hand des Vaters, die züchtigt, die Handlungen des Krämers um die Ecke, sind intuitiver zu verstehen als die unsichtbare Hand des Marktes, die abstrakte Seite des Kapitals.

---

9 Grigat, Stephan: Die Arbeit nieder. Eine Intervention zum 1. Mai, http://jungle-world.com/artikel/2012/17/45311.html.

Max Horkheimer und Theodor Adorno schreiben in der *Dialektik der Aufklärung*, dass der moderne Antisemitismus die realen Juden nicht benötige. Er bringt sie hervor. Und wenn es die Juden nicht gegeben hätte, hätte der Kapitalismus sie geschaffen. „Der Antisemitismus beruht auf falscher Projektion."[10] Damit beziehen sich Horkheimer und Adorno auf die Psychoanalyse. Der Projektion liegen Spannungen zwischen Ich, Es und Über-Ich zugrunde. Eigene Wünsche und Bedürfnisse widersprechen den internalisierten Normen und werden daher nicht akzeptiert. Falsche Projektion entlastet, indem sie unliebsame Triebanteile, Unbewusstes und Verdrängtes auf eine andere Person oder Personengruppe überträgt. Eine solche Projektion ist bis zu einem gewissen Grad normal. Das Falsche oder Pathische besteht in der mangelnden Reflexion der Projektion. Die Juden tragen für den Antisemiten das Bild „des Glücks ohne Macht, des Lohns ohne Arbeit, der Heimat ohne Grenzstein, der Religion ohne Mythos. Verpönt sind diese Züge von der Herrschaft, weil die Beherrschten sie insgeheim ersehnen."[11] Das heißt, die Übertragung resultiert daraus, dass das eigene Bedürfnis vom Über-Ich als etwas Böses abgelehnt wird. Das wird umgekehrt auch beispielsweise deutlich an den *Protokollen der Weisen von Zion*. In dem verschwörungstheoretischen Hauptwerk der Moderne wird den Juden von seinen antisemitischen Verfassern vorgeworfen, genau so eine totalitäre Gesellschaft erschaffen zu wollen, wie es die Nazis später in Wirklichkeit taten.[12] Die Juden stehen als Sinnbild der negativen Seiten des Kapitalismus. Ihnen wird „das ökonomische Unrecht der ganzen Klasse aufgebürdet".[13] Der Antisemitismus gestattet dem Einzelnen, „schlecht zu sein und sich dabei für gut zu halten".[14]

An Horkheimers und Adornos Analyse schließt die wertkritische Richtung an. Dass wir etwas wert sind – neuerdings gesetzlich mindestens 8,84 Euro die Stunde –, dass ein Stuhl oder drei Ellen Stoff etwas wert sind, erscheint uns als selbstverständlich oder gar natürlich. Aber in Wirklichkeit ist Wert keineswegs natürlich. Marx spricht vom Fetischcharakter der

---

10 Horkheimer, Max / Adorno, Theodor W.: Dialektik der Aufklärung, Frankfurt am Main 2004, S. 196.
11 Ebenda, S. 208 f.
12 Vgl. Wolf, Merlin: Verschwörungstheorie – Wer regiert die Welt? In: Wolf, Merlin 2015: Zur Kritik der irrationalen Weltanschauungen. Religion, Esoterik, Verschwörungstheorie, Antisemitismus, Aschaffenburg, S. 115.
13 Horkheimer / Adorno, Dialektik der Aufklärung, S. 183.
14 Horkheimer, Max: Über das Vorurteil, Wiesbaden 1963, S. 6; vgl. auch Wolf, Merlin: Paulo Freire und die Kritische Theorie, Heidelberg, S. 198.

Ware. Es ist ein gesellschaftlicher Aushandlungsprozess. Es zählt nicht, wie gut ich arbeite, sondern es zählt, wie ich im Verhältnis zum Abstrakten arbeite, wie ich zum gesellschaftlich vermittelten Wert arbeite. Das kann dazu führen, dass ein über Jahre anerkannter, verdienender Weber – wenn eine Fabrik mit automatischem Webstuhl aufmacht – plötzlich nichts mehr wert oder zumindest minderwertiger ist. Wertkritiker wie Stephan Grigat gehen davon aus, diese ständige Einsortierung des eigenen Selbst auf dem Markt sei eine ständige narzisstische Kränkung. Der Markt und das Kapitalverhältnis sind so abstrakt, dass die eigene Wertigkeit irgendwie erklärt werden muss. Dies geschehe aber eben nicht anhand einer Analyse des Kapitalverhältnisses, sondern auf einfacherem Weg: Warum sind Menschen arbeitslos? Was soll das sein, ein gerechter Lohn? Als Antwort sind die GriechInnen alle faul, wenn sie nicht arbeiten oder gegen die Erhöhung des Rentenalters sind. Die Abgrenzung zu den Menschen, die weniger wert sind als ich, zu den minderwertigen, ist bei Stephan Grigat ein Antrieb des Rassismus, weil erklärt werden will, warum man mehr wert ist als die anderen. Auf der anderen Seite ist die Erklärung der eigenen Minderwertigkeit gegenüber anderen, die Abwehr zu Menschen von oben, die mehr wert sind, als man selbst, ein Antrieb des Antisemitismus.[15]

Veranschaulicht wird das raffende Kapital im antisemitischen Film *Jud Süß* von 1940, der damals knapp 20 Millionen Menschen unterhielt. Dort stellt der König von Württemberg wegen Geldsorgen den jüdischen Finanzberater Joseph Süß ein. Der verschlagene Jude rettet durch Finanztricks den König, aber beutet die ehrlich arbeitende Bevölkerung aus und wird dabei selbst immer reicher. Die soziale Verelendung führt zu Massendemonstrationen. Auf der anderen Seite präsentiert der Film die ehrliche deutsche Arbeit durch den Schmied mit seiner Hausfrau, deren Haus durch die Finanzpolitik von Jud Süß zerstört wird. Der ehrlich arbeitende Held organisiert den Widerstand, ruft den Massen zu: „Wie die Heuschrecken fallen sie über uns her." Er siegt, der Jude wird gehängt, und die Menschen gehen in eine glückliche Zukunft.[16]

---

15 Vgl. Grigat, Stephan: Fetisch und Freiheit. Freiburg 2007, S. 313 f.
16 Vgl. https://fidelchescosmos.wordpress.com/tag/jud-sus/

Anschlussmöglichkeiten an Kapitalismuskritiken der Mitte und der Linken

Elemente der beschriebenen Ideologie sind nicht auf die Kapitalismuskritik von Nazis beschränkt, sondern können in verschiedenen, auch modernen Kapitalismuskritiken gefunden werden, sodass sich der Vergleich lohnt. „Nazivergleiche" haben zu Unrecht einen schlechten Ruf. Dieser gründet sich in der Vielzahl von unangebracht gleichsetzenden Verharmlosungen. Als Willy Brandt Heiner Geißler vorwarf, „seit Goebbels der schlimmste Hetzer in diesem Land" zu sein, war das kein Vergleich, sondern eine Schmähkritik. Wenn jemand sagt, was die Israelis den Palästinensern antun, sei das gleiche wie das, was die Nazis den Juden angetan haben, dann ist das ebenso kein Vergleich, sondern eine die Shoa relativierende Gleichsetzung. Ein Vergleich ist eine Analyse zur Findung von Gemeinsamkeiten und Unterschieden. Adornos Studien zum autoritären Charakter oder Franz Neumanns *Behemoth* beispielsweise sind hervorragende „Nazivergleiche". Bei Vergleichen ist zudem immer mehr zu lernen, wenn man den Fokus auf die Unterschiede und nicht auf die Gemeinsamkeiten legt.

Zwar waren es in der Regel linke Bewegungen und TheoretikerInnen, die zu den entschiedensten Gegnern des Antisemitismus gehörten und die den Kapitalismus grundsätzlich kritisierten und nicht lediglich ein Symptom oder bestimmte Seiten. Anschlussmöglichkeiten an die rechte Ideologie des schaffenden und raffenden Kapitals fanden sich jedoch auch bei linken Theoretikern. Hier sei beispielsweise noch einmal die bereits erwähnte Zinskritik Proudhons und Bakunins im Frühsozialismus zu nennen.

Der Begriff des Finanzkapitals ist stark von Lenin geprägt, der ihn von Rudolf Hilferding übernommen hat. Bei Hilferding ist das Finanzkapital das „Kapital in der Verfügung der Banken und in der Verwendung der Industriellen". Bei Lenin wird daraus ein Finanzkapital als „Verschmelzung oder Verwachsen der Banken mit der Industrie". Letzteres ist zwar so als historische Entwicklung nicht falsch, wohl aber Lenins Interpretation der Feststellung. Schon Hilferding geht von einer Finanzoligarchie aus, die in Hinterzimmern die Entscheidungen trifft. Das verstärkt sich bei Lenin noch. Bei ihm ist Ideologie nicht mehr notwendig falsches Bewusstsein wie bei Marx, sondern ein falscher Schein, den die herrschende Finanzoligarchie ausgearbeitet hat. Die Monopolisierung der herrschenden Finanzoligarchie führt auch nach Lenin zu „Parasitismus und Fäulnis des Kapitalismus", da die Aktionäre nicht arbeiten, sondern nur Gewinne einstreichen. Mit dem

Geld aber können sie ihre Interessen durch Bestechung durchsetzen. Die Macht des Finanzkapitals sei so absolut.

Wie sich aber in der Krise gezeigt hat, ist die Macht der Banken begrenzt. Die Macht der Banken ist von der Zahlungsfähigkeit der KreditnehmerInnen abhängig. Diese Zahlungsfähigkeit wird aber nicht von den Banken selbst erzeugt, sondern in der sogenannten „Realwirtschaft". Tilgung des Kredits und Bezahlung der Zinsen verlangen wachsende Profite und Lohneinkommen. Geschieht dies nicht, geht die Bank pleite oder muss vom Staat gerettet werden. Deswegen spricht Marx nicht von Finanzkapital – was soll das sein, wovon soll sich das unterscheiden –, sondern er spricht von Fiktivkapital. Im Gegensatz zu fungierendem Kapital bei Marx behandelt das Fiktivkapital das Geldkapital als Ware.

Hatten sich also die Bedingungen für Jüdinnen und Juden nach Lenins Oktoberrevolution zunächst verbessert und war Lenin auch tatsächlich kein Anhänger der Idee von raffendem Kapital, sprach dieser dennoch von Parasitismus, Wucher und von Machenschaften. Marx im Gegensatz hatte noch von Charaktermasken gesprochen, mit denen sich KapitalistIn und ArbeiterIn in ihrer Funktion auf dem Markt begegneten. So bietet Lenins Rhetorik weitere Anknüpfungspunkte.

In der Gegenwart finden sich diese zum Beispiel bei dem politischen Kabarettisten Georg Schramm. Dieser sprach als Lothar Dombrowski am 14.3.2011 auf der Montagsdemo gegen Stuttgart 21. Dort erklärte er: „Das Volk ist nämlich weiter als diese Regierung [...]. Das Volk würde als Beispiel mal liebend gern den Banken wieder zu dem Ansehen verhelfen, das sie einmal hatten, als man sie noch Geldverleiher nannte, als es noch ein dreckiges Handwerk war, das ein ehrbarer Christ gar nicht ausüben wollte, als die Ackermänner und Nonnenmacher des Landes bei Hof noch den Dienstboteneingang nehmen mussten, statt als Fußfreund der Herrschenden an der Tafel zu sitzen. Mit an der Herrschaftstafel dürfen die Geldverleiher erst sitzen, seit sie Kaiser und Königen den Wahlkampf finanzierten und dafür das Monopol auf den Silbertaler forderten und auch bekommen haben. [...] Wäre die Kanzlerin tatsächlich opportunistisch gegenüber ihrem eigenen Volk, dann verlöre sie die Gunst der Geldverleiher, dann wäre sie nicht mehr die mächtigste Frau der Welt [...] Frau Merkel ist noch nicht einmal die mächtigste Frau im eigenen Land. Das sind Liz Mohn und Friede Springer, Bertelsmann und Bildkonzern, die lautstarken Herolde eines maroden Systems, das weltweit an den Fäden der Geldverleiher zappelt. Das ist die Realität. [...] Die wahrhaft Mächtigen, die sind gewiss, dass sie die Gunst des Volkes schon verloren haben. Das macht die Kanzlerin so wertvoll, solange sie die Gunst des Volkes hat, hat sie die Gunst der Macht. Das nennt man in der Biologie eine Symbiose, aber wenn es zu Lasten des Wirtstiers geht, nennt man es eine parasitäre Symbiose und das Wirtstier sind wir."[17]

Deutlich wird hier eine Kritik an vermeintlichen Parasiten, die den gesunden Volkskörper krank machen, die nur raffen und nicht schaffen, die gleichzeitig sich im Geheimen verschwören, Medien und Regierung als Marionetten an Fäden zappeln lassen und über ein Geldmonopol verfügen, das sie über den Zins sichern und ausbauen. Das Volk aber verabscheut diese ehrlosen Menschen, hat vor ihnen keine Achtung. Man könnte auch sagen: das Volk möchte ihre Würde antasten. Das ist keine Kritik an ungerecht verteiltem Reichtum, am Einfluss der Lobbygruppen, an einer bestimmten Produktionsweise, an einer politischen Ökonomie. Auch wenn Schramm vielleicht unterstellt werden kann, kein offener Antisemit zu sein – in seiner Rede wird eine Wortwahl deutlich. Er präsentiert eine Struktur, eine gruppenbezogene Menschenfeindlichkeit, die wir kennen.

Der preisgekrönte Georg Schramm erhielt für seine Rede großen Applaus. Die Jugendorganisation der Linkspartei sowie Oskar Lafontaine, Sahra Wagenknecht und Teile der Piraten hatten sich dafür ausgesprochen, Schramm als Gegenkandidat zu Joachim Gauck bei der Bundespräsidentenwahl 2012 aufzustellen, was Schramm ablehnte. Er erhielt binnen eines Jahres dann den Erich-Fromm-Preis der Internationalen Erich-Fromm-Gesellschaft für einen, „der Unerhörtes hörbar macht". Vielleicht kann man sich freuen, dass er den Theodor-W.-Adorno-Preis dafür nicht bekommen hat.

Probleme mit Parasiten haben aber nicht nur die Rechten und die Linken. Eine entsprechende Rhetorik findet sich quer durch alle Parteien auch in der politischen Mitte. Der damalige SPD-Vorsitzende Franz Müntefering zum Beispiel prägte den Begriff der Heuschrecke. Die Aufgabe der SPD erklärte er 2005 in der *Bild am Sonntag* folgendermaßen: „Manche Finanzinvestoren verschwenden keinen Gedanken an die Menschen, deren Arbeitsplätze sie vernichten – sie bleiben anonym, haben kein Gesicht, fallen wie Heuschreckenschwärme über Unternehmen her, grasen sie ab und ziehen weiter. Gegen diese Form von Kapitalismus kämpfen wir."[18]

Müntefering kritisierte damit Private-Equity-Gesellschaften, also privates Beteiligungskapital, das nicht an den Börsen gehandelt wird und des-

---

17 https://www.youtube.com/watch?v=viUugfoPuSw
18 Bild am Sonntag, 17. April 2005

wegen gesichtslos sei, sowie Investmentfonds, insbesondere die Hedgefonds. Hedgefonds, zu deutsch abgesicherte Fonds, sind ein Typ sehr unterschiedlich arbeitender Fonds, die eigentlich lediglich eine höhere Renditeerwartung eint, sodass mit ihnen ein höheres Risiko in Kauf genommen wird. Müntefering Kritik war insofern interessant, als dass die rot-grüne Regierung unter Schröder, welcher Müntefering angehörte, mit ihrem Investmentmodernisierungsgesetz in Deutschland Hedgefonds überhaupt erst zugelassen und darüber hinaus auch noch weitgehend von der Steuer freigestellt hatte. Auch war es Müntefering selbst, der als Verkehrsminister die Autobahngaststätten-Kette *Tank&Rast* diesen „Heuschrecken" überließ, wie es 2015 auch die *Süddeutsche Zeitung* feststellte. Der Begriff „Heuschrecke" wurde vielseitig weiter verwendet. Jürgen Rüttgers von der CDU, damaliger Ministerpräsident in NRW, sprach von ihnen. Das Mitgliedermagazin *metall* der IG-Metall präsentierte das Thema „US-Firmen in Deutschland – Die Aussauger" und entsprechende blutsaugende Moskitos auf seinem Cover. In eine ähnliche Richtung ging die ver.di-Broschüre *Finanzkapitalismus: Geldgier in Reinkultur*, die, wie man zu Gunsten der Gewerkschaften sagen muss, dafür intern heftig kritisiert wurde. Die Reaktion der AutorInnen der ver.di-Broschüre zeigt die Brisanz der Thematik auf: in der Redaktion sei durchaus über die Heuschrecken-Metapher diskutiert worden. Man sei letztendlich aber „um dieses Bild bzw. diesen Begriff gar nicht herum"[19] gekommen.

Unter den ver.di-MitarbeiterInnen sind wahrscheinlich kaum AntisemitInnen. Ihre Broschüre richtet sich nicht gegen Jüdinnen und Juden. Aber sie zeigt doch, dass sich große Teile der Ideologie von raffendem und schaffendem Kapital quer durch die Gesellschaft finden lassen. Neben der genannten Kritik ist dies auch von der sozialen Marktwirtschaft her gedacht zumindest umstritten, wenn nicht falsch. Eine diesbezügliche Studie vom Sachverständigenrat zur Begutachtung der gesamtwirtschaftlichen Entwicklung, also den fünf Wirtschaftsweisen, hat gezeigt, dass Unternehmen mit solchem Beteiligungskapital überdurchschnittlich wachsen und mehr Arbeitsplätze schaffen.[20]

Der Ideologie von raffendem und schaffendem Kapital sollte nie unwidersprochen bleiben. In der Postulierung, es gebe diese entmenschlichten Heuschrecken, Schädlinge und Parasiten wirklich, ist immer die Idee ent-

---

19 Streifzüge Nummer 43, Juli 2008, S. 3
20 https://de.wikipedia.org/wiki/Heuschreckendebatte

halten, sich wehren zu müssen und zur Ungezieferbekämpfung überzugehen.

Woran erkenne ich die Ideologie von raffendem und schaffendem Kapital

Das Unheil, das die Ideologie von raffendem und schaffendem Kapital anrichtet, ist nun also bekannt. Es stellt sich somit die Frage, wie es erkannt und von anderer Kapitalismuskritik abgegrenzt werden kann. Es stellt sich die Frage, ob wir überhaupt eine harte Grenze brauchen oder ob es nicht einfach auch möglich wäre, zumindest das eigene Denken und Handeln so einzurichten, dass es die größtmögliche Distanz zur Ideologie von raffendem und schaffendem Kapital hat. Auch wenn eine solche Haltung sinnvoll ist, müssen dennoch hilfreiche rote Linien gesetzt werden.

Die folgende Auflistung bietet einen Überblick der Kernaspekte einer Ideologie von raffendem und schaffendem Kapital:

1. Es erfolgt eine Delegitimierung der Personen. Die Rechtmäßigkeit ihrer Motive wird nicht anerkannt oder es werden andere Motive unterstellt. Bei Unternehmen, die Profite anstreben oder ihre Profite maximieren möchten, wird beispielsweise von Gier gesprochen.
2. Eng damit verbunden sind doppelte Standards: Das heißt, die Kritik richtet sich gegen eine bestimmte Gruppe, obwohl deren Handeln nicht einzigartig ist. Oft wird auch die schaffende Arbeit dagegen gesetzt, obwohl niemand erwartet, dass hier die Arbeitenden ohne Lohn arbeiten.
3. Entmenschlichung und Dämonisierung: Das heißt, während zuvor eher subjektiviert und personalisiert wurde – die betreffende Person oder Gruppe begeht also ein vermeintliches Fehlverhalten –, wird jetzt objektiviert und verallgemeinert. Das Raffen wird zu einem Wesensmerkmal und die Gruppe wird uns Schaffenden damit entfremdet. Manchmal geht die Entmenschlichung soweit, dass die Gruppe zu Dämonen, Parasiten, Schädlingen, Blutsaugern, Ratten oder Heuschrecken wird.

Diese Trennlinien schließen an den 3-D-Test für Antisemitismus von Natan Sharansky an, der damit klären wollte, ob eine Israelkritik antisemitisch ist. Die drei D's stehen für Delegitimierung, Doppelstandards und Dämonisierung.

Für oder gegen personalisierte Kapitalismuskritik

Es ist der normale kapitalistische Alltag, der zu skandalisieren ist. Trotzdem spricht nichts dagegen, auch konkretes Handeln von Unternehmen und Kapitalisten zu kritisieren. Beispielsweise wenn eine Textilfabrik, in der unter anderem Kleidung für C&A und KIK hergestellt wird, Risse bekommt und deswegen von der Polizei geschlossen wird, die Arbeiterinnen und Arbeiter aber am nächsten Tag angewiesen werden, ihre Arbeit aufzunehmen und über tausend Menschen beim Einsturz sterben, wie 2013 in Bangladesch geschehen. Oder wenn im August 2012 südafrikanische Polizisten beim Massaker von Marikana 34 Bergarbeiter erschießen, die für höhere Löhne streiken. Ein Großteil des abgebauten Platins dort geht an Deutschland. Ebenfalls bekämpfenswert ist es, wenn Betriebe ihren Angestellten den rechtlich zugesicherten Lohn im Fall von Urlaub oder Krankheit vorenthalten. Es könnte aber gerade ein häufiges Merkmal von kleinen Unternehmen sein, dass sie gegen Arbeitsschutzgesetze verstoßen, weil sie oft nicht anders arbeiten können. Es ist ein typisches Problem im Service, dass, wenn MitarbeiterInnen plötzlich nicht kommen, andere deswegen weiterarbeiten, oft länger als sie gesetzlich dürften. Bei kleinen Unternehmen können die Menschen Sachzwänge eher nachvollziehen, weil sie konkreter und weniger abstrakt sind. Der Discounter Aldi zahlt deutlich höhere Löhne als der kleine Lebensmittelladen. Die Größe eines Unternehmens verschlechtert nicht die Sozialstandards. Im Postfordismus haben Unternehmen längst erkannt, dass zufriedene ArbeiterInnen mehr leisten als unzufriedene und versuchen auch diese Ressource zu optimieren.

Linke sollten den politischen Mainstream nicht rechts überholen und einen Homo oeconomicus postulieren. Das Wirtschaftssystem basiert zu einem großen Teil auf freiwilligem sozialem Engagement, beispielsweise beim beruflichen Handwerk und den Innungen. Noch mehr betrifft das den größten Teil der Reproduktionsarbeit – den Care-Sektor – Pflege und Elternarbeit. Das Handeln von Unternehmen ökonomisch zu erklären heißt also nicht, dass die Cultural Studies und die Ethik abgeschafft werden sollten. Menschliches Handeln kann nicht nur ökonomisch, sondern auch kulturell und ideologisch erklärt werden und es ist sinnvoll, politische, soziale und ethische Anforderungen an die Mitmenschen zu stellen.

Die Empörung schlägt jedoch fehl, wenn sie beispielsweise bloß das Bild des ehrbaren Kaufmanns beschwört. Nach diesem Leitbild soll der ehrbare Kaufmann tugendhaft und nachhaltig wirtschaften, mit Verantwortungsbewusstsein für sein Unternehmen, die Umwelt und die Gesellschaft. Entsprechend breit ist der Konsens quer durch alle Parteien; CDU, SPD, FDP, Grüne und Linke fordern in der Krise häufiger als zuvor, dass die Wirtschaft zu den Prinzipien des ehrbaren Kaufmanns zurückkehren soll.

Wer sich fragt, warum kein Gesetz daraus wird, der stellt fest, dass es das längst gibt. Der IHK (Industrie- und Handelskammer) gehören per Gesetz alle Unternehmen einer Region an, Ausnahmen sind lediglich Handwerksbetriebe und Landwirtschaften, die anders organisiert sind. Schon in §1.1 des Bundesgesetzes der IHK heißt es: „Die Industrie- und Handelskammern haben die Aufgabe, (...) für Wahrung von Anstand und Sitte des ehrbaren Kaufmanns zu wirken." Rainer Trampert nannte den ehrbaren Kaufmann den beliebtesten bürgerlichen Mythos. Ich habe früher selbst Lehrlinge und Auszubildende ausgebildet. Die Ausbildungsbetriebe sind in Innungen organisiert, den Nachfolgeorganisationen der Zünfte, die nicht nur Interessenvertretung sind, sondern offiziell auch der Pflege des Gemeingeistes und der Berufsehre dienen. Damit einher gehen viele unbezahlte Tätigkeiten, beispielsweise wenn Leute in die Bresche springen, wenn ein Lehrling kurz vor dem Abschluss seinen Ausbildungsbetrieb verliert. Dieses Selbstbild des ehrbaren Kaufmanns hat also durchaus Auswirkungen auf das Handeln der Menschen. Trotzdem hat Trampert Recht, wenn er zeigt, wie beliebig Ehre sein kann. Wenn er feststellt, dass das Ideal vom ehrbaren Kaufmann die Macht des Einzelnen überhöht und idealisiert: „Während das Individuum im System zum auswechselbaren Nichts degeneriert, wuchert das Hirngespinst, dass der Einzelne persönlich alles und das System nichts verantwortet."[21]

Ökonomische Entwicklungen sind letztlich so stark, dass Sachzwänge intersubjektiv bestehen. Wenn Kritik sich ausschließlich gegen bestimmte kapitalistisch handelnde Personen und Unternehmen richtet, ist das insofern naiv, dass es eben die Bedingungen, die dieses Handeln hervorrufen, außer Acht lässt. Keine Idee vom ehrbaren Kaufmann, kein unternehmerisches Agreement, sondern erst ein Gesetz hat zum Anspruch eines Mindestlohns geführt. Es handelt sich dann insofern um einen Irrweg der Kapitalismuskritik, wenn es sich eben nicht um eine Kapitalismuskritik, sondern um eine Kapitalistenkritik handelt. Die personalisierende Kapitalistenkritik ist von der Ideologie von raffendem und schaffendem Kapital zu trennen, auch wenn es einen Bezug zwischen ihnen gibt. Horkheimer und Adorno ent-

---

21 Trampert, Rainer: Ehre, Blut und Pulverdampf, http://jungle-world.com/artikel/2009/32/36904.html

gegneten einer bloß moralisierenden Kapitalistenkritik: „Der Bürger, der aus dem kantischen Motiv der Achtung vor der bloßen Form des Gesetzes allein einen Gewinn sich entgehen ließe, wäre nicht aufgeklärt, sondern abergläubisch – ein Narr."[22] Deswegen ist die Kritik der politischen Ökonomie nicht alles, aber jede Kapitalismuskritik ohne eine Kritik der politischen Ökonomie ist nichts.

Es ist eben nicht so einfach wie in einem Hollywoodfilm. In *Pretty Woman* als einem typischen Beispiel möchte eine „Heuschrecke", gespielt von Richard Gere das Unternehmen „Morse Industries" zerschlagen. Doch nach einer Begegnung mit einer Prostituierten, gespielt von Julia Roberts, ist er mit dem normalen Volk verbunden. Er erkennt, dass es neben käuflicher Liebe auch wahre Liebe gibt. Er beschließt, dass er nicht länger zerstören, sondern schaffen möchte. Er wird zum guten Kapitalisten, zum guten Menschen. Damit endet der Film. Wie die Geschichte weitergeht – sozusagen *Pretty Woman 2* –, zeigt Bertold Brecht. Bei ihm versucht der gute Mensch, eben dieser gute Kapitalist, in Sezuan ein Tabakgeschäft zu führen und verspricht, sich nur noch gut zu verhalten. Doch was dann passiert, ist hoffentlich deutlich geworden: So einfach ist es nicht.

Literatur

Arendt, Hannah: Eichmann in Jerusalem. Ein Bericht von der Banalität des Bösen, München 1986.

Exner, Andreas / Grohmann, Stephanie: Über die Grenzen der Tauschkreise und den Unsinn der Freiwirtschaft in: Streifzüge 33/2005.

Goldhagen, Daniel : Hitlers willige Vollstrecker, Berlin 1998.

Grigat, Stephan: Fetisch und Freiheit. Freiburg 2007.

Grigat, Stephan: Die Arbeit nieder. Eine Intervention zum 1. Mai, http://jungle-world.com/artikel/2012/17/45311.html.

Horkheimer, Max / Adorno, Theodor W.: Dialektik der Aufklärung, Frankfurt am Main 2004.

Horkheimer, Max: Über das Vorurteil, Wiesbaden 1963.

Kahmann Bodo: Antiurbanismus und Antisemitismus, in: Tribüne – Zeitschrift zum Verständnis des Judentums 197/2011.

Spengler, Oswald: Jahre der Entscheidung. Deutschland und die weltgeschichtliche Entwicklung. München 1933.

---

22 Horkheimer / Adorno, Dialektik der Aufklärung, S. 92

Spengler, Oswald: Der Untergang des Abendlandes. Umrisse einer Morphologie der Weltgeschichte. Düsseldorf 2007.
Wolf, Merlin: Verschwörungstheorie – Wer regiert die Welt? In: Wolf, Merlin: Zur Kritik der irrationalen Weltanschauungen. Religion, Esoterik, Verschwörungstheorie, Antisemitismus, Aschaffenburg 2015.
Wolf, Merlin: Paulo Freire und die Kritische Theorie, Heidelberg 2017.

Frédéric Krier

Brechung der Zinsknechtschaft: Über Proudhon'schen Antisemitismus und deutschen Nationalsozialismus

„Proudhons Vorschlag der Einführung unentgeltlichen Kredits durch eine Volksbank, Silvio Gesells Abschaffung des Zinses durch Einführung des 'Schwundgeldes' und Gottfried Feders 'Brechung der Zinsknechtschaft' sind die wichtigsten Stationen auf dem Wege zur theoretischen Überwindung der Vorherrschaft des Kapitals, zur Voranstellung des Arbeitseinkommens vor denen des Kapitalbesitzes."[1]

„Unter den großen Sozialisten steht Proudhon, soweit es um wirtschaftliche Fragen geht, uns Völkischen am nächsten (...). (...) was er forderte, fordern musste, war: Die Abschaffung des Zinses und der Grundrente, das Recht auf Kredit, Tauschverkehr unter Beseitigung des Geldes, Gerechtigkeit im Tauschverkehr, Gewinn nur durch Arbeit! (...) Dies lehrt uns Proudhon, und insofern ist auch die Lehre Proudhons ein Wegweiser zum Dritten Reich."[2]

„Es bleibt (...) eine der verhängnisvollsten Entwicklungen des vergangenen Jahrhunderts, dass der neuaufgekommene Arbeiterstand sich in seinen wirtschaftlichen und politischen Kämpfen von Karl Marx leiten ließ, statt von Proudhon ausgehend den richtigen Weg zu finden. So wenig die Ideen

---

1 Friedrich Bülow, „Zins", in: Der Konjunkturspiegel. Beilage zur Schule der Freiheit, vol. IV, 24 (= Schule der Freiheit. Unabhängige Zeitschrift für organische Gestaltung der Kultur, Gesellschaft und Wirtschaft, vol. IV, 50/51, Juni 1937), S. 80.
2 Willibald Schulze, „Proudhon", in: Hammer. Blätter für deutschen Sinn, vol. XXX, 693/694, Mai 1931, S. 113-120; Zitate: S. 113, 120.

Proudhons geeignet waren, in die Praxis umgesetzt zu werden, so war er doch der Sozialist, der zum erstenmal die Antwort auf die soziale Frage im Tauschprozess der Wirtschaft und im Zins suchte. Erst in der neuesten Zeit wird mit moderneren und fortgeschritteneren Erkenntnissen das Werk Proudhons weitergebaut und hoffentlich auch noch zur Vollendung geführt."[3]

Einleitung

Ich stelle im Folgenden die Ergebnisse meiner Dissertation[4] zu den Kontinuitäten und Diskontinuitäten zwischen dem Antisemitismus und dem „kleinbürgerlichen Sozialismus" des französischen Sozialtheoretikers und sozialistischen Politikers Pierre-Joseph Proudhon (1809-1865) und der nationalsozialistischen Ideologie in Deutschland vor. Ausgangspunkt meiner Recherchen war ein wenig beachteter Artikel des amerikanischen Historikers J. Salwyn Schapiro aus dem Jahr 1945.[5]

Laut Schapiro tritt Proudhon im 19. Jahrhundert als erster Vertreter einer revolutionären Bewegung der Mittelschichten, die sich sowohl gegen die emanzipativen Bestrebungen der Arbeiterbewegung als auch gegen die Herrschaft des Großbürgertums richtet, auf. Diese Bewegung zeichnet sich als „Sozialismus des Kleinbürgers" durch ein Eigentumsideal aus, das auf der Idealisierung des Kleinbesitzes im familiären Rahmen beruht, und dieses gleichermaßen gegen die Enteignungspläne der KommunistInnen und gegen die Konzentrierungstendenzen des Großkapitals verteidigen will. Diese Bewegung hat laut Schapiro ihre volle Entfaltung im Rahmen der „faschistischen" Bewegungen in Italien, Deutschland und Frankreich er-

---

3 Aus Otto Lautenbachs Schlussbemerkung zu Frédéric Bastiat u. Pierre-Joseph Proudhon, „Kapital und Zins". Die Polemik zwischen Bastiat und Proudhon, in: Schule der Freiheit. Unabhängige Zeitschrift für organische Gestaltung der Kultur, Gesellschaft und Wirtschaft, vol. V, 2–12, 25. Juli – 19. Dezember 1937, S. 50-59, 82-87, 114-119, 147-153, 175-180, 206-211, 243-245, 276-280, 303-308, 339-344, 370-375; Zitat S. 375.

4 Der vorliegende Beitrag fasst die wesentlichen Thesen meiner Dissertation zusammen. Als Buch erschienen als: Sozialismus für Kleinbürger. Pierre Joseph Proudhon – Wegbereiter des Dritten Reiches, Köln/Weimar/Wien, 2009.

5 J. Salwyn Schapiro, „Pierre Joseph Proudhon, harbinger of fascism", in: American Historical Review, vol. L, 1945, S. 714-737.

halten. Der kleinbürgerliche Sozialist, der Kritiker der parlamentarischen Demokratie, der Rassist und Antisemit Proudhon sei mithin von den faschistischen und nationalsozialistischen Autoren des 20. Jahrhunderts erst „richtig" verstanden worden.

Wer war Proudhon?

Pierre-Joseph Proudhon (geboren 1809 in Besançon, gestorben 1865 in Paris) stellt insofern eine Ausnahme unter den maßgeblichen sozialistischen Autoren seiner Zeit dar, als dass er aus eher ärmlichen Verhältnissen stammt – der frühe Marx bezeichnet ihn deswegen noch in *Die Heilige Familie* als „schreibenden Proletarier".[6] Proudhons Mutter ist Küchenmagd. Sein Vater ist Küfer, zeitweise auch Wirt. Er verliert seine Gastwirtschaft allerdings aufgrund seiner Geschäftspolitik, das Bier zum „juste prix", zum wahren, d. h. zum Produktionspreis zu verkaufen, eine Idee, die offensichtlich auch Einfluss auf Proudhons Ansichten zur Tauschwirtschaft hatte. Proudhon arbeitet bereits ab dem Alter von sechs Jahren nach der Schule als Hirte. Seine späteren autobiographischen Skizzen zeigen ein schon früh entwickeltes Gefühl der Verbitterung aufgrund seiner als ungerecht empfundenen sozialen Situation. So klagt er, er sei in der Schule gehänselt worden, weil er sich keine Schuhe leisten konnte. Auch für den besser gestellten Seitenzweig der Familie, dem der seinerzeit bekannte Jurist Jean-Baptiste-Victor Proudhon angehörte, hat Proudhon vor allem Hohn und Spott übrig. Proudhon kann keine weiterführenden Schulen besuchen, sondern wird als Druckergeselle tätig. In dieser Funktion beteiligt er sich als Schriftsetzer auch am Druck verschiedener Bücher des utopischen Sozialisten Fourier. In den 1830er Jahren wird er Inhaber seiner eigenen Druckerei, diese scheitert jedoch, nachdem Proudhons Geschäftspartner Selbstmord begeht. Aufgrund des Konkurses seiner Druckerei ist Proudhon in den folgenden Jahren stark verschuldet.

Seine Lage ändert sich jedoch 1838, als er eine Börse erhält, die ihm erlaubt, in Paris zu studieren. In diesen Zusammenhang fallen auch seine ersten beiden Veröffentlichungen *Über die Sonntagsfeier* (1839) und *Was ist Eigentum?* (1840). Letztere, und insbesondere der Satz „Eigentum

---

6 „Proudhon schreibt nicht nur im Interesse der Proletarier; er selbst ist Proletarier, Ouvrier"; MEW, Band 2, S. 43.

ist Diebstahl" (den man allerdings auch schon 1782 bei Brissot findet), machen Proudhon schlagartig bekannt. Proudhon fordert allerdings nicht die Abschaffung des Eigentums, sondern die Ablösung des kapitalistischen Eigentumsbegriffs durch eine sozial gebundene Eigentumsform, die er auf den bloßen „Besitz" beschränken will. Er wendet sich zugleich gegen die Gütergemeinschaft, d. h. den Kommunismus. Im gleichen Buch definiert Proudhon sich – als erster Autor überhaupt – als Anarchist, als Gegner jeglicher Regierungsform.

Nach zwei weiteren Denkschriften über das Eigentum wird Proudhon wegen Angriffen auf die öffentliche Ordnung und die Religion vor Gericht zitiert. Er verteidigt sich selbst und kann erreichen, dass das Gericht in Besançon ihn am 3. Februar 1842 freispricht, da seine Schriften eine „rein wissenschaftliche" Zielsetzung hätten.

In der Folge erhält Proudhon eine Stelle als Rechtsberater bei einer Handelsfirma in Lyon, die im Bereich des Güterverkehrs per Schiff tätig ist. Diese Stelle sichert ihn nicht nur wirtschaftlich ab, sie erlaubt ihm auch längere Aufenthalte in Paris. In diese Zeit (1843-1847) fällt auch seine Beschäftigung mit der deutschen Philosophie, insbesondere mit Hegel, den er allerdings nicht im Original, sondern durch französische Zusammenfassungen sowie durch eine Art „Privatunterricht" in Form „langer, oft übernächtiger Debatten"[7] zunächst mit Karl Marx, dann mit Karl Grün, kennen lernt. Die Junghegelianer Eisermann und Ewerbeck fertigen zudem Privatübersetzungen der neuen deutschen Literatur an, unter anderem der Schriften der Brüder Ludwig und Friedrich Feuerbach, aber auch der *Umrisse zu einer Kritik der Nationalökonomie* von Friedrich Engels. Das Ergebnis dieser Studien ist das 1846 erschienene Werk *System der ökonomischen Widersprüche, oder Philosophie des Elends*, das den Versuch darstellt, die ökonomischen Kategorien mittels der hegelschen Dialektik zu behandeln, eventuell als Antwort auf die Aufforderung des Linkshegelianers Karl Grün: „Schreiben wir eine Phänomenologie des Werthes!"[8]. Im darauffolgenden Jahr erscheint das *Elend der Philosophie* von Karl Marx als Antwort und Kritik auf Proudhon, nachdem letzterer einige Monate zu-

---

7 Karl Marx, „Über P.J. Proudhon (Brief an J.B. v. Schweitzer)", MEW, Band 16, S. 25-31; Zitat S. 27.

8 Vgl. meinen Artikel „'Schreiben wir eine Phänomenologie des Werthes!' Marx vs. Proudhon revisited", in: Helmut Lethen / Birte Löschenkohl / Falko Schmieder (Hrsg.), Der sich selbst entfremdete und wiedergefundene Marx, München, 2010, S. 57-72.

vor mit Marx gebrochen hat, und sich weigert, der marxschen Einladung zur Beteiligung an einem „kommunistischen Korrespondenzkomitee" Folge zu leisten, unter anderem mit der Begründung, Marx wolle, gleich Luther, bloß die alte Theologie durch eine neue ersetzen und die gegenwärtige Gesellschaftsordnung gewaltsam beseitigen, statt sie in einem konstruktiven Sinne (nach der „destruktiven" Arbeit der Kritik) zu reformieren.

In Folge der Revolution 1848 schlägt Proudhon eine politische Karriere ein: er wird, auf einer liberalen Plattform, zum Abgeordneten gewählt. Er beteiligt sich maßgeblich an mehreren aufeinanderfolgenden Zeitungsprojekten und wird insgesamt zu einer der herausragenden Figuren der demokratisch-sozialistischen Partei Frankreichs. Nach seiner Verteidigung der aufständischen Arbeiter der Pariser Junitage in einer Parlamentsrede am 11. Juli 1848 gilt er der bürgerlichen Presse als „homme-terreur", als Schreckgespenst, das Eigentum, Familie und katholische Religion abschaffen will. In die gleiche Zeit fällt auch Proudhons Projekt einer Volksbank, die (weitestgehend) zinsfreie Kredite vergeben soll. Trotz über 20.000 Subskribenten lässt Proudhon sein Bankprojekt fallen, als er im März 1849 wegen Beleidigung des Präsidenten Louis-Napoléon Bonaparte zu drei Jahren Haft verurteilt wird.

Nach seiner Freilassung 1852, kurz nach dem Staatsstreich Bonapartes am 2. Dezember 1851, versucht Proudhon zunächst, sich mit dem neuen Regime zu arrangieren. In seinem Buch *Die soziale Revolution, dargelegt am Staatsstreich des 2. Dezember*, fordert er Bonaparte auf, sich selbst an die Spitze der Revolution zu stellen. Er nähert sich dem sogenannten „roten Prinzen" Napoleon, dem Vetter des Kaisers, an. Diese Versuche einer Annäherung an den Bonapartismus bleiben jedoch erfolglos; im Gegenteil, sein Hauptwerk *Von der Gerechtigkeit in der Revolution und in der Kirche* (1858) wird als Angriff auf den katholischen Glauben gerichtlich verfolgt; diesmal entzieht sich Proudhon einem Gefängnisaufenthalt durch Flucht nach Belgien, wo er vier Jahre im Exil lebt. 1862, nachdem er in Belgien fälschlicherweise als Befürworter eines französischen Annexionismus angeklagt wurde, sieht Proudhon sich gezwungen, nach Frankreich zurückzukehren, wo er zuvor begnadigt worden war.

In den letzten Jahren seines Lebens behandelt Proudhon zunehmend Themen der internationalen Politik und des Völkerrechts und er entwickelt seine Theorie des Föderalismus. Seine Positionen, etwa Stellungnahmen gegen die Unabhängigkeit Polens, gegen die Einigung Italiens und für das Sezessionsrecht der US-amerikanischen Südstaaten, entfremden ihn in den

1860ern immer stärker von den anderen Tendenzen der demokratischen Linken.

Als Antwort auf das sogenannte „Manifest der 60" (Erklärung von 60 Arbeitern, von denen viele sich später an der Gründung der Internationalen Arbeiter-Assoziation beteiligen werden, zugunsten der Aufhebung des Zensuswahlrechts), entwickelt er in seinem posthum erschienenen Buch *Über die politische Kapazität der arbeitenden Klassen* eine Theorie der sozialen Autonomie der Arbeiterklasse. Er fordert die Arbeiter auf, eigene Institutionen aufzubauen und ruft zur allgemeinen Wahlenthaltung auf. Zugleich lehnt er jedoch gewerkschaftliche Kampfmittel wie den Streik ab.

Proudhon hat Einfluss auf die unterschiedlichsten politischen Bewegungen gehabt: über die französischen Mutualisten auf die Politik der Ersten Internationale, über Georges Sorel, Eduard Bernstein und Jean Jaurès auf die Revisionismusdebatte in der Sozialdemokratie in den 1890ern, über seine Theorie des Föderalismus und der Autonomie der Arbeiterklasse auf die anarchistische Bewegung und den Anarchosyndikalismus, schließlich aber auch auf den Faschismus und die „revolutionäre Rechte" in Frankreich und Italien[9] und eben auch – wie im Folgenden dargelegt– auf einige deutschvölkische bzw. nationalsozialistische Autoren.

Themen der zu Proudhon im nationalsozialistischen Deutschland erschienenen Literatur

Zur Untersuchung der Stichhaltigkeit der Schapiro'schen These habe ich mich zunächst auf die im nationalsozialistischen Deutschland (1933-1945) erschienene Literatur zu Proudhon gestützt, die bislang in der Proudhon-Forschung weitestgehend unbekannt geblieben ist. Dazu gehören die beiden bei Schapiro behandelten nationalsozialistischen Autoren Willibald Schulze, der bereits ab 1925 Proudhon'sches Gedankengut in mehreren deutschvölkischen Zeitschriften verbreitete, und Karl-Heinz Bremer, der während der deutschen Besatzungszeit am Deutschen Institut in Paris tätig war. Des Weiteren untersuchte ich verschiedene Dissertationen zu

---

9   Siehe hierzu die Bücher von Zeev Sternhell, La droite révolutionnaire 1885-1914. Les origines françaises du fascisme, zuerst: Paris 1978, erweitert 1997; sowie, in Zusammenarbeit mit Mario Sznajder und Maia Ashéri, Naissance de l'idéologie fasciste, 1989.

Proudhon,[10] rechtswissenschaftliche Abhandlungen[11] sowie Literatur aus der gleichgeschalteten, an Silvio Gesell anknüpfenden Freiwirtschaftsbewegung.[12]

Als vier Hauptthemen der untersuchten Literatur habe ich ausgemacht:

a) die Forderung nach „Brechung der Zinsknechtschaft" durch eine „Revolutionierung" des Kreditwesens und, im engen Zusammenhang damit, die Forderung nach Ablösung der Metallwährung durch Wechsel;

b) die Konzeption eines gebundenen beziehungsweise beschränkten Eigentums und die Kritik des ungebundenen Eigentums des römischen Rechts als Grundlage der kapitalistischen Eigentumsordnung (entwickelt insbesondere anhand der Dissertation von Karl Traub);

c) Proudhon als Theoretiker eines „roten Bonapartismus", der als Vorbild für einen sozial orientierten Führerstaat dienen könne (entwickelt anhand von zwei Aufsätzen von Karl-Heinz Bremer);

d) Proudhons Buch *La guerre et la paix* als Grundlage einer „realistischen" Auffassung des Völkerrechts auf Basis des „droit de la force" und als Vorläufer der nationalsozialistischen Lebensraumkonzeption (entwickelt anhand des genannten Artikels von Grewe).

---

10 Hilde Verleger, Staat und Steuer bei Proudhon, Neurode, 1933; Heinz Schuhmacher, Proudhons Mutualisierung des Kredits, Gelnhausen 1935; Karl Traub, Das Problem Eigentum und Gemeinschaft entwickelt an den Systemen Proudhons und Sismondis, Ehingen 1936.

11 Insbesondere ein Beitrag eines Schülers von Carl Schmitt, Wilhelm G. Grewe, „Krieg und Frieden. Proudhons Theorie des Völkerrechts", in: Zeitschrift für Politik, vol. XXX, 6/7, Juni/Juli 1949, S. 233-245.

12 Paul Epple, Von Proudhon zu Silvio Gesell, 2 Bände, Erfurt, 1933, sowie die 1937 in der *Schule der Freiheit* erschienene deutsche Übersetzung der Polemik zwischen Proudhon und dem liberalen Ökonomen Bastiat über den Zins, vgl. FN 3.

Brechung der Zinsknechtschaft

Die größten Ähnlichkeiten zwischen Proudhon und der NS-Programmatik konnten hierbei im Rahmen der Zinskritik festgestellt werden (wie zuvor bereits von Franz Neumann unterstrichen wurde[13]), die sozusagen das Kernstück der Proudhon'schen „Kapitalismuskritik" ausmacht.

Für Proudhon beruht das Kreditwesen auf einer Lüge, einer Mystifikation: der Kredit verspreche dem „Arbeiter, Schaffer, Drangsalsmenschen, Menschen, die da produzieren",[14] Sicherheit, Reichtum und Glück, aber er „verlangt, wie die Lotterie, immer mehr, als er gibt; er *muss* mehr verlangen, als er gibt, sonst wäre er nicht der Kredit". Das Resultat bedeute „immer Plünderung der Masse, und wie auch die Maskerade sei, ersatzlose Ausbeutung der Arbeit durch das Kapital". Das Zinsnehmen sei „nur denen zugänglich (...) welche hypothekfähige Güter besitzen", also „dem Arbeiter unzugänglich, (...) der goldene Apfel der Hesperiden, von einem immer wachsamen Drachen gehütet, und der nur von einem starken Manne gepflückt werden kann, welcher auf seinem Schilde das Medusenhaupt, die Hypothek trägt". Die „Eigentümlichkeit des Zinses" bestehe gerade darin, „das Unmögliche vorauszusetzen", nämlich „unaufhörlich den Reichtum aus den Händen derer, die produzieren, und die nach der Fiktion *Kredit haben*, in die Hände derer fließen zu lassen, die nicht produzieren, die aber nach derselben Fiktion *Kredit geben*". Dieser Fluss zeichne sich dabei dadurch aus, dass er nie unterbrochen wird, sich beständig erneuert und dazu führt, dass „das kleinste Kapital mit der Zeit ungeheure Summen zu produzieren [vermag], die nicht einmal durch eine Masse Goldes so groß wie der Erdball, den wir bewohnen, dargestellt werden könnten". Diese Produktivität des Kapitals, das, falls es nicht gegen Zins verliehen würde,

---

13 „Mit dem Herausstellen des 'raffenden' Kapitals tritt der Nationalsozialismus in die Fußstapfen Proudhons, der in seiner Schrift *Idée générale de la Révolution au 19ème siècle* die Schließung der Bank von Frankreich und ihre Umwandlung in eine Institution 'öffentlichen Nutzens' zusammen mit einer Zinssenkung auf ein viertel oder ein halbes Prozent forderte."; Franz Neumann, Behemoth. Struktur und Praxis des Nationalsozialismus 1933-1944, Frankfurt am Main 1993, S. 377.

14 Die in diesem Abschnitt angeführten Zitate stammen aus Karl Grüns Übersetzung des *System der ökonomischen Widersprüche*; Pierre-Joseph Proudhon, Philosophie der Staatsökonomie oder Notwendigkeit des Elends, Aalen 1966 (Reprint der Ausgabe Darmstadt 1847), vol. II, S. 148-156.

eigentlich unfruchtbar gewesen wäre, bilde die „unmittelbare, alleinige Ursache der Ungleichheit des Vermögens und der unablässigen Anhäufung von Kapitalien in einer kleinen Zahl von Händen", der Teilung der Gesellschaft in zwei Kasten – ArbeiterInnen und KapitalistInnen. Folglich identifiziert Proudhon im Zins die Grundlage des Elends, der Ungleichgewichte in der Ökonomie und in der Gesellschaft, letztlich auch das Hemmnis das ein uneingeschränktes Anwachsen der Produktivität der Arbeit verhindert (ganz ähnlich argumentiert später auch Silvio Gesell). Dem gegenüber stellt Proudhon als Ziel des Sozialismus eine Reform der Zirkulation durch Organisierung des Kredits mittels einer „Volks"- oder „Tauschbank" auf, in der die ProduzentInnen sich gegenseitig zinsfreie Kredite auf Grundlage der von ihnen produzierten Warenwerte tauschen (heute würde man von „Peer-to-peer-lending" reden).

Zwischen dieser Konzeption einer „révolution par le crédit" und der vom NS-Chefideologen Gottfried Feder entwickelten Forderung nach „Brechung der Zinsknechtschaft" gibt es in der Tat mehrere Ähnlichkeiten:

1. Beide lokalisieren den Ursprung der kapitalistischen Ausbeutung nicht in der Produktions-, sondern in der Zirkulationssphäre und insbesondere im Instrument des Kredits.
2. Beide identifizieren den Zins mit dem Mehrwert und lehnen den Zins als arbeitsloses Einkommen, das an und für sich unfruchtbares Kapital rapide vermehre und die Früchte der gesamtgesellschaftlichen Arbeit in die Hände einiger weniger raffender Finanzkapitalisten lenke, ab.
3. Beide entwerfen Pläne zur Gründung von sogenannten Volks- bzw. Bau- und Wirtschaftsbanken, die zum Zweck der Ankurbelung der Konjunktur zinsfreie Kredite vergeben sollen.
4. In Zusammenhang damit fordern beide die Ablösung der Metallwährung (Gold- oder Silberstandard) durch eine Form von Wechsel als Entgelt für geleistete schöpferische Arbeit, gedeckt lediglich durch die Autorität der Volksbank (bei Proudhon) bzw. des Staates (bei Feder). Als Nachwirken der Feder'schen Konzeption sehe ich, anknüpfend an Avraham Barkai,[15] dabei die nationalsozialistische Finanzierung der Aufrüstung mittels der sogenannten Mefo-Wechsel.
5. Bei beiden bleibt unklar, ob sie den Zins ganz abschaffen oder nur massiv senken wollen.

---

15 Das Wirtschaftssystem des Nationalsozialismus. Ideologie – Theorie – Politik 1933-1945, Frankfurt/Main 1988.

Von einem direkten Einfluss Proudhons auf Gottfried Feder kann jedoch nicht ausgegangen werden. Auch für die bisweilen vertretene Darstellung Feders als eines Schülers des proudhonianisch geprägten Geldtheoretikers Silvio Gesell konnte ich keine Belege finden.

Als wesentlicher Vorläufer und geistiger Mentor Feders habe ich, in einem weiteren Schritt, vielmehr den antisemitischen Publizisten Theodor Fritsch ausgemacht, dessen 1894 erschienenes Buch *Zwei Grundübel: Boden-Wucher und Börse* große Teile der Feder'schen Wirtschafts- und Sozialrhetorik vorweg nimmt. Theodor Fritsch erscheint überhaupt als eine Art Schlüsselpunkt, als „missing link", zwischen dem „kleinbürgerlichen Sozialismus" und dem Antisemitismus und der NSDAP: Bei Fritsch laufen verschiedene Linien zu einer Synthese zusammen, auf deren Grundlage die NS-Programmatik der 1920er Jahre aufbaut; darin finden sich indirekt – über Wilhelm Marr, Eugen Dühring, eventuell Constantin Frantz (der 1848 ebenfalls eine Art Volksbank einführen will) und den französischen Antisemitismus, insbesondere Eugène Drumont – auch proudhonsche Ideen wieder.

Eigentum ist Diebstahl?

Im Bereich der Eigentumstheorie finden sich ebenfalls Analogien zwischen Proudhon und der vom Nationalsozialismus vertretenen Konzeption eines gebundenen/beschränkten Eigentums.[16] Diese erklären sich auch durch die Auseinandersetzungen zwischen germanischer und römischer Rechtsschule, in deren Dunstkreis sich letztlich auch die Proudhon'sche Eigentumskritik bewegt. Die proudhonsche Verurteilung des Eigentums in seiner römisch-rechtlichen Form, dem *jus utendi et abutendi* (Recht zu gebrauchen und zu missbrauchen), als „Diebstahl" geht Hand in Hand mit einer angeblich „germanischen" Auffassung des Eigentums als „sozialem Recht", als *jus utendi sed non abutendi* (Recht zu gebrauchen, aber nicht zu missbrauchen).

---

16 Eine weitergehende Behandlung zu Proudhons Ansichten zum Eigentum findet man in meinem Aufsatz „Die Republik der Eigentümer. Kritik und Exegese des Eigentums bei P.J. Proudhon", in: Devi Dumbadze / Ingo Elbe / Sven Ellmers (Hrsg.), Kritik der politischen Philosophie. Eigentum, Gesellschaftsvertrag, Staat II, Münster, 2010, S. 172-188.

Der bereits erwähnte nationalsozialistische Autor Karl Traub unterscheidet dementsprechend zwischen:

1. einem „Arbeitseigentum", einem gebundenen Eigentum, das seine Rechtfertigung in der gemeinschaftsorientierten Bearbeitung der naturgegebenen Werte (allen voran des Bodens) findet und laut Traub am ehesten im Feudalismus verwirklicht war.
2. einem „Herrschaftseigentum" bzw. „römisch-rechtlichen Eigentum", das in der kapitalistischen Marktordnung vorherrschend sei. Diesbezüglich findet der Nationalsozialist Traub den Satz „Eigentum ist Diebstahl" als durchaus gerechtfertigt. Die Eigentumsordnung des römischen Rechtes, die auf der Ausschließlichkeit und Unbeschränktheit des Eigentümers beruht, sei „*gemeinschaftszerstörend*, weil es im Sinne der Gemeinschaft *Diebstahl* ist und die Einzelpersönlichkeit der Freiheit in der Gemeinschaft beraubt"[17]. Traub verteidigt eine „Idee der Freiheit in der Volksgemeinschaft" [!], nach der „jede Familie, jeder Haushalt (...) eine kleine Gemeinschaft im Kreis der großen Gemeinschaft"[18] darstelle, und das Arbeitseigentum als Grundlage und Bedingung dieser Gemeinschaft der Gemeinschaften zu werten sei.

Diese nationalsozialistische Eigentumskonzeption, die von Rechtswissenschaftlern wie Franz Wieacker, Werner Weber, Ernst Rudolf Huber oder Hermann Eichler weiterentwickelt wurde, versteht sich weniger als „Eigentumsrecht", sondern unterstreicht vor allem die *Pflichten* des Eigentümers gegenüber der Volksgemeinschaft. In den Worten Hermann Eichlers: „Die gekennzeichnete neugewandelte Zweckbestimmung des Sachenrechtes, die gesamten Güterrechtsverhältnisse eines Volksgenossen einer Regelung zu unterziehen, die die Befriedigung der Bedürfnisse aller in der Gemeinschaft Lebenden zum Gegenstand hat, verleiht dem Eigentum einen derart sozialen Charakter, dass fortan nicht mehr das Eigentums*recht*, sein Schutz, seine Gewährleistung und Selbstbehauptung, sondern die Eigentümer*pflicht* im Vordergrunde aller Geschehnisse steht. Durch die Hinfälligkeit der Eigentumsgewährleistung ist aber der verfassungsrechtlichen Eigentumsordnung [der Weimarer Republik] ihre Existenzgrundlage entzogen, da sie auf dem schutzwürdigen Grundrecht des Einzelnen aufgebaut ist."[19]

---

17 Karl Traub, Das Problem Eigentum..., S. 131.
18 Ebenda, S. 82.
19 Hermann Eichler, Wandlungen des Eigentumsbegriffes in der deutschen Rechtsauffassung und Gesetzgebung, Weimar, 1938, S. 79-80.

Dementsprechend kann das Eigentum bei Nichteinhaltung der Pflichten auch wieder entzogen werden, natürlich auch wenn das Individuum als Fremdkörper in der Volksgemeinschaft gekennzeichnet wird.

Die letzte Wendung der Proudhon'schen Eigentumstheorie (in der posthum erschienenen *Theorie des Eigentums*), nämlich die Verteidigung des Eigentums als Bollwerk der Privatperson gegenüber staatlicher Willkür, vollzieht der Nationalsozialismus folglich nicht mehr mit. Vielmehr dient ihm die Kritik des absoluten, ungebundenen Eigentums als theoretische Rechtfertigung für Enteignungen und Arisierungen. Darüber hinaus findet die Forderung nach „gebundenem Eigentum" vor allem im „Reichserbhofgesetz" des Reichsbauernführers Walther Darré vom 29. September 1933 praktische Anwendung.

Wie beim Zins stellt sich auch hier die Frage der Kontinuitäten zwischen der proudhonschen und der nationalsozialistischen Konzeption eines gebundenen Eigentums. Die proudhonsche Eigentumskritik hat jedenfalls einen großen Einfluss auf Eugen Dühring ausgeübt. Richard Wagner hat sich ebenfalls lange mit Proudhons Ansichten zu Besitz und Eigentum beschäftigt; die von der Lektüre Proudhons inspirierten Überlegungen Wagners fließen in das Fragment *Jesus von Nazareth* und vor allem in den *Ring-Zyklus* ein. Wie weit ihn diese Auseinandersetzung nachhaltig geprägt hat, zeigt sich insbesondere daran, dass Wagner noch kurz vor seinem Tod in seinen sogenannten *Regenerationsschriften* und in privaten Anmerkungen (aufgezeichnet in Cosima Wagners Tagebüchern) erneut auf Proudhons Kritik am Eigentum zu sprechen kommt. Letzten Endes sind Wagners Schlussfolgerungen jedoch weitgehender als die Proudhons; statt eines beschränkten Eigentums schwebt Wagner vielmehr die Rückkehr in einen idealisierten urkommunistischen Zustand vor. Über die Eigentumskritik hinaus sind Wagner die Proudhon'schen Schriften jedoch offenbar weitestgehend unbekannt geblieben. Nichtsdestotrotz ist es nicht verfehlt, Wagner, zumindest zwischen 1849 und seiner schopenhauerschen Wende Mitte der 1850er Jahre, zum sogenannten „Wahren Sozialismus" zu zählen,[20] dessen Hauptvertreter Karl Grün ist, und dessen Programmatik sich dadurch kennzeichnet, die Religionskritik Ludwig Feuerbachs mit dem Sozialismus Proudhons kombinieren zu wollen.

---

20 Vgl. auch Hans Mayer, „Richard Wagners geistige Entwicklung", in: Dietrich Mack (Hrsg.), Richard Wagner. Das Betroffensein der Nachwelt. Beiträge zur Wirkungsgeschichte, Darmstadt, 1984, S. 184-237.

Unterschiede zwischen Proudhon und dem Nationalsozialismus

Bezüglich der Punkte c) (sozial orientierter Führerstaat) und d) (Lebensraumkonzeption) komme ich jedoch zu Ergebnissen, die eher die Unterschiede zwischen Proudhons Ansichten und der nationalsozialistischen Programmatik hervorheben. So kann ich der These Karl-Heinz Bremers, dass Proudhon in seinem Buch *Die soziale Revolution, dargelegt am Staatsstreich des 2. Dezember* im Jahr 1852 gewissermaßen die Blaupause für einen sozialreformerischen autoritären Führerstaat geliefert habe, die von Schapiro im Wesentlichen übernommen wird, nicht zustimmen. Auch Grewe, der bei Proudhon eine Vorwegnahme der nationalsozialistischen Lebensraumkonzeption zu finden glaubt, liegt insofern falsch, als dass, trotz einiger Gemeinsamkeiten (Kritik am Konzept der „natürlichen Grenzen", Trennung von Volks- und Staatsangehörigkeit), die Zielsetzung bei Proudhon eine völlig andere ist und vor allem in der politischen Intention Proudhons Vorstellungen den nationalsozialistischen diametral entgegenstehen. Proudhon vertritt eine kosmopolitische Vision, die multiple Staatsangehörigkeiten zulässt. Seine „Lebensraum"-Konzeption, wenn man sie denn so nennen will, richtet sich ausdrücklich gegen die expansionistischen Bestrebungen Napoleons III., er verteidigt unter anderem das Selbstbestimmungsrecht der Belgier und wendet sich gegen die französischen Ansprüche auf Elsass-Lothringen.

Proudhons Antisemitismus und seine weltanschaulichen Grundlagen

Während der Untersuchung der Proudhon-Rezeption im „Dritten Reich" bin ich zur Erkenntnis gekommen, dass zum besseren Verständnis der Kontinuitäten und Diskontinuitäten sowie der Identifizierung von Vermittlungspunkten zwischen proudhonschen Vorstellungen und nationalsozialistischer Ideologie eine genauere Analyse der Wesenszüge, Ursprünge und Ausprägungen der Proudhon'schen Judenfeindschaft vonnöten ist, insbesondere da die Proudhon-Forschung bislang hierzu weitgehend entweder ganz schweigt oder versucht diese zu relativieren. Darstellungen von Proudhon als Antisemiten sind bisher vor allem im Kontext der Beschäftigung mit dem marxschen Aufsatz „Zur Judenfrage", und weniger im Licht von Proudhons Gesamtwerk durchgeführt worden[21].

Nach Betrachtung sämtlicher veröffentlichter Aussagen Proudhons zur „Judenfrage" bin ich zum Schluss gekommen, dass Proudhons Feindschaft gegenüber den Jüdinnen und Juden weder ganz einem modernen, rassisch orientierten Antisemitismus[22] noch dem „herkömmlichen" christlichen Antijudaismus entspricht, obwohl sie Elemente von beiden aufweist. In dieser Vorstellung erscheinen Nomadismus und die Unfähigkeit, produktiv zu arbeiten, als regelrechte „Rassenmerkmale" des Judentums. Statt durch Konversion strebt Proudhon eine Lösung der „Judenfrage" durch biologische Vermischung an. Im Gegenzug werden die Jüdinnen und Juden jedoch auch weiterhin als „déicides", als Mörder Jesu, angegriffen. Vielmehr sehe ich einen engen Zusammenhang mit Proudhons religiösem Antitheismus.

Proudhons Antitheismus verstehe ich als eine Art aktualisierte Neuauflage der marcionitischen Gnosis: Proudhon unterscheidet zwischen einem rachsüchtigen, autoritären Gott, der gleich dem Demiurg Marcions nach Gerechtigkeit strebt, jedoch nur Grausamkeit und Ungleichheit schafft (und vor allem mit dem alttestamentarischen Schöpfergott gleichgestellt wird), und einem neuen Gott, dem „bon dieu", dem lieben Herrgott des Volkes, der mit dem „Vater" Jesu identifiziert wird, und in letzter Instanz nichts als das zur Gottheit erhobene Prinzip der „Justice", der Gerechtigkeit selbst, ist.

Die alte Gesellschaft, die auf dem Gewaltprinzip, dem „droit de la force", basiert, erscheint so als die Weltordnung des Demiurgs, des alttestamentarischen Kriegergottes, der auch mit dem Mammon gleichgestellt

---

21 Vgl. Edmund Silberner, „Proudhon's Judeophobia", in: Historica Judaica, vol. X, 1, April 1948, S. 61-80; Robert Misrahi, Marx et la question juive, 1972.

22 Hier würde ich gegenüber Moishe Postone differenzieren, der gerade Proudhon als „geistigen Vorläufer des modernen Antisemitismus" betrachtet; vgl. Nationalsozialismus und Antisemitismus. Ein theoretischer Versuch, in Globalisierungskritik und Antisemitismus. Zur Antisemitismusdiskussion in Attac, Frankfurt am Main [2004] (Reader Nr. 3 des Wissenschaftlichen Beirats von Attac Deutschland), FN. 6, S. 70. Postone bezieht sich nicht einmal auf konkrete judenfeindliche Aussagen bei Proudhon, sondern lediglich auf die Gegenüberstellung von konkreter Arbeit und abstrakter Geldware. Diese rein ökonomistische Darstellung unterschätzt meines Erachtens andere Elemente der Proudhon'schen Weltanschauung, insbesondere die „religiöse" Ebene, auch wenn beide zusammenhängen.

wird; die neue, sozialistische Gesellschaft als Verwirklichung der *civitas dei* auf Erden soll hingegen auf dem Prinzip der Gerechtigkeit beruhen.

Proudhons Kritik an der als rein „rafferisch" beschriebenen sozialen Rolle des Judentums liegt eingebettet in dieses antitheistische Weltbild – die Jüdinnen und Juden erscheinen als „auserwähltes Volk" des Demiurgs, des Schöpfer- und Schicksalsgottes, der der schöpferischen Tätigkeit des freien Individuums feindlich gegenübersteht. Als Untertanen und Agenten des tyrannischen Demiurgs seien die Jüdinnen und Juden weder zu schöpferischer Arbeit noch zur eigenständigen Kreation fähig, sondern nur zum Parasitismus, zum Raub, zum Betrug. Für Proudhon hat dies durchaus eine religiöse Dimension: die Jüdinnen und Juden erscheinen als Verkörperung des Bösen in der Welt.

Dieser neomarcionitische Antisemitismus, den man in ähnlicher Form im 20. Jahrhundert bei der vom Anarchismus zur christlichen Mystik (aber nicht zum Katholizismus) konvertierten Simone Weil wiederfindet, unterscheidet sich vom Antisemitismus des Nationalsozialismus, trotz identischer Beurteilung des Juden als Agent der Entfremdung und als Verkörperung einer rein parasitären, nicht auf materieller Arbeit beruhenden Form der Bereicherung (wodurch sich auch die Verwandtschaft auf der Ebene der Zins- und Eigentumskritik, sozusagen des kleinbürgerlichen Sozialismus im engeren Sinn, erklärt), in zwei wesentlichen Punkten:

a) Der proudhonistische Neomarcionitismus ist wesentlich antimessianisch. Jesus ist bei Proudhon der „Anti-Messias", der „Antichrist", ein Gegner eines als rein politisches Machtstreben verstandenen jüdischen Messianismus. In diesem Sinn lehnt Proudhon sowohl jeglichen Führerkult als auch die Vorstellung einer „Messias-Nation", eines „ausgewählten Volkes", als Ausdruck „jüdischen" Denkens ab.

b) Proudhon wendet sich die ebenfalls als „typisch jüdisch" aufgefassten Bestrebung nach „Reinheit der Rasse" und sieht gerade in der Rassenvermischung nicht wie die NS-Ideologie die „Erbsünde", sondern vielmehr eine Notwendigkeit für die „höheren" Rassen, die ansonsten einer körperlichen und geistigen Degeneration ausgesetzt wären.

Für beide Denkmodelle bleiben die Jüdinnen und Juden als „auserwähltes Volk" eine zu überwindende Altlast der Geschichte, sei es, weil sie sich der Vermischung mit anderen Rassen verweigern, sei es weil sie durch ein neues auserwähltes Volk ersetzt werden sollen.

Norbert Trenkle
Aus der Krise in die Regression
Nationalismus und Populismus von links

1.

Es gehört zu den Standards der durch alle medialen Kanäle geisternden „Kapitalismuskritik", dass die Spekulation in der Finanzbranche, angefacht durch die Gier nach dem schnellen Geld, Schuld sein soll an der großen Finanz- und Wirtschaftskrise von 2008 und ihren katastrophalen ökonomischen und sozialen Folgen. Dieses ideologische Wahrnehmungsmuster ist nicht nur grundverkehrt, weil es dem oberflächlichen Schein aufsitzt und die wirklichen Ursachen der Krise verkennt, sondern darüber hinaus in seinen politischen Konsequenzen gefährlich. Dahinter steht immer die Vorstellung, eine an sich gut funktionierende Wirtschaftsweise sei durch das rücksichtslose Handeln einer kleinen Clique von globalen Eliten und transnationalem Geldadel, die sich auf Kosten der Allgemeinheit bereichere, zerstört worden. Somit sei die Welt wieder in Ordnung, wenn diese Clique endlich an die Kandare genommen oder irgendwie aus der Welt geschafft werde – gerne auch von einem „starken Mann", der hart durchgreife.

Diese Sorte von „Kapitalismuskritik" findet sich quer durch das gesamte politische Spektrum von ganz rechts bis ganz links, und auch die politischen Konsequenzen, die daraus gezogen werden, sind im Grundsatz sehr ähnlich. Rechte wie Linke phantasieren von der Rückkehr in eine Gesellschaft, die auf „guter Arbeit" und realer Güterproduktion beruhen soll, in der die Macht der Banken ausgeschaltet ist und das Geld wieder zum „Diener der Realwirtschaft" wird. Damit verbunden ist immer zugleich die Anrufung „des Volkes", das als Kollektiv der Betrogenen und Ausgebeuteten imaginiert wird. Die Unterschiede zwischen den verschiedenen Spielarten dieses Populismus ergeben sich vor allem daraus, wie die imaginierte Gemeinschaft des Volkes ausgelegt, wer als dazugehörig oder nicht-dazugehörig definiert und auf welche Weise sie angerufen wird. Direkt nach dem Crash von 2008 erlangten zunächst verschiedene Varianten des linken Populismus eine gewisse Hegemonie im öffentlichen Diskurs. Am plakativsten war sicherlich die Parole von den 99 Prozent, mit der die Occupy-Bewegung eine virtuelle Frontstellung zwischen der großen Masse der Weltbevölkerung und einer kleinen Gruppe an globalen Machteliten konstruierte.

Freilich kann man Occupy zugutehalten, dass dieser Volksbegriff so offen und heterogen gehalten war, dass er sich selbst eigentlich dementierte und daher bloß als phantastisches Größenselbst für eine kleine Minderheit metropolitaner AktivistInnen taugte, die damit auf verkehrte Weise ihre Kritik an den herrschenden Zuständen mit einem transnationalen Anspruch zu verbinden suchte. Doch da die Occupy-Bewegung über das medienwirksame Schlagwort der 99 Prozent hinaus weder politisch weiterreichende Perspektiven noch theoretisch fundierte Analysen anzubieten hatte, war ihr schnelles Dahinscheiden vorgezeichnet. Und weil sie nicht mit dem positiven Bezug auf „das Volk" brach und ihre „Kapitalismuskritik" nie auch nur einen Millimeter über die übliche Personalisierung in Gestalt der BankerInnen und SpekulantInnen hinausreichte, hatte sie auch den rechten PopulistInnen – die seitdem zunehmend das Feld besetzen – nichts Substantielles entgegenzusetzen. Deren Erfolgsrezept besteht zu einem wesentlichen Teil darin, dass sich ihr Volksbegriff ganz klassisch über die Zugehörigkeit zu einer bestimmten Nation definiert und daher auch ganz explizit mit rassistischem Ausschluss verbunden ist. Das kommt an, weil die Nation und die eigene Nationalität den Menschen in der kapitalistischen Gesellschaft ebenso als zweite Natur erscheinen wie die Tatsache, dass sie sich über Ware, Geld und Arbeit miteinander in Beziehung setzen, und daher einen Bezugspunkt für kollektive Identitätsbildung bieten und Sicherheit in Zeiten totaler Verunsicherung versprechen.

2.

Umso schlimmer ist es, dass ein großer Teil der traditionellen Linken, in seinem Drang, aus der Defensive herauszukommen, nun ebenfalls den Nationalismus wieder für sich entdeckt hat und versucht, den Rechtspopulismus auf seinem ureigensten Feld zu schlagen. Das ist nicht nur taktisches Kalkül, sondern verweist auf die innere Verwandtschaft der beiden Positionen in ganz grundlegender Hinsicht sowohl was die sogenannte Kapitalismuskritik betrifft als auch in Bezug auf „das Volk" als einer Entität, die ihrem Wesen nach „gut" sein soll – ein Gedanke, der sich bekanntlich schon bei Rousseau findet und das Denken der traditionellen Linken in starkem Maße geprägt hat. Freilich wird diese innere Verwandtschaft von den Akteuren selbst in der Regel verleugnet oder verdrängt. Nur wenige Linke bringen sie so offenherzig und bedenkenlos auf den Punkt, wie der österreichische Publizist Wilhelm Langthaler, der direkt nach dem Brexit-Votum in einem Newsletter des „Personenkomitees EuroExit gegen Sozialabbau" begeistert schrieb:

„Die englischen Unterklassen haben mit überwältigender Mehrheit für den Austritt aus der neoliberalen EU gestimmt – ein großartiges Resultat […]. Die massive Medienkampagne der Eliten, der City of London, der besitzenden Klassen beider Seiten des Ärmelkanals für den Verbleib konnten daran nichts ändern. […]

Die Mehrheit stemmt sich gegen die zügellose Globalisierung. Sie will der heiligen Freiheit der Eliten über Kapital, Waren und Arbeitskraft ohne demokratische Einschränkung zu verfügen (die Realverfassung der EU) endlich einen Riegel vorschieben – sie will Regulierung. Gegen den Sachzwang des Marktes (hinter dem sich die Alleinherrschaft der kapitalistischen Oligarchie verbirgt) will sie zurück zur politischen Mitbestimmung. Dieses Prinzip der Volkssouveränität, das bisher nicht verwirklicht werden konnte weil die Verfügung über die Wirtschaft im Wesentlichen in der Hand einer winzigen Eliten verblieb, hat als Forum den Demos mit seinem Staat, bedarf also der nationalen Souveränität" […][1]

Das klare nationalistische Votum, für das bekanntlich mit offen rassistischen Parolen geworben wurde (z. B. bezeichneten Brexit-BefürworterInnen polnische Einwanderer und Einwanderinnen als Ungeziefer), wird hier

---

[1] Langthaler, Wilhelm: Europa retten – EU auflösen, www.euroexit.org/index.php/2016/06/25/europa-retten-eu-auflosen/

zu einem Befreiungsschlag der „Unterklassen" gegen die globalen Eliten umgedeutet; endlich komme „das Volk" wieder an die Macht, das all die Jahre von einer kleinen „kapitalistischen Oligarchie" an der Nase herumgeführt wurde. Der drohende Zerfall Europas erscheint hier als „Wiederherstellung der Demokratie", ganz so als ob Ukip, Front National und AfD an der Spitze einer emanzipativen Bewegung stünden. In das gleiche Horn bläst die Frontfrau der Linken, Sahra Wagenknecht. Zwar wird sie glücklicherweise regelmäßig von wichtigen Teilen ihrer Partei zurückgepfiffen, aber das hält sie nicht davon ab, einen zunehmend nationalistischen Kurs einzuschlagen. So schreibt sie etwa in ihrem neuesten Buch mit dem bezeichnenden Titel *Reichtum ohne Gier* (März 2016):

„Demokratie und Sozialstaat wurden aus gutem Grund im Rahmen einzelner Nationalstaaten erkämpft, und sie verschwinden mit dem Machtverlust ihrer Parlamente und Regierungen. Es ist kein Zufall, dass die Brüsseler Institutionen zu jenem unrühmlichen, undurchsichtigen und mehr als jede Staatsregierung von Konzernlobbyisten gesteuerten Technokratensumpf verkommen sind, zu dem die große Mehrheit der Europäer jedes Vertrauen verloren hat. […] Es existiert daher auf absehbare Zeit vor allem eine Instanz, in der echte Demokratie leben kann […]: Das ist der historisch entstandene Staat".[2]

Wagenknecht legitimiert also die Tendenz zum nationalistischen Zerfall Europas, indem sie so tut, als würde dies die Rückgewinnung der Demokratie ermöglichen, die ihrer Ansicht nach ganz bewusst durch die neoliberalen Strategen abgeschafft worden ist; das europäische Projekt war demnach bloß das Mittel für diesen Zweck.[3] Diese ebenso falsche und gefährliche Nostalgie des Nationalstaats geht bei Wagenknecht nicht zufällig einher mit einer nicht weniger falschen und regressiven Beschwörung der „Marktwirtschaft", die sie von den Fesseln des „Kapitalismus" befreien will. Die

---

2 Wagenknecht, Sahra: Reichtum ohne Gier. Wie wir uns vor dem Kapitalismus retten, Frankfurt 2016, S. 23 f.

3 „Dass europäische Verträge und Institutionen ein praktikabler Hebel sein können, die Politik in den einzelnen Ländern unabhängig von Wahlergebnissen auf eine konzernfreundliche Agenda zu verpflichten, davon war bereits der beinharte Neoliberale Friedrich August von Hayek überzeugt. Aus diesem Grund hat er die Idee eines europäischen Bundesstaates, der den einzelnen europäischen Staaten übergeordnet ist, mit Verve vertreten – nicht, um politische Gestaltungsfähigkeit zu gewinnen, sondern um politische Gestaltung und damit Demokratie *zu verhindern*" (Wagenknecht, Reichtum ohne Gier, S. 25; Hervorhebung im Original)

Marktwirtschaft ist ihrem Verständnis nach eine sehr vernünftige Gesellschaftsordnung, in der die Menschen Waren für den allgemeinen Austausch untereinander produzieren, in der ein fairer Wettbewerb herrscht und jeder an seiner Leistung gemessen wird und auf diese Weise das Beste für alle herauskommt. Jedoch werde diese Ordnung vom „Kapitalismus" bedroht, der nämlich geprägt sei von rücksichtslosem Gewinnstreben sowie von der blanken Gier nach Geld einer kleinen transnationalen Elite. Dieser sei es, so Wagenknecht, in den letzten Jahrzehnten gelungen, der großen Mehrheit der Weltbevölkerung die „kapitalistische Ordnung" aufzudrücken und zusammen mit der Demokratie auch die funktionierende „Marktwirtschaft" zu zerstören. Wer diese retten wolle, müsse daher den Nationalstaat wieder herstellen bzw. wieder stark machen, denn nur dieser sei in der Lage, diese kleine Gruppe von Mächtigen in ihre Schranken zu weisen und der ehrlich arbeitenden Bevölkerung wieder zu ihrem Recht zu verhelfen:

„Im linken wie auch im konservativen Diskurs wird Kapitalismus gern mit Marktwirtschaft gleichgesetzt. Das ist grundfalsch. Das Wesen des Kapitalismus ist nicht, dass sich der Austausch über Märkte vermittelt, sondern dass Unternehmen bloße Anlageobjekte sind, dazu da, Kapital zu verwerten und Rendite zu erwirtschaften. Funktionierende Märkte und echter Wettbewerb stören bei der Renditemaximierung eher, und deshalb geht der Trend in Richtung zunehmender Marktbeherrschung durch wenige große Unternehmen. Zugespitzt könnte man sagen: Wir müssen nicht nur die Demokratie, sondern im Grunde auch die Marktwirtschaft vor dem Kapitalismus retten."

Und weiter:

„Für einen Kapitalisten ist ein Unternehmen nur ein Mittel zum Zweck der Kapitalverwertung und der Erzielung von Rendite. Wie der alte Adel von den Frondiensten seiner Hintersassen lebt der Kapitalist von den Erträgen seines Vermögens, das er in vielen Fällen schlicht geerbt hat. Ein Unternehmer ist jemand, der ein Unternehmen aufbaut und führt, mit eigenen Ideen, Power und Kreativität. Jede vernünftige Wirtschaft braucht gute Unternehmer, aber sie braucht keine Kapitalisten".[4]

Es ist nicht schwer zu erkennen, dass die Gegenüberstellung von „Marktwirtschaft" und „Kapitalismus" eine Chiffre für die in diesem Band bereits beschriebene Entgegensetzung von „raffendem" und „schaffendem

---

4 Wagenknecht, Sahra: „Warum sollen wir uns mit so einer wirtschaftlichen Ordnung abfinden?", Interview mit Paul Schreyer (Telepolis), 23.4.2016, www.heise.de/tp/artikel/48/48034/1.html.

Kapital" darstellt, die zu den Grundmustern des antisemitischen „Antikapitalismus" gehört.[5] Nun soll nicht behauptet werden, dass Wagenknecht antisemitisch agitiert, aber sie reproduziert der Sache nach genau jenes ideologische Grundmuster, das zum Kernbestand des Antisemitismus gehört.

Mit der Unterscheidung zwischen „Marktwirtschaft" und „Kapitalismus" kann der im Wesenskern der modernen warenproduzierenden Gesellschaft angelegte Zwang zur endlosen Selbstverwertung des Werts mit all seinen bedrohlichen, Leid erzeugenden Konsequenzen gewissermaßen abgespalten und einer äußeren Macht zugeschrieben werden. Damit gelingt das paradoxe Kunststück, die kapitalistische Produktions- und Lebensweise zugleich scheinradikal zu kritisieren, um sie im selben Atemzug vehement zu affirmieren. Die permanente und rastlose Umwälzung der Welt, die Zerstörung der Lebensgrundlagen, Arbeitshetze, Armut, Hunger, Krieg und dergleichen mehr sollen rein gar nichts mit der eigenen Existenz- und Lebensweise als arbeits- und konsumfixiertem und die eigenen Partikularinteressen verfolgendem Warensubjekt zu tun haben, sondern erscheinen als das äußerliche Werk einer raffgierigen Minderheit.

Durch diese projektive Abspaltung und die damit immer fast unvermeidlich verbundene Personalisierung kann zugleich auch die grundlegende Verunsicherung gebannt werden, die durch die Versachlichung der gesellschaftlichen Beziehungen und den unkontrollierbaren Selbstlauf der Verwertungsbewegung erzeugt wird. Es ist ja in der Tat ein schwer zu ertragender Zustand, sich permanent mit versachlichten Zwängen konfrontiert zu sehen, für die in letzter Instanz eigentlich niemand verantwortlich ist – auch wenn es immer Funktionsträger gibt, die die Zwänge um- und durchsetzen –, denen aber alle Gesellschaftsmitglieder sich unterwerfen müssen. In der Zuschreibung dieser Zwänge an eine Personengruppe, die vorzugsweise anonym bleibt und hinter den Kulissen die Fäden zieht, kann dieses Gefühl des Ausgeliefertseins und der Ohnmacht auf verkehrte Weise gebannt werden – verkehrt ganz im Wortsinne von 'auf den Kopf stellen'. Denn nicht etwa wird die Versachlichung der gesellschaftlichen Beziehungen und die daraus resultierende grundsätzliche Entmündigung der Menschen in der warenproduzierenden Gesellschaft kritisiert; vielmehr wird genau dies geleugnet und als bloßer Schein negiert, hinter dem sich absichtsvolle, geplante Strategien und Herrschaftstechniken einer mächti-

---

5 Vgl. Postone, Moishe: Nationalsozialismus und Antisemitismus. Ein theoretischer Versuch, in: Diner, Dan (Hrsg.): Zivilisationsbruch. Denken nach Auschwitz, Frankfurt/M. 1988

gen Clique oder Elite verbergen.[6] Genau aus diesem Grund sind Verschwörungsideologien so beliebt und wuchern gerade in Krisenzeiten wie den heutigen völlig unkontrolliert. Sie erlauben es, auf regressive Art die Illusion von Handlungsfähigkeit wiederherzustellen, indem Frustration und Wut über die eigene Ohnmacht durch Hass und Aggression gegen die solcherart identifizierten Schuldigen abgeleitet werden.

Was Wagenknecht an die Wand malt, ist eine kapitalistische Gesellschaft, in der es alles gibt, was diese Gesellschaft in ihrem Wesenskern ausmacht: Warenproduktion, abstrakte Arbeit und Geld; es gilt das Konkurrenz- und Leistungsprinzip und die Menschen tragen tagtäglich ihre Arbeitskraft zu Markte und verkaufen sie an die UnternehmerInnen. Solches gilt Frau Wagenknecht als vernünftige und quasi-natürliche Wirtschafts- und Gesellschaftsordnung, die im Prinzip allen Menschen zugute kommt. Schädlich sei jedoch jene kleine Minderheit, die nichts anderes im Sinn habe, als ihr Geld zu vermehren, und keinerlei Beitrag zur Produktion leiste, sondern diese nur als Mittel zum Zweck der Kapitalvermehrung betrachte. Besonders schlimm sind dabei natürlich die Banken, die Wagenknecht gerne als Zockerbuden bezeichnet. Es liegt daher auf der Hand, dass diese Schmarotzer beseitigt oder zumindest an die Kandare genommen werden müssen, um die Welt wieder in Ordnung zu bringen:

„Geld ist ein öffentliches Gut. Deshalb gehört die Geldversorgung der Wirtschaft nicht in die Hände unverantwortlicher Zockerbuden, sondern von Instituten, die ich Gemeinwohlbanken nenne und die mit Gemeinwohlauftrag arbeiten und sich als Diener der Realwirtschaft verstehen".[7]

Was Wagenknecht hier verbreitet, beruht auf dem üblichen Märchen aus Lehrbüchern der VWL, wonach das Geld in Wahrheit nur ein besonders raffiniertes Mittel sein soll, um den allseitigen Austausch der „Güter" zu erleichtern, ganz so, als sei die kapitalistische Produktionsweise nichts anderes als ein riesiger Basar, auf dem sich lauter kleine Warenproduzen-

---

6 Ein klassisches Beispiel dafür liefert jener oben bereits zitierte Wilhelm Langthaler, der davon spricht, dass sich hinter dem „Sachzwang des Marktes" die „Alleinherrschaft der kapitalistischen Oligarchie" verberge. Langthaler stellt hier den Zusammenhang ganz offensichtlich auf den Kopf. Die kapitalistische Selbstzwecklogik, die im Kern darin besteht, aus Geld mehr Geld zu machen, und der Gesellschaft ihre Zwänge aufherrscht, wird zu einer bloßen Fassade umdefiniert, hinter der sich eine oligarchische Minderheit versteckt, um ungestört ihre Herrschafts- und Profitinteressen verfolgen zu können.

7 „Warum sollen wir uns mit so einer wirtschaftlichen Ordnung abfinden?"

ten treffen, um ihre arbeitsteilig hervorgebrachten Produkte gegeneinander zu tauschen. Während aber die VWL gerne einmal pragmatisch über diese Ideologie hinweggeht, wenn sie die ökonomischen Zusammenhänge zu begreifen versucht und wirtschaftspolitische Empfehlungen ausspricht, nimmt Wagenknecht sie beim Wort und will die gesellschaftliche Wirklichkeit nach dem Muster ihrer verkehrten Wahrnehmung modeln. Damit steht sie freilich nicht alleine. Die Phrase, das Geld solle „wieder" auf eine „dienende Funktion" zurückgeführt werden, ist zum Allgemeinplatz in der medialen Diskussion geworden und gilt als konsequente Form der Kapitalismuskritik. Bei Wagenknecht verbindet sich dies mit der Vorstellung eines starken Staates, der die Banken kontrolliert und sie auf das „Gemeinwohl" verpflichtet; in anderen Kontexten geistert die Idee eines zinslosen Geldes oder von Regionalgeldern durch die Debatte[8] oder es wird von einer Gemeinwohl-Ökonomie phantasiert, wie bei Christian Felber.[9] Bei allen Differenzen im Einzelnen ist das gemeinsame Grundmuster doch immer sehr ähnlich: Stets wird eine idealisierte Vorstellung einer marktwirtschaftlich organisierten Gesellschaft gegen ihre angebliche Pervertierung in der Wirklichkeit ins Feld geführt. Insofern bewegt sich Wagenknecht also durchaus in einem Diskursfeld, das ihr einen ziemlich breiten Zuspruch oder wenigstens wenig Gegenwind garantiert. Woraus aber resultiert dieser breite Grundkonsens, auf den sie sich stützen kann?

3.

Die Selbstverständlichkeit, mit der die meisten heutigen Menschen sich Gesellschaft nur als marktwirtschaftlich organisierte vorstellen können – sei es in ihrer gegebenen Form, sei es als idealisierte Vorstellung –, hat ihren Grund sicherlich zunächst einmal darin, dass die kapitalistische Produktions- und Lebensweise sich universell durchgesetzt hat und so sehr zur „zweiten Natur" geworden ist, dass es schwerfällt, eine Gesellschaft zu

---

8 Vgl. etwa Paech, Niko: Befreiung vom Überfluss, München 2012, S. 117 f.; Kennedy, Magrit: Occupy Money: Damit wir zukünftig ALLE die Gewinner sind, Bielefeld 2011.
9 Vgl. Felber, Christian: Die Gemeinwohl-Ökonomie, Wien 2012. Hier stammt auch die Idee der sogenannten Gemeinwohlbanken her, von denen Wagenknecht so begeistert ist (Wagenknecht, Reichtum ohne Gier, S. 223 f.).

denken, in der die Menschen *nicht* als WarenbesitzerInnen miteinander verkehren. Denn auch wenn die allermeisten Menschen nur über eine Ware verfügen, die sie verkaufen können, um davon zu leben (nämlich ihre Arbeitskraft), sind auch sie selbstverständlich WarenbesitzerInnen. Als solche aber verfolgen sie ihre partikularen Zwecke, die zunächst einmal darin bestehen, die eigene Ware möglichst teuer zu verkaufen und in der Konkurrenz mit anderen Arbeitskraftverkäufern zu obsiegen. Es ist aber genau dieser Standpunkt des Arbeitskraftverkäufers, der die verkehrte Wahrnehmung des kapitalistischen Gesellschaftszusammenhangs befördert, dass die allgemeine Warenproduktion „natürlich" sei und das Geld nur der „Diener" dieser gesellschaftlichen Verkehrsform.

Tatsächlich jedoch ist die zentrale Stellung des Geldes im modernen warenproduzierenden System gerade darin begründet, dass es kein *Mittel*, sondern den *Zweck* der Produktion darstellt. Genauer gesagt, der Zweck der Produktion ist die *Vermehrung* des Geldes, also die Akkumulation von Kapital. Vom Standpunkt eines Unternehmens ist die Ware das *Mittel* zur Erreichung eines vorausgesetzten Zwecks: Aus Geld muss mehr Geld werden, sonst macht die Produktion aus dieser Sicht keinen Sinn. Und das gilt selbstverständlich für *jedes* Unternehmen und nicht bloß für die Akteure in der Finanzsphäre und global operierende Konzerne, für die Wagenknecht den Begriff der „Kapitalisten" reservieren will. Welcher ihrer famosen Unternehmer in jener wundersamen Welt der Marktwirtschaft würde denn freiwillig Millionen von Euro in eine Fabrik investieren, wenn er am Ende keinen Gewinn daraus zöge – oder das zumindest erwarten kann? Profitmacherei ist der Motor der kapitalistischen Gesellschaft, auch wenn diese in „Marktwirtschaft" umbenannt und der Profit zum „Unternehmerlohn" geadelt wird, wie in der ideologischen Sprache der Volks- und Betriebswirtschaftslehre üblich.

Die Arbeitskraftverkäufer sind ihrerseits diesem Prozess bedingungslos unterworfen und halten ihn durch ihre Arbeit in Gang, jedoch stellt sich die Gesamtbewegung, von ihrem unmittelbaren partikularen Standpunkt aus betrachtet, etwas anders dar. Für sie ist ihre Ware nur ein Tauschding, das sie auf den Markt werfen, um im Gegenzug andere Waren dafür zu erwerben; insofern ist es zwar auch bloß das Mittel zu einem äußeren Zweck, doch besteht dieser Zweck nicht in der Vermehrung einer bestimmten Geldsumme, sondern in der Sicherung des eigenen Lebensunterhalts. Das Geld ist aus dieser Sicht bloß zwischen Verkaufs- und Kaufakt zwischengeschaltet und daher scheint die Bewegung, die hier vollzogen wird, auf den ersten Blick dem zu entsprechen, was Marx als einfachen Warentausch beschreibt: als der Tausch einer Ware gegen Geld und des Geldes gegen eine andere Ware (W – G – W). Und doch gibt es hier einen bedeutenden Unterschied. Denn auch wenn der einzelne Arbeitskraftverkäufer seine Ware nur einsetzt, um sie (über den Umweg des Geldes) gegen Konsumtionsmittel zu tauschen, so ist dieser Tauschakt doch zugleich integraler Bestandteil jener Gesamtbewegung der Kapitalverwertung, deren Ausgangs- und Endpunkt immer schon der Wert in seiner erscheinenden Gestalt des Geldes ist.

Wird dieser Zusammenhang ausgeblendet und stattdessen der partikulare Standpunkt für das Ganze genommen, kann es in der Tat so aussehen, als sei es ganz „natürlich", dass jeder Mensch vom Verkauf seiner Arbeitskraft oder seiner Arbeitsprodukte leben muss und eine arbeitsteilige Gesellschaft gar nicht anders als im Modus der Warenproduktion funktionieren kann. Demgegenüber erscheint dann der sich selbst verwertende Wert, also das Kapital, nicht als Wesenskern und dynamisches Zentrum dieser Gesellschaft und deren „automatisches Subjekt"[10], sondern als bloß äußerliche Macht, die durch ihre partikularen Interessen die „natürliche" Wirtschaftsordnung durcheinander bringt oder gar zerstört. Nach Marx handelt es sich um ein warenfetischistisches Bewusstsein. Die gesellschaftlichen Verhältnisse erscheinen den Menschen als auf den Kopf gestellte, weil sie die verkehrte Erscheinungsform der Wirklichkeit für bare Münze nehmen.

Das heißt nun freilich nicht, dass das Bewusstsein der kapitalistisch formatierten Menschen im strengen Sinne determiniert wäre. Aber dennoch sind die verkehrten Formen, in denen sich die kapitalistische Gesellschaft an der Oberfläche darstellt, äußerst wirkmächtig, denn sie erscheinen als vollkommen evident und selbstverständlich – weshalb sich der Alltagsverstand auch massiv dagegen sträubt, sie zu hinterfragen. Aus diesem Grund hat radikale Gesellschaftskritik immer einen sehr viel schwereren Stand als populistische Stimmungsmache à la Wagenknecht, die im Kern darin besteht, die Menschen in dem falschen Schein zu bestätigen, der sich ohnehin aufdrängt, statt diesen durchschaubar zu machen. Dass der Populismus im Gewand polemischer Kritik an den herrschenden Verhältnissen auftritt, ist dabei kein Widerspruch, sondern gehört zu seinem Wesen. Doch was sich da als Kritik aufspielt, ist das genaue Gegenteil von Kritik: Der Populismus ist erfolgreich, weil er das klassische Muster einer konformistischen Rebellion bedient und die herrschenden Verhältnisse im Modus ihrer scheinbaren Überwindung affirmiert.

---

10 Marx, MEW 23, S. 189

4.

Aus dem fetischistisch verkehrten Schein der Verhältnisse erklärt sich auch der weit verbreitete, besonders ausgeprägte Affekt gegen das an den Finanzmärkten akkumulierende Kapital und seine Akteure, die Banken und FinanzinvestorInnen jeder Art. Denn hier stellt sich die Selbstbezüglichkeit der Bewegung des Kapitals in ihrer reinsten Form dar. Wird Kapital in der sogenannten Realwirtschaft, also in der Sphäre der Güterproduktion, verauslagt, muss es, um den Selbstzweck der Geldvermehrung zu erfüllen, immer den Umweg über die Produktion von stofflichen Produkten nehmen. Der Kreislauf der Akkumulation ist erst abgeschlossen, wenn das Kapital die produzierten Waren verkauft und den in ihnen dargestellten Mehrwert realisiert hat. Die Bewegung des Kapitals folgt also dem Schema G – W – G' (Geld – Ware – mehr Geld), wobei der zusätzliche Wert durch die Verausgabung von Arbeitskraft in der Produktion entsteht. An den Finanzmärkten hingegen entfällt dieser Zwischenschritt. Hier bezieht sich das Geld unmittelbar auf sich selbst und vollzieht die Bewegung G – G' und es entsteht so der Schein, als könnte es direkt aus sich selbst heraus zusätzlichen Wert schöpfen. Marx spricht in diesem Zusammenhang vom „fiktiven Kapital". Doch das sollte nicht zu der Annahme verleiten, dieses Kapital sei irgendwie „unwirklich". Es ist genauso real wie jedes andere Kapital auch, nur dass es im Unterschied zum „fungierenden Kapital" (Marx) in der Güterproduktion keinen Wert akkumuliert, der bereits in der Vergangenheit durch die Verausgabung von Arbeitskraft entstanden ist, sondern stattdessen auf zukünftigen, erst noch zu produzierenden Wert vorgreift.[11]

Dieser Vorgriff auf zukünftigen Wert ist keinesfalls ein bloß äußerlicher Zusatz, der auf einer als „eigentlich" zu verstehenden Güterproduktion aufsetzt, sondern war immer schon inhärentes und notwendiges Moment im Gesamtkreislauf der kapitalistischen Produktionsweise. Allerdings hat er seit dem Ende des fordistischen Akkumulationsschubs in den 1970er Jah-

---

11 Praktisch vollzieht sich das durch den Verkauf von Geld als Geldkapital in der Gestalt von handelbaren Eigentumstiteln, die den Anspruch auf eine bestimmte Summe Geld plus ihre Vermehrung verbriefen. Ernst Lohoff hat dafür den Begriff der Waren 2ter Ordnung geprägt … (Lohoff, Ernst: Kapitalakkumulation ohne Wertakkumulation. Der Fetischcharakter der Kapitalmarktwaren und sein Geheimnis, Krisis-Beitrag 1/2014, www.krisis.org/2014/kapitalakkumulation-ohne-wertakkumulation/, S. 38 f.; Lohoff, Ernst/ Trenkle, Norbert (2012): Die große Entwertung, Münster 2012, S. 124 ff.).

ren, welches zugleich den Beginn einer fundamentalen Verwertungskrise markiert, einen ganz neuen Stellenwert gewonnen; er ist zum treibenden Motor der weltweiten Kapitalakkumulation geworden, der die Weltwirtschaft in Gang hält, ihr aber auch ein immer höheres Tempo aufzwingt, die globalisierte Konkurrenz enorm verschärft und zugleich ein wachsendes Krisenpotential anhäuft, das sich immer wieder entladen muss, wie zuletzt im großen Finanzcrash von 2008. Das verstärkt nicht nur den Schein, dass das Finanzkapital die Quelle kapitalistischen Übels sei, zugleich nährt diese Entwicklung eine tiefe Verunsicherung quer durch die gesamte Gesellschaft, die einen fruchtbaren Boden für die populistische Agitation abgibt.

Unter diesen Umständen bedient das Versprechen einer Wiederherstellung der „sozialen Marktwirtschaft" im national regulierten Rahmen und eines auf der Verausgabung von Arbeitskraft beruhenden Kapitalismus ganz offensichtlich den verbreiteten Wunsch nach Sicherheit und nach einer Politik, die wieder handlungsfähig sein soll. Dass dieses Versprechen nicht einmal ansatzweise einlösbar ist, weil es keinerlei Fundament in der Wirklichkeit hat, spielt dabei zunächst keine Rolle, denn der Wille, daran zu glauben, ist stark. In Zeiten der Krise sind Illusionen gefragt. Und so wie in den 1920er und 30er Jahren die vorkapitalistischen Zustände rückwirkend romantisiert wurden und als Hintergrundfolie für die Ideologie der Volksgemeinschaft dienten, gerät heute das sogenannte goldene Zeitalter des Kapitalismus, also die unmittelbare Nachkriegszeit, zum idealisierten Fluchtpunkt von regressiven Politikansätzen.

Doch die strukturellen Voraussetzungen für diese auf industrieller Massenarbeit beruhende fordistische Epoche des Kapitalismus, in der die Produktion noch wesentlich im nationalstaatlichen Rahmen organisiert war, sind endgültig zerstört – und kein politischer Willensakt kann sie je wiederherstellen. Denn die in den 1970er Jahren einsetzende dritte industrielle Revolution hat nicht nur massenhaft Arbeitskraft aus den produktiven Kernsektoren der Warenproduktion verdrängt und damit eine fundamentale Krise der Kapitalverwertung in Gang gesetzt, sondern zugleich auch die Globalisierung vorangetrieben und so den Nationalstaat als Bezugsrahmen des Kapitals gesprengt. Das gilt zum einen für die Produktionsstrukturen und die Absatzmärkte der Waren, die auf dem gegebenen Niveau der Produktivkraftentwicklung nur noch transnational organisiert werden können. Zum anderen aber hat sich, wie schon erwähnt, seit den 1980er Jahren die Dynamik der Kapitalakkumulation an die globalen Finanzmärkte verlagert, die seitdem den Rhythmus der Weltwirtschaft entscheidend bestimmen. Diese „Finanzialisierung" des Kapitals lässt sich aber nicht mehr zurückdrehen, denn sie stellt bereits eine Reaktionsform auf ebenjene unaufhaltsame und durchgreifende Automatisierung der Warenproduktion, die einer Verwertung von Kapital durch Vernutzung von Arbeitskraft immer engere Grenzen setzt. Da aber Kapital sich permanent vermehren muss, wenn es nicht der Entwertung anheimfallen will, wich es an die globalen Finanzmärkte aus, wo es in Gestalt des fiktiven Kapitals seine Selbstzweckbewegung der Geldvermehrung zunächst einmal munter fortsetzen konnte.[12]

Fiktives Kapital stellt, wie oben schon erläutert, nichts anderes dar, als einen Vorgriff auf zukünftig zu produzierenden Wert, der seinerseits durch Eigentumstitel wie Aktien, Anleihen und alle Sorten von Finanzpapieren (die das Versprechen auf eine bestimmte Summe Geld und dessen Vermehrung verbriefen) repräsentiert wird. Dieser Vorgriff ermöglicht es, Wert aus der Zukunft gewissermaßen in die Gegenwart zu pumpen, wo er nicht nur akkumuliert wird und dem Kapital so eine rentable Vermehrung sichert; vielmehr werden die Ansprüche auf die Zukunft durchaus auch für Konsum oder Investitionen verausgabt und induzieren auf diese Weise realwirtschaftliche Tätigkeit. Es ist dieser Mechanismus, der die Weltwirtschaft seit den 1980er Jahren in Gang hält und der kapitalistischen Produktionsweise noch einmal einen neuen historischen Entwicklungsspielraum verschaffte, der auf Grundlage einer Kapitalverwertung in der industriellen Warenproduktion schlicht nicht mehr existierte. Der gesamte industrielle Modernisierungsschub in China und anderen ehemals peripheren Staaten beruht auf dieser Grundlage.[13]

Freilich ist diese Grundlage äußerst prekär, weil der massive Vorgriff auf zukünftigen Wert seit fast vier Jahrzehnten niemals durch eine entsprechende Wertschöpfung eingelöst werden kann und daher der Boom nur weiterläuft, solange immer neue Ansprüche auf die Zukunft angehäuft werden; daher müssen immer neue Bezugspunkte für solche Zukunftserwartungen geschaffen werden, damit sich das angehäufte, gigantische Krisenpotential nicht mit einem Schlag entlädt und die Weltwirtschaft in den Abgrund reißt, wie es im Jahr 2008 beinahe geschehen wäre.

Zweifellos hat der Neoliberalismus durch seine Politik ganz wesentlich dazu beigetragen, die Ausweichbewegung in die Sphäre des fiktiven Kapitals zu ermöglichen und den Krisenprozess auf diese Weise aufzu-

---

12 Lohoff / Trenkle, Die große Entwertung, S. 209 ff.
13 Ebenda, S. 98 ff.; Trenkle, Norbert: Die Arbeit hängt am Tropf des fiktiven Kapitals, Krisis-Beitrag 1/2016, www.krisis.org/2016/die-arbeit-haengt-am-tropf-des-fiktiven-kapitals/, S. 17 ff.

schieben. Und dennoch folgte diese Weichenstellung keinem bewussten Plan neoliberaler Politikstrategen, wie es von Kritikern gerne behauptet wird, sondern sie stellte sich sogar entgegen ihrer erklärten Absichten her.[14] Der Neoliberalismus war in den 1980er Jahren angetreten, um die *Realwirtschaft* wieder profitabel zu machen, die seiner Ansicht nach von allzu starren Regulierungen gehemmt wurde und daher grundlegend dereguliert werden musste. Faktisch jedoch führte diese Politik zu einer flächendeckenden Zerstörung der industriellen Strukturen in den meisten kapitalistischen Kernstaaten, während sich die Dynamik der Kapitalakkumulation an die Finanzmärkte verlagerte; und das, obwohl doch, gemäß neoliberaler Ideologie das Geld nur einen „Schleier" darstellen soll, der die Güterproduktion bloß verdecke und daher die Geldpolitik keine aktive Rolle spielen dürfe. Es war aber paradoxerweise genau diese Blindheit gegenüber dem eigenen Handeln, die dieses umso effektiver im Sinne eines Krisenaufschubs machte. Denn auch wenn den neoliberalen Strategen das keinesfalls bewusst war, ließ sich die Krise nur vorübergehend überwinden, indem die Kapitalakkumulation auf eine neue Grundlage gestellt wurde: An die Stelle der Vernutzung von Arbeitskraft in der Produktion von Gütermarktwaren, also der Akkumulation von Wert in Gestalt vergangener „toter Arbeit" (Marx), musste der Vorgriff auf zukünftigen Wert, also fiktives Kapital, dargestellt in finanzmarktfähigen Eigentumstiteln treten.

Allerdings blamierte sich die neoliberale Ideologie vom „Geldschleier" endgültig mit dem Crash von 2008, als der Boom des fiktiven Kapitals an seine Grenzen stieß und der Politik gar nichts anderes übrigblieb, als das Finanz- und Bankensystem durch gigantische Stützungsprogramme vor dem Zusammenbruch zu retten, weil dieser eine unkontrollierbare Krise der Weltwirtschaft zur Folge gehabt hätte. Seitdem funktioniert die Akkumulation des fiktiven Kapitals nur noch deshalb, weil sie massiv durch die Regierungen und vor allem durch die Zentralbanken gestützt wird, die gewaltige Mengen kostenlosen Geldes (mittlerweile sogar zu Negativzinsen) in die Finanzmärkte pumpen. Dass sie dies unter einer ganz anderen Prämisse tun, nämlich zur Bekämpfung einer angeblich drohenden Deflation, verweist nur noch einmal auf die Blindheit der kapitalistischen Akteure gegenüber ihrem eigenen Handeln, das sich aber wieder einmal gerade deshalb als systemfunktional herausstellt.

---

14 Lohoff, Die letzten Tage des Weltkapitals, S. 19 ff.; Lohoff / Trenkle, Die große Entwertung, S. 216 ff.

Es wäre jedoch naiv, zu meinen, der gängige volkswirtschaftliche Sachverstand würde aufgrund der permanenten Widersprüche zwischen proklamierter Absicht und vollzogener Praxis den zugrunde liegenden Zusammenhang verstehen. Zwar hat die neoliberale Ideologie ihre Hegemonie eindeutig verloren, doch an ihrer Stelle bekam jetzt ein reformulierter Keynesianismus Oberwasser, der sich häufig mit linkspopulistischen Elementen mischt und der die Verkehrtheit der neoliberalen Ideologie nur spiegelbildlich reproduziert. Durch die Tatsache, dass die Politik massiv Einfluss auf die Akkumulation des fiktiven Kapitals ausübt, sieht er sich in der ohnehin schon eingefleischten Auffassung vom Primat der Politik bestätigt, also darin, dass ökonomische Prozesse mehr oder weniger beliebig politisch gesteuert werden können, wenn nur der entsprechende Wille vorhanden ist und sich gesellschaftlich durchsetzen kann. Da die Finanzialisierung und die Globalisierung des Kapitals diesem Weltbild zufolge von neoliberalen Kräften und transnationalen Eliten bewusst durchgesetzt worden sind, könne diese Entwicklung nun auch wieder rückgängig gemacht werden. Wenn nur die gesellschaftlichen Kräfteverhältnisse entsprechend verschoben würden, soll es möglich sein, die „Realwirtschaft" wieder in den Mittelpunkt zu stellen und die Finanzmärkte auf ihre „dienende Funktion" zurück zu dimensionieren.

In dieser Auffassung lässt sich der neokeynesianisch geprägte Linkspopulismus auch dadurch nicht erschüttern, dass die Regierungen und Zentralbanken nach dem Finanzcrash von 2008 keinesfalls die Macht der Finanzmärkte beschnitten haben, obwohl dies damals sogar in der Abschlusserklärung des Krisengipfels der G20 im Februar 2009 gefordert wurde.[15] Wie jede Ideologie sieht sich auch die linkspopulistische durch die Entwicklungen in der gesellschaftlichen Wirklichkeit immer nur bestätigt, weil sie alle Vorgänge und Fakten so wahrnimmt, dass sie sich in ihr Weltbild einfügen. Die Krisenverwaltung nach 2008 gilt ihr nicht etwa als Hinweis darauf, dass die materielle Grundlage für einen auf massenhafter Verwertung von Arbeitskraft beruhenden Kapitalismus längst nicht mehr existiert, sondern als Beleg für das erfolgreiche Wirken von Lobbygruppen des Banken- und Finanzkapitals. Das scheinbare Versagen der Politik wird

---

15 Der G20-Gipfel in Pittsburgh (im September 2009) sei eine „entscheidende Wegmarke", sagte Merkel. Es müsse gelingen, die auf den vorhergegangenen Gipfeln getroffenen Vereinbarungen zur stärkeren Kontrolle der Finanzmärkte umzusetzen. Man müsse Lehren aus der Finanzkrise ziehen und sicherstellen, dass sich so etwas nicht wiederhole. (Spiegel Online 24.9.2009)

also genauso personalisiert wie zuvor schon die Krise, die ja angeblich ihre Ursache in der maßlosen Gier der Spekulanten haben soll. Aus dieser Sicht beweist die Krisenverwaltung nur einmal mehr, dass das politische „Establishment" ein hoffnungsloser Fall ist, weil es von den globalisierten Eliten und vom Finanzkapital ganz nach Belieben für die eigenen partikularen Interessen eingespannt wird. In dieser Auffassung, die keinen Millimeter über das Reflexionsniveau des Alltagsverstands hinausgeht, bildet der linke Populismus haargenau die vorherrschende öffentliche Meinung ab und unterscheidet sich darin praktisch nicht von seinem rechtspopulistischen Bruder.

5.

Freilich wäre der Populismus neuerdings nicht so erfolgreich, verwiese er auf seine ideologisch verquere Weise nicht dennoch auf etwas Richtiges. Wenn die Politik seit 2008 ständig verkündet, sie müsse einfach so handeln wie sie handle, dann ist das ja tatsächlich eine Bankrotterklärung. Es wird im Grunde gesagt, dass das stets hochgehaltene Ideal der Demokratie der allgemeinen und freien Partizipation aller Staatsbürger an den gesellschaftlichen Richtungsentscheidungen außer Kraft gesetzt ist. Nun sind zwar die politischen Handlungs- und Entscheidungsspielräume an sich durch die verdinglichten Zwänge der allgemeinen Warenproduktion und der Dynamik der Kapitalakkumulation grundsätzlich begrenzt, und waren insofern immer schon sehr viel enger, als die Ideologie vom Primat der Politik das suggeriert. Dennoch sind sie heute unter den Bedingungen der fundamentalen Krise noch einmal weiter geschrumpft. Die berüchtigte Redewendung von der „Alternativlosigkeit", die ganz zu Recht zum Unwort des Jahres 2010 gewählt wurde, verweist genau darauf, wenn auch selbst auf ideologische Weise; denn hier wird immer schon die kapitalistische Produktions- und Lebensweise als selbstverständlicher Bezugsrahmen vorausgesetzt, der angeblich nicht überschritten werden kann und somit werden die mit dieser Vergesellschaftungsform gesetzten verdinglichten Zwänge zu Quasi-Naturgesetzen definiert, denen sich jeder vernünftige Mensch beugen muss. Umgekehrt ist es aber nicht weniger ideologisch, diese verdinglichten Zwänge zu leugnen und zu suggerieren, es sei alles nur eine Frage des politischen Willens und die berüchtigten „Sachzwänge" seien eine Erfindung der Eliten, um ihre Interessen zu verschleiern.

Richtig ist allerdings, dass in der binnengeschichtlichen Entwicklung der kapitalistischen Gesellschaft die politischen Spielräume zumindest phasenweise deutlich größer waren als heute. Das gilt insbesondere für die Epoche des fordistischen Booms, der genau deshalb auch zum Bezugspunkt für eskapistische politische Phantasien geworden ist. Da die industrielle Massenproduktion noch in starkem Maße auf den nationalstaatlichen Rahmen angewiesen war, schon allein deshalb, weil die riesigen Produktionsanlagen nicht so ohne Weiteres verlagert werden konnten, besaß die Politik eine relativ große Macht. Sie konnte durch Steuer- und Sozialpolitik ihren Einfluss gegenüber den in ihrem Territorium angesiedelten Unternehmen geltend machen und sie im Gegenzug zugleich durch entsprechende Handelsbarrieren vor der ausländischen Konkurrenz schützen. In der Ära des fiktiven Kapitals hingegen, in der sich die Dynamik der Akkumulation in Ermangelung einer hinreichenden realökonomischen Verwertungsbasis an die Finanzmärkte verlagert hat, ist die Politik weitgehend zu einer abhängigen Variable geworden. Das in der Finanzsphäre angelegte fiktive Kapital kann innerhalb von Sekunden von einem Ende der Welt zum anderen verschoben werden, industrielle Standorte lassen sich aufgrund transnationaler Produktionsstrukturen und flexibilisierter Zuliefernetzwerke binnen kurzer Zeit verlagern und erhebliche Teile des Dienstleistungssektors sind auf Grundlage der Kommunikations- und Informationstechnologien schon längst global organisiert. Kurz gesagt: Während für die Akkumulation des Kapitals schon längst der Weltmarkt unmittelbar zum Bezugsrahmen geworden ist, bleibt die Politik in ihren Zugriffsmöglichkeiten weitgehend auf den nationalstaatlichen Raum beschränkt und befindet sich daher in einer strukturell bedingten Abhängigkeitsposition.

Auch unter diesen Bedingungen ist die Politik keinesfalls in all ihren Entscheidungen determiniert; solange das fiktive Kapital munter akkumuliert, hat sie durchaus Handlungsspielräume, die umso größer sind, je stärker ein Land von eben dieser Akkumulation profitiert.[16] Doch wo die Kapitalakkumulation als solche bedroht ist, wie in der Krise von 2008, bleibt den Regierungen tatsächlich keine andere Alternative, als diese mit allen nur möglichen Mitteln wieder in Gang zu bringen, weil sie sonst im Grunde ihren Betrieb einstellen mussten – und das bedeutet in der Epoche des fiktiven Kapitals die massive Stützung des Finanzsystems. Deshalb entbehrt die Vorstellung von einer Wiederbelebung des keynesianischen Regulations- und Sozialstaats nach dem Vorbild der direkten Nachkriegszeit jeder

---

16 Vgl. Lohoff, Die letzten Tage des Weltkapitals, S. 66 ff.

Grundlage. Und das politische Programm des Linkspopulismus, das auf den ersten Blick wie eine Rückkehr des guten alten Reformismus aussehen könnte, ist nichts als dessen schlechte Karikatur.[17] Denn der Reformismus des 20. Jahrhunderts hatte eine reale historische Perspektive, ein politisches Programm, das sich zumindest ansatzweise durchsetzen ließ und in seiner Epoche durchaus erfolgreich war, aber nur deshalb, weil die ökonomischen und politischen Rahmenbedingungen dafür existierten.[18] Diese historische Perspektive existiert heute jedoch nicht mehr. Zwar lassen sich in den Ländern, die noch zu den wenigen Krisengewinnern gehören, wie insbesondere die Bundesrepublik, durchaus einzelne sozialstaatliche Verbesserungen durchsetzen, so wie in den letzten Jahren der Mindestlohn; doch ihr punktueller Charakter und ihre sehr eingeschränkte Wirkung verweisen schon an sich darauf, dass für ein umfassendes reformistisches Programm keine Grundlage mehr existiert. Und da die Ursachen hierfür in der historischen Dynamik und der Krisenlogik des Kapitalismus selbst zu suchen sind, lässt sich diese Grundlage auch nicht durch eine versuchte Stärkung der nationalen Souveränität erneuern. Wer das meint, verwechselt Ursache und Wirkung. Der Reformismus war nicht deshalb so erfolgreich, weil die Nationalstaaten relativ souverän waren, sondern diese waren relativ souverän aufgrund der auf industrieller Massenarbeit und Massenkonsum beruhenden Akkumulation – und das eröffnete große Spielräume für eine reformistische Politik.

Es gibt also erstens kein Zurück in diese Zeit, zweitens und vor allem aber, wäre ein Rückfall hinter den erreichten Grad der transnationalen Vernetzung alles andere als wünschenswert. Denn auch wenn die Schwächung der staatlichen Souveränität im Zuge der Finanzialisierung und Globalisierung des Kapitals natürlich kein Akt der emanzipatorischen Aufhebung des Staates war, ist es doch grundsätzlich ein Fortschritt, dass die kapitalistische Dynamik die Grenzen der nationalstaatlichen Bornierung aufgesprengt hat. Jede Politik, die hinter diesen Stand zurückfällt, ist regressiv. Eine Perspek-

---

17 Bierwirth, Julian: Lenin als Farce. Zur Kritik an Sahra Wagenknechts Buch „Reichtum ohne Gier", www.krisis.org/2016/lenin-als-farce/

18 Das heißt nicht, dass diese zweifellos beachtlichen Erfolge dem Reformismus einfach in den Schoß fielen. Sie mussten selbstverständlich erkämpft werden. Aber die strukturellen Voraussetzungen dafür waren sehr günstig. So war insbesondere die Stärkung der Massenkaufkraft notwendig, um die gewaltige Masse an Industriewaren überhaupt absetzen zu können, auf deren Produktion wiederum die Kapitalakkumulation beruhte.

tive gesellschaftlicher Emanzipation und der Aneignung des gesellschaftlichen Reichtums jenseits von Ware und Geld muss heute mehr denn je transnationalen Charakter haben. Daran festzuhalten ist umso wichtiger, als mittlerweile ein gewaltsamer Zerfall des kapitalistischen Weltsystems entlang nationalistisch aufgeladener Interessenkonflikte und Identitätspolitiken in Reaktion auf den Krisenprozess keinesfalls mehr auszuschließen ist.[19] Die Tendenzen dazu haben sich gerade im vergangenen Jahr extrem verschärft – der Brexit und die Wahl Donald Trumps stehen dafür – und sie dürften im Zuge des nächsten Finanzcrashs, der sich am Horizont bereits abzeichnet, noch einmal beschleunigen.

Die Phantasien zur Wiederherstellung einer angeblich goldenen Zeit eines nationalstaatlich zentrierten Kapitalismus sind einer der ideologischen Motoren dieser Entwicklung, der den Eintritt in eine qualitativ neue Phase des Krisenprozesses markiert. Die Renationalisierung bringt nicht den sozial- und wirtschaftspolitisch regulierten Kapitalismus mit seinem relativen Wohlstand zurück, sondern läuft in Wahrheit auf die Etablierung autoritär-nationalistischer Krisenverwaltungen hinaus, die, gerade weil sie ihre wirtschafts- und sozialpolitischen Versprechen nicht einhalten können, umso schärfer auf aggressive Feindbestimmung nach innen und nach außen setzen werden. Russland, Ungarn, Polen und die neue US-Regierung lassen erahnen, in welche Richtung der Zug fährt. Wenn die Linke meint, sie könnte dieser rechten Formierung dadurch begegnen, dass sie das Thema der nationalen Souveränität auf ihre Weise besetzt, ist das nicht nur regressiv, sondern auch zum Scheitern verurteilt. Denn der rechte Populismus spielt viel ungehemmter und erfolgreicher auf der Klaviatur der nationalistischen Identität, der rassistischen Abgrenzung und des Ressentiments. Genau darauf aber basiert sein Erfolg. Im Grunde ahnt sein Wählerklientel, dass es mit den wirtschafts- und sozialpolitischen Versprechen, die denen des linken Populismus ja sehr ähnlich sind, nicht weit her ist. Umso wichtiger aber wird die Rückversicherung in kollektiven Identitätskonstruktionen und die Definition von „Volksfeinden", die eben diese bedrohen. Eine Linke, die diesen Trend auch nur ansatzweise mitmacht, hat bereits jeden emanzipatorischen Anspruch aufgegeben.

---

19 Lohoff, Die letzten Tage des Weltkapitals, S. 66 ff.

Literatur:

Bierwirth, Julian: Lenin als Farce. Zur Kritik an Sahra Wagenknechts Buch „Reichtum ohne Gier", www.krisis.org/2016/lenin-als-farce/

Felber, Christian: Die Gemeinwohl-Ökonomie, Wien 2012

Kennedy, Magrit: Occupy Money: Damit wir zukünftig ALLE die Gewinner sind, Bielefeld 2011

Langthaler, Wilhelm: Europa retten – EU auflösen, www.euroexit.org/index.php/2016/06/25/europa-retten-eu-auflosen/

Lohoff, Ernst: Die letzten Tage des Weltkapitals. Kapitalakkumulation und Politik im Zeitalter des fiktiven Kapitals, Krisis-Beitrag 5/2016 www.krisis.org/2016/die-letzten-tage-des-weltkapitals/

Lohoff, Ernst: Kapitalakkumulation ohne Wertakkumulation. Der Fetischcharakter der Kapitalmarktwaren und sein Geheimnis, Krisis-Beitrag 1/ 2014 www.krisis.org/2014/kapitalakkumulation-ohne-wertakkumulation/

Lohoff, Ernst / Trenkle, Norbert: Die große Entwertung, Münster 2012

MEW 23 = Marx, Karl: Das Kapital, Band 1, Marx-Engels-Werke Bd. 23, Berlin 1983

Paech, Niko: Befreiung vom Überfluss, München 2012

Postone, Moishe: Nationalsozialismus und Antisemitismus. Ein theoretischer Versuch, in: Diner, Dan (Hrsg.): Zivilisationsbruch. Denken nach Auschwitz, Frankfurt/M. 1988

Trenkle, Norbert: Die Arbeit hängt am Tropf des fiktiven Kapitals, Krisis-Beitrag 1/2016, www.krisis.org/2016/die-arbeit-haengt-am-tropf-des-fiktiven-kapitals/

Wagenknecht, Sahra: Reichtum ohne Gier. Wie wir uns vor dem Kapitalismus retten, Frankfurt 2016

Wagenknecht, Sahra: im Interview mit Albrecht Müller (Nachdenkseiten), 29. März 2016, www.nachdenkseiten.de/?p=32548

Wagenknecht, Sahra: „Warum sollen wir uns mit so einer wirtschaftlichen Ordnung abfinden?", Interview mit Paul Schreyer (Telepolis), 23.4.2016, www.heise.de/tp/artikel/48/48034/1.html

Thomas Ebermann

Facetten einer Kritik der Arbeit[1]

> *„Der Kunde ist König unser erstes Gebot.*
> *Mit Herz und Gefühl fertigen wir das Produkt.*
> *Nur das Beste ist uns gut genug,*
> *deshalb sind wir die Profis der Autowelt,*
> *kreativ und individuell."*
>
> aus der „Wir bei VW"-Hymne

Teil 1

In den vergangenen zehn Jahren haben sich einige tausend Unternehmen in Deutschland – von der popeligen Mittelstandsklitsche bis zum Weltkonzern – eine Firmenhymne zugelegt. In dieser wird besungen – oft, aber nicht immer, unter Mitwirkung eines Teils der Belegschaft, die dann den Chor bildet oder den Refrain mitsingen muss –, wie gut man es getroffen hat, gerade in diesem Betrieb Anstellung gefunden zu haben. Dass man dadurch zum Pionier wird, Geschichte schreibt, glücklich ist und die Menschheit mit großartigen Produkten oder Dienstleistungen beglückt. Verspro-

---

[1] Es handelt sich um die Verschriftlichung eines Vortrags vom 2.6.2016 von Thomas Ebermann in Heidelberg, gekürzt und überarbeitet von Merlin Wolf. Thomas Ebermann und der Musiker Kristof Schreuf touren mit ihrem analytisch-satirischen Abend „Firmenhymnen". Ein Bild davon kann man sich durch eine Aufnahme der Gruppe Fast Forward in Hannover machen: https://www.youtube.com/watch?v=6do9al05vko

chen wird von FirmenhymnenhändlerInnen, aber zum Beispiel auch auf den Wirtschaftsseiten aller als seriös geltenden deutschen großen Zeitungen und sogar von einem leibhaftigen Lehrstuhlinhaber der Universität Bielefeld: Der Einsatz dieser Hymnen steigere die Motivation der MitarbeiterInnen, senke den Krankenstand und vieles mehr. Natürlich tue er dies nur, wenn er in ein Gesamtkonzept der Unternehmenskultur, einer Corporate Identity, eingebunden sei.

Als bekannt unterstelle ich, dass in den letzten Jahrzehnten der Sektor der Lohnarbeit, aber auch andere Sektoren wie der universitäre Betrieb, enorme Verdichtung erfahren hat. Momente des Durchschnaufens, der schlichten Unterbrechung, der Möglichkeit eines Schwätzchens ausgetilgt wurden. Dass also der Grad der Entsagung gestiegen, der Stress gewachsen und dies nur noch durchhaltbar ist mit Medikamenten oder Drogen. Bücher, die von dieser Tatsache berichten, haben wegen dieses Tatbestandes eine Tendenz zur Romantisierung untergegangener oder stark reduzierter, industriell kapitalistischer Produktionsweisen, wie etwa die lesenswerte soziologische Studie *Ein halbes Leben* mit Erfahrungsberichten von Menschen, die über zwanzig Jahre in derselben Firma gearbeitet haben oder die ebenfalls lesenswerte britische Studie *Prolls – Die Dämonisierung der Arbeiterklasse*. Mit Romantisierung meine ich, dass sie in ihrem Vergleich die fordistische Schufterei etwa in englischen Stahlwerken verklären und als gute alte Zeit falsch titulieren.

„Es geht ganz einfach, auch ich hab's gleich kapiert:
Die Packstation spart mir 'ne Menge Zeit.
Sie gibt mir Freiheit und ich liebe sie dafür.
Pakete senden ist 'ne Kleinigkeit.

Nicht untergegangen ist das Versprechen, das die industriell kapitalistische Gesellschaft ihren Subalternen einmal gegeben hat: Die Anstrengung des Arbeitslebens böte Entschädigung durch größere konsumtive Möglichkeiten und es käme zur Ausweitung der arbeitsfreien Zeit, der sogenannten Freizeit. Die Wochenarbeitszeit würde sich verkürzen und man entkäme dem Berufsleben früher, das Renteneintrittsalter würde sukzessiv gesenkt. Nun aber sinken eher die Löhne und die Kaufkraft schwindet; Wochen- und Lebensarbeitszeit werden länger.

Wenn wir Ideologieproduktion nicht als etwas zufällig irgendwelchen Köpfen Entspringendes begreifen, dann liegt eine Transformation des falschen Bewusstseins auf der Hand. Die alte Lüge, also dass Konsum, Hobby, Bedürfnisse, Vergnügen oder was man so Freizeitgestaltung nennt, unbeschädigt bleiben könnten von der Tortur und der Konkurrenz der Arbeitswelt, muss transformiert werden in eine neue Lüge: Dass die Arbeitswelt jene ist, um die sich alles dreht, in der sich die Selbstverwirklichung abspielt, der man das ganze Leben widmet, die die Konstante ist, der man die Variable, also sein Freizeitverhalten und selbstverständlich auch seine Sehnsüchte unterordnet.

Dieser Gedanke ist der Kern dessen, was die berühmte staatliche „Kommission für Zukunftsfragen" postuliert. Dort heißt es, das Leitbild der Zukunft ist das Individuum als Unternehmer seiner Arbeitskraft und Daseinsvorsorge. Das Leitbild – und das ist neu – ist das Individuum, das ständig an seiner Selbstverbesserung oder Selbstoptimierung oder an seinem Alleinstellungsmerkmal arbeitet und ausschließlich sich und niemals der Gesellschaftsstruktur Vorwürfe macht, wenn es dabei scheitert. Wer diesem Leitbild erliegt, geht nicht mehr schwimmen, weil er gerne schwimmt. Er tut dies als Unternehmer seiner Arbeitskraft, als Selbstkontrolleur gegen seine frühzeitige Erschöpfung, als Bewahrer seines elastische Jugendlichkeit signalisierenden Ganges.

Denn zum Glück gibt's die Packstation
und die nächste ist auch gar nicht weit.
Ja zum Glück gibt's die Packstation
und sie hat immer für mich Zeit"

aus der „Denn zum Glück gibt es die Packstation"-DHL-Hymne

Man kann sich an den Rand von Schwimmbädern und Fitnessstudios setzen und sieht, wenn man nur ein halbwegs waches Auge hat, dass hier nicht etwas Freudvolles geschieht, sondern gearbeitet wird. Partnerschaft und Liebe, einstmals Hort oder Insel der anderen, also der nicht berechnenden Welt, der nicht kommerziellen Welt, werden nun in tausenden von Lebensberatungsbüchern geprüft auf ihre Eignung im Dienste der Arbeitskraft. Liebe ist nicht mehr der Lebensmoment, bei dem man beim besten Willen nicht mehr zur Arbeit gehen kann, wie etwa noch in den schönen Romanen von Ingeborg Bachmann. Stattdessen werden LebensabschnittspartnerInnen gesucht, die nach Maßgabe von UnternehmerInnen der eigenen Arbeitskraft nützlich bzw. dienlich sind.

Meine Behauptung ist also, dass man an den Firmenhymnen erkennen kann, dass etwas Neues in der Welt ist. Der Boom der Firmenhymnen, so marginal er auf den ersten Blick auch sein mag, lässt Rückschlüsse auf das Ganze zu. Der Gesellschaftskritiker – solche Figuren wie ich – hat immer ganz schlicht gesagt: Hoffnung besteht darin, dass die Menschen, oder eine gewisse Klasse, sich das Elend, in dem sie stecken, eingestehen. Nur dieses Eingeständnis der Unerträglichkeit, das Eingeständnis des Ums-Leben-betrogen-werdens, produziert die Sehnsucht nach dem letztlich nie präzise bestimmbaren ganz anderen, das wir – Adornos Bilderverbot bedenkend und trotzdem nach einem Begriff suchend – vielleicht vorläufig mal die klassenlose Gesellschaft nennen können.

Diese Firmenhymnen singenden Menschen waren im *heute Journal*, in den *Tagesthemen* oder bei Günther Jauch zu sehen und die Belegschaften haben beim Mitsingen den Eindruck gemacht, dass sie voll bei der Sache sind und Spaß haben. Die 4000 MitarbeiterInnen von *Air Berlin* auf dem Flugfeld in Nürnberg zum Beispiel sahen so aus, als wären sie gut drauf, als sie sangen: „Flugzeuge im Bauch und im Blut Kerosin, so sind wir nun einmal bei Air Berlin." Wenn der Gesellschaftskritiker so etwas sieht, dann macht er sich ein Bild, das hoffentlich Wahrheit enthält: Er reflektiert erst einmal die Repression, die konkrete und die strukturelle Repression die hinter diesem Mitsingen stehen könnte. Er fragt sich: Wie isoliert wäre eigentlich der Mensch, der nicht mitsänge? Welche Nachteile hätte er in den nächsten Tagen, Wochen, Jahren auf der Arbeit – vom ganz persönlichen Beförderungsstopp bis zur Existenz als Spielverderber, Außenseiter und Objekt von Mobbing? Wenn dieser Mensch das tun würde – in Abwägung der sonst erfolgenden Strafe –, dann bliebe wenigstens etwas, das an dieser Stelle mit Scham bezeichnet werden soll. So eine winzige Spur von Ekel vor sich selbst und der Selbstinfantilisierung, der man in der bürgerlichen Gesellschaft unterworfen ist. Dass immer alle mitmachen sollen, zum Beispiel auch wenn bei der Betriebsweihnachtsfeier zum Ententanz oder zur Polonaise geschritten wird. Das hat ja auch – hoffe ich jedenfalls – den Grund, dass jeder Nichtmitmacher und jede Nichtmitmacherin als Beobachter bzw. Beobachterin der Verblödung gilt, die geahnt wird, weshalb es keine BeobachterInnen geben darf. Ich hoffe also auch immer ein bisschen auf Repression als Ursache des Irrsinns.

Die Welt ist für mich eine Nuance mehr in Ordnung, wenn eine Berechnung von Nachteilen beim Sich-Unterwerfen unter die strukturelle Gewalt ins Verhalten eingeht. Man lässt sich nicht mehr so oft krankschreiben wie vor 25 Jahren. Das ist statistisch bewiesen. Hoffentlich weil man weiß, dass Krankheitstage ein Kriterium bei Entlassungen sind. Man begeht keinen Ladendiebstahl, hoffentlich weil der mögliche Ertrag in einem ungünstigen Proporz zum Ärger nach dem Erwischtwerden steht und weil man, wenn man klaut, auch nur Scheiße klaut. Diese instrumentelle Vernunft ist etwas unendlich Besseres als die Moral des Nicht-Krankfeierns oder des „Ehrlichen Kunden" oder des aus Gemeinsinn nicht Schwarzfahrenden.

Weder die positivistische Meinungsforschung noch die Anstrengung des genaustens Beobachtens, des präzisesten Hinhörens, erlaubt uns letztlich absolute Schlüsse darauf, ob das Motiv in der Freiwilligkeit oder in der Kapitulation vor Repression liegt. Es geht dabei nicht um die Feststellung der Lüge, die es gibt und deren Befürworter ich bin. Ich würde ja jedem Langzeitarbeitslosen, der sich ein paar Euro durch Teilnahme an einer Talkshow dazuverdienen will, raten, sich als unter seiner Arbeitslosigkeit leidend und vehement nach Arbeit suchend zu stilisieren, schon weil die Arbeitsgesellschaft keine bekennenden MüßiggängerInnen erträgt. Und weil er, gäbe er zum Beispiel seine Angst vor einer Jobvermittlung preis, um seine körperliche Unversehrtheit nach der Sendung bangen und weitere Repressionen fürchten müsste.

Aber über die eben skizzierte, denkbare Lüge, die ein bewusster Akt, eine Reflexion ist, hinaus, sind wir mit einer weitreichenderen Tatsache konfrontiert, nämlich der, dass den Menschen ihre Sprache nicht gehört. In den Worten Herbert Marcuses: „Denn das vorgegebene Universum der Sprache trägt durchweg die Male spezifischer Arten von Herrschaft, Organisation und Manipulation, denen die Mitglieder einer Gesellschaft unterworfen sind. Um zu leben, hängen die Menschen von Chefs, Politikern, Stellungen und Nachbarn ab, die sie dazu verhalten, das zu sagen und zu meinen, was sie sagen und meinen."[2]

Unter diesen Umständen ist der gesprochene Satz ein Ausdruck des Individuums, das ihn ausspricht, und derjenigen, die es dazu anhalten zu sprechen, vorgeben, wie es spricht, und ein Ausdruck einer geschaffenen Spannung und Widersprüchlichkeit dazwischen. Was die Menschen meinen, kann nicht für bare Münze genommen werden, nicht weil sie lügen, sondern weil das Universum des Denkens und der Praxis, in der sie leben, ein Universum manipulierter Widersprüche ist.

Natürlich gibt es auch eine bittere andere Möglichkeit: die Reflexion von Repression. Diese bedrückendere Möglichkeit fasst den Widerspruch zwischen Fremdzwang und Selbstdisziplinierung als entschieden auf. Entschieden in der Richtung, dass die Selbstdisziplinierung in Richtung Humankapital und Selbstverdinglichung zum Produktionsmittel sehr weitgehend vollzogen ist.

Vor vielen Jahren, in der Zeit meiner Industriearbeit, wurde ich angelernt von einem 66 Jahre alten Elektriker, einem Vorarbeiter, der kämpferische Petitionen an die Personalabteilung schrieb, man solle ihm doch – da er absolut funktionstüchtig sei – gewähren, auch mit 67 weiterhin zur Arbeit zu kommen. Ich lernte seine Angst kennen, wertlos zu sein, wenn

---

2 Marcuse, Herbert: Der eindimensionale Mensch, S. 207.

seine Arbeitskraft nicht mehr Anwendung findet. Auch bin ich zuvor, als ich an einem Rondell stand, mit dem alle 17 Sekunden ein Turnschuh produziert wurde, Kollegen begegnet, die es als Ärgernis empfanden, wenn die Maschine einen Schaden hatte und wir uns bis zum Beendigen der Reparatur in den Raucherraum verziehen konnten. Ich musste meine kleinen Sabotageaktionen – ich war sehr inspiriert von dem Blick auf die Turiner Fiat-Werke, wo die Sabotage damals gut in Mode war – nicht nur vor den Vorgesetzten, sondern auch vor der überwältigenden Zahl der anderen Arbeitenden verheimlichen.

Es ist mir also nicht völlig fremd, wenn ich bei Adorno lese: „Allgemein ist das Individuum nicht nur das biologische Substrat, sondern zugleich die Reflexionsform des gesellschaftlichen Prozesses."[3] Entscheidend ist dabei die Kategorie der organischen Zusammensetzung des Kapitals. Darunter verstand die Akkumulationstheorie von Marx das Wachstum in der Masse der Produktionsmittel, verglichen mit der sie belebenden Arbeitskraft. Wenn die Integration der Gesellschaft die Subjekte immer ausschließlicher als Teilmomente im Zusammenhang der materiellen Produktion bestimmt, dann setzt sich die Veränderung der Zusammensetzung des Kapitals in den hiervon Erfassten und eigentlich überhaupt erst Konstituierten fort. Es wächst die organische Zusammensetzung des Menschen so an, dass die Subjekte selbst als Produktionsmittel und nicht als lebende Zwecke bestimmt sind, entsprechend dem Anteil der Maschinen gegenüber dem variablen Kapital.

Ich fasse flapsig zusammen: Menschen setzen sich selbst als Produktionsmittel und nicht oder kaum noch als lebendige Zwecke. Es bedarf kaum der Repression. Wäre es nur und ungebrochen so, dann müssten wir konstatieren, diese Menschen sängen die Firmenhymnen wirklich mit allergrößter Inbrunst. Und die Linkspartei, die vor einigen Jahren überall „Arbeit soll das Land regieren" plakatierte, kann dem Wesen nach dieser Freude nur zustimmen. Natürlich sich in dieser Zustimmung immer keynesianisch fragend, ob die Singenden auch eine Festanstellung besitzen und keine LeiharbeiterInnen sind, ob sie auch durch einen manteltariflich vereinbarten Kündigungsschutz versichert sind, ob sie auch mindestens den Mindestlohn erhalten, ob sie von ihrem Job auch leben können und eine einigermaßen plausible Rente in Aussicht haben. Die weitere Erwähnung ähnlicher Trostpreise erspare ich mir.

---

3 Adorno, Theodor W.: Minima Moralia, S. 261

Wenn ich meinte, es kann sein, dass sie mit Freude an den Firmenhymnen teilnehmen und singen, so ist damit nicht gesagt, dass sie jedes Wort auch glauben. Beispielsweise wenn sie singen „Mein Chef steht zu mir, weil ich bin wie ich bin" oder wenn MitarbeiterInnen von Deutschlands zweitgrößter Kugellagerfabrik in ihrer Firmenhymne nur die Aufgabe haben, den Refrain mitzusingen: „Ich freue mich so auf Montag." Mit Freude Firmenhymnen singen, meint einen viel verwickelteren Sinn: Dass Menschen in ihren weitestgehenden Träumen über das in den Hymnen Behauptete nicht hinauszugehen vermögen. Sie können nichts mehr träumen, nichts mehr mit Sehnsucht belegen als eine Lohnarbeit mit freundlichen Vorgesetzten, eine Konkurrenz, die als fair verstanden wird, eine Chefetage ohne Nieten in Nadelstreifen. Wenn ich das durchdenke, hoffe ich, dass doch nicht alles so grau ist und doch noch ein paar Farben hier im Spiel sind, denn das glückliche Bewusstsein ist eine dünne Schicht über Angst, Frustration und Ekel.

Wirklich interessant ist doch – und diesen Fakt muss man an sich heranlassen –, dass erstmals die Zahl der Depressionen die Zahl der Neurosen überflügelt hat. Wenn wir durch Freud wissen, dass die Entsagung, zum Beispiel im Arbeitsleben, die Produzentin der Neurose ist, dann ist die gelogene Behauptung „Streng dich an, arbeite an dir, an deinem Alleinstellungsmerkmal, deiner Kreativität und Effektivität, dann steht dir jede Tür zu jedem Erfolg offen", diese Botschaft, die Produzentin der Depression. Burnout ist nicht nur zu erklären über lange Arbeitstage, über Urlaubsverzicht oder Erreichbarkeit nach der Arbeit, sondern hat auch diese Ursache. Wer diesen Verhältnissen ausgesetzt und unterworfen ist, muss, solange er oder sie funktioniert, diese in unserer Gesellschaft überall zu beobachtende Angst vor Muße haben. Beziehungsweise muss sie in zeitlich limitierte Vorgänge verbannen, eine Stunde Wellness, 40 Minuten Schwebebad. Das Ideal ist der volle Terminkalender – mit Treffen, um den Kontakt zu pflegen – und die Informiertheit in praktischen Dingen – der Erkenntniserwerb für kritische, nicht hinters Licht zu führende KonsumentInnen. Dieses von den Piraten in die Welt gesetzte Ideal des gläsernen Rathauses, in dem engagierten BürgerInnen das Mit- und Nachrechnen von Kostenvoranschlägen kommunaler Baumaßnahmen ermöglicht werden soll, zeugt von dieser Angst vor Muße. Eine Angst, die das auf sich zurückgeworfene Individuum tatsächlich damit bedroht, die Scheiße, in der es steckt, wahrzunehmen und zu reflektieren.

Man bedenke, dass Deutschlands größter Baumarkt seine Kundschaft, und das ist ein Millionenheer von HeimwerkerInnen, mit dem Slogan „Es gibt immer was zu tun" umwirbt, was in den Ohren der Kundschaft nicht Drohung, sondern Versprechen ist. Versprechen auf das wirksame Gegengift zur Angst vor Muße. Wahrscheinlich kann man die Hölle nicht immer als Hölle werten. Wahrscheinlich gehört es zu den Notwendigkeiten zum Überleben in der Marktwirtschaft, sich sein Berufsleben schönzureden. Ich muss so oft LehrerInnen am Kneipentisch zuhören, die wirklich sogenannten Benachteiligten geholfen haben, dass sie dabei vergessen, wie eklig es ist, Kinder benoten zu müssen und schlimmstenfalls auch noch gerecht. JuristInnen, die ihre trostlose Stellung im gesellschaftlichen Ganzen überspielen, berichten von spannenden Fällen, auch da kann ich manchmal nachsichtig sein. Von Taxifahrenden, in deren Kneipe ich lange verkehrte, weil die den Vorteil hatte, Tag und Nacht geöffnet zu sein, habe ich mir sogar angehört, welch spannende Erlebnisse das Tagwerk eines Taxifahrenden bereithält. Einen Boom der idealisierenden Literatur bezüglich Subjekt und Arbeit oder Objekt und Arbeit, findet man in all den Büchern zur digitalen Bohème. Das berühmteste heißt: *Wir nennen es Arbeit.*

Immer geht es um die Behauptung einer Bewegung der Selbstverwirklichung, der man angehöre. Ich zitiere aus dem Vorwort. „Es geht der digitalen Boheme darum, nicht nur so zu leben, wie man leben will, sondern auch so zu arbeiten wie man leben will und dabei keine Kompromisse einzugehen und keinen Aufschub zu dulden."[4] Dann werden in solchen Büchern immer jede Menge Erfolgserlebnisse erzählt, Aufstiegsgeschichten, bei deren Anblick der sprichwörtliche Millionär, der vorher Tellerwäscher war, vor Neid erblassen kann. Dann kommt der Trostpreis für die Masse, die nicht groß rauskommt: „Selbst Menschen, die auf dem Arbeitsmarkt keine Chance mehr bekommen und mit Kreativität nichts am Hut haben, können als Powerseller auf Ebay einen nützlichen Beitrag zur Gesellschaft leisten, auch wenn sie nicht den Lebensunterhalt daraus bestreiten können."[5] Bei mir im Viertel war dieses Buch fünf Monate beim linksalternativen Buchhändler – gegen den ich nichts habe und mit dem ich befreundet bin – das meistverkaufte Buch. Dann saß ich mit diesen Nasen gezwungenermaßen wieder in den Cafés bei den Freien Linden und konnte beobachten, wie sie drei Stunden lang an einem Milchkaffee nippen müssen, obwohl sie bei Ebay Powerseller sind. Während sie mir erzählen, wie kreativ sie sind,

---

4   Friebe, Holm und Lobo, Sascha: Wir nennen es Arbeit: Die digitale Boheme oder: Intelligentes Leben jenseits der Festanstellung SEITE
5   Friebe, Holm und Lobo, Sascha: Wir nennen es Arbeit: Die digitale Boheme oder: Intelligentes Leben jenseits der Festanstellung SEITE

dachte ich immer an das Schlusswort in diesem Bestseller und das heißt: „Wie viel mehr ist doch ein Euro wert, den man als Preis für Ideen und die eigene Leistung erzielt hat, gegenüber einem, den man als Besoldung und Belohnung für unauffälliges Wohlverhalten bei Festanstellung am Monatsende kassiert."[6]

Es geht um eine Glorifizierung und Legitimierung der Akzeptanz von Armut und Drangsal. Wie das historisch gekommen ist, ist der Inhalt des zweiten Teils.

Teil 2

Die Arbeiterbewegung oder die Arbeiterklasse wurde vom Kapital und von ihren Gewerkschaften und Parteien, und zwar sowohl von den revolutionären als auch von den reformistischen, einem Lernprozess oder einer Dressur mit zugehöriger Weltanschauung unterworfen, keine wesentlichen Ansprüche auf Arbeitsqualifikation, Produktionsabläufe und Produkte selbst zu erheben. Angestrebt wurde – mal revolutionär, mal reformistisch – politische Macht im Staat beziehungsweise die Teilhabe an ihr, um die demokratische Verwaltung der Betriebe zu erkämpfen. Das Ideal war entweder ein abrupt-revolutionärer Akt gesichert etwa durch Räte oder eben die schrittweise sich ausweitende Mitbestimmung. Eine Steigerung der Produktivität wurde dadurch unangefochten gesetzt und war nicht kritisch hinterfragbar, weil versprochen wurde, dass sich dadurch a) die bessere konsumtive Versorgung, also der Massenkonsum, und b) die Voraussetzung des Sozialismus durch Produktivitätssteigerung oder durch Entwicklung der Produktivkräfte verbessern würden.

Dazu ein historisches Beispiel aus der Region Solingen Ende des 19. beziehungsweise Anfang des 20. Jahrhunderts: Die selbstständigen Lohnhandwerker, in diesem Fall die Schleifer der Region, waren zunächst noch Eigentümer ihres Arbeitsgeräts und bildeten teilweise Arbeits- und Solidargemeinschaften für die gegenseitige Hilfe, beispielsweise bei Krankheit und Unfall. Ihnen wurden von Kleinfabrikaten Rohmaterialien geliefert, die sie bearbeiteten. Dann lieferten sie das fertige Produkt, sagen wir das Messer oder die Schere, ab. Bezahlt wurde nach Stücklohn. Das geschah

---

6 Friebe, Holm und Lobo, Sascha: Wir nennen es Arbeit: Die digitale Boheme oder: Intelligentes Leben jenseits der Festanstellung SEITE

teils in sogenannter Heimarbeit, teils aber auch schon ein- oder angegliedert in einer Fabrik. Streiks und Kämpfe drehten sich um diesen Stücklohn, den die Fabrikanten senken wollten. Diese Kämpfe konnten von den Arbeitern gewonnen werden, weil die Arbeiter über unersetzbare Qualifikationen verfügten. Die Arbeiter konnten von Streikbrechern nicht kopiert werden. Zudem besaßen sie durch ihren Besitz an den Schleifsteinen eine relative Stärke. Selbstverständlich war diese Stärke und phasenweise Schwäche von den Konjunkturzyklen der Nachfrage abhängig. Es gab einige borniert ständische oder zünftische Regelungen in dieser Welt, die ich nicht idealisieren möchte. Die Behauptung der Kapitaleigner und Fabrikanten lautete: Diese Arbeiterhandwerker, und zwar auch die, die der Fabrik eng angegliedert oder eingegliedert waren, arbeiteten am Tag gegen alle Vereinbarungen höchstens 6 Stunden. Und gingen durchaus nicht an jedem vereinbarten Tag zur Arbeit.

Um 1876 schlägt das sozialdemokratische Organ *Freie Presse* sich auf die Seite der Handwerker, die durch die tayloristische Teilung der Arbeit, also deren Zerlegung in schnell lernbare, von Streikbrechern leicht ausführbare Einzelvorgänge, ihre Stellung gefährdet sahen. Die politische Konstellation verändert sich erstmals – befördert durch die materiellen Änderungen im Produktionsprozess selbst – etwa um 1891 mit der Gründung des zunächst noch sehr mitgliederschwachen deutschen Metallarbeiterverbandes DMV, der Vorläuferorganisation der IG-Metall. Dieser bekennt sich unter Berufung auf Karl Marx dazu, dass der Kapitalismus in der Phase seiner Entfaltung oder seines Aufstiegs gemäß seiner Produktionslogik zusammenbrechen werde, jedoch das Proletariat den Träger sozialistischer Produktionsweise hervorbringen werde. 1905 kommt es dann zum absoluten Aufeinanderprallen: Ein besonders großer Fabrikant – objektivieren wir, das Resultat des Konzentrationsprozesses des Kapitals –, der übrigens eher überdurchschnittliche Löhne bezahlt, will die Arbeitsteilung und die Abschaffung der Qualitätsnorm durchsetzen. Der Schleiferverein und verschiedene Fachverbände, die ebenfalls subjektiv der revolutionären Sozialdemokratie verbunden sind, rufen zum Streik. Das einzige Streikziel ist die Erhaltung der qualifizierten Arbeit. Der DMV, der ebenfalls eng verbandelt ist mit der bebelschen Sozialdemokratie, lehnt Streikbeteiligung und Streikunterstützung ab. Und geht damit demonstrativ ins Bündnis mit den modernen und sich an der Weltmarktkonkurrenz und ihren Maßstäben orientierenden Fabrikanten. Die Handwerkersozialisten schreiben anklagende Flugblätter. Der DMV antwortet: Je rascher die Technik sich entwickelt, desto eher wird die kapitalistische Produktionsweise den Punkt erreicht haben, wo sie sich selbst unmöglich macht und von einer höheren Produktionsform abgelöst werden muss.

Da ich hier nicht alle Facetten und Etappen der handfest praktischen und gehaltvollen theoretischen Auseinandersetzung im Solinger Raum schildern kann, skizziere ich lediglich die theoretische Verallgemeinerung. Solche Auseinandersetzungen hat es an tausenden Orten mit ähnlicher Problemstellung gegeben.

Ich springe also zu Rosa Luxemburg. Sie konzediert: Jede „technische Umwälzung widerstreitet den Interessen der direkt dadurch berührten Arbeiter und verschlechtert ihre unmittelbare Lage, indem sie die Arbeitskraft entwertet, die Arbeit intensiver, eintöniger, qualvoller macht."[7] Dennoch dürfe sich die Partei nicht gemein machen oder gar solidarisieren mit der spontanen Arbeiterabwehr, dürfe sich den Neuerungen nicht widersetzen, denn: „In diesem Falle handelt sie […] nicht im Interesse der Arbeiterklasse im ganzen und ihrer Emanzipation, die vielmehr mit dem technischen Fortschritt, d. h. mit dem Interesse des einzelnen Kapitalisten übereinstimmen, sondern gerade entgegengesetzt, im Sinne der Reaktion."[8]

Rund dreißig Jahre später – die Luxemburg-Zitate sind aus dem Jahre 1899 – sollte Walter Benjamin feststellen, dass nichts die Arbeiterbewegung so korrumpiert habe, wie der Glaube an die Automatik des geschichtlichen Fortschritts, der durch die technologische Entwicklung befördert werde. In solchen, hier nur umrissenen, Auseinandersetzungen bildeten sich sowohl das reformistische Ideal der guten Marktwirtschaft, mit wachsenden konsumtiven Möglichkeiten und – ein paar Jahre später – die keynesianischen Staatsämter mit sozialistischer Bannung oder Mäßigung von kapitalistischen Krisen, heraus als auch das revolutionäre Bild einer Gesellschaft ohne Privateigentum an Produktionsmitteln. Dieser Zukunftsentwurf, der oft auch als eine konkrete Utopie der klassenlosen Gesellschaft bezeichnet wurde, hört damit auf, das ganze Andere zu sein. Er wird oder wurde der kapitalistischen Gesellschaft ähnlich.

Bei diesem Befund geht es nicht um die Differenzen zwischen RätekommunistInnen und ParteikommunistInnen oder Bolschewiki, nicht um das Verhältnis zwischen Masseninitiative und Aventgardeorientierung. Es geht darum, dass die Art des Produzierens und die Stellung der ArbeiterInnen im Produktionsprozess keine signifikanten Differenzen zum kapitalistischen Produktionsprozess mehr aufweisen. Die Belegschaften sollten an der Lei-

---

7 Luxemburg, Rosa: Sozialreform oder Revolution?
8 Luxemburg, Rosa: Sozialreform oder Revolution?

tung und Kontrolle der Produktion beteiligt werden, ohne die vorhandene Organisation der Arbeit als historisch geronnenes Machtverhältnis in Frage zu stellen. Sozialismus oder wie er zeitgenössisch oft genannt wurde – und der Begriff hat nichts Schreckliches – „Diktatur des Proletariats" oder später bei Stalin – der Begriff hat etwas Schreckliches – „Staat des ganzen Volkes", war das Bemühen, die Organisation und technischen Standards der fortgeschrittensten kapitalistischen Staaten zu übernehmen. Lenins positive Bezugnahme auf die deutsche Post oder die Definition von Sozialismus als „Elektrifizierung plus Sowjetmacht" zeugen davon. Nach Lenin erforderte Sozialismus einen bewussten und massenhaften Vormarsch zu einer höheren Arbeitsproduktivität als unter dem Kapitalismus und sei ohne die großkapitalistische Technik undenkbar. In diesem Konstrukt blieb der Arbeiter Arbeiter und als solcher wurde er in der Staatsdoktrin, in der Ordensverleihung und in der Benennung des Staates als Arbeiterstaat hoch verehrt. Ganz besonders, wenn er die Norm überbot und sich so schuftend zum Helden machte.

Auch im proletarisch-revolutionären Roman, etwa im kapitalistischen Deutschland der Weimarer Zeit, ist es immer die negative Figur des schwankenden Kleinbürgers, der mit Pünktlichkeit und Arbeitsdisziplin Probleme hat, während der kommunistische Held den Anforderungen gewachsen ist und nur über vernachlässigten Unfallschutz oder über lange Arbeitszeit agitiert. Dies aber – wie die Helden zum Beispiel in Romanen von Willi Bredel sagen – „mit Vorfreude auf die Zeit da diese Fabrik uns Arbeitern gehören wird".

Der realexistierende Sozialismus war oder ist also das Versprechen der produktiven Überlegenheit. Nach einer Phase, in der die Angriffe des äußeren und des inneren Feindes abgewehrt waren, sollte die Rückständigkeit der vorgefundenen Produktionsanlagen, beziehungsweise der noch ganz überwiegend agrarischen, also vorkapitalistischen Struktur der russischen Gesellschaft, überwunden werden. Das 1957 von Walter Ulbricht für die DDR proklamierte Ziel „Überholen ohne einzuholen" zeugt von diesem Versprechen. Es basiert auf der Annahme, dass eine veränderte, geplante Wirtschaft den tatsächlichen kapitalistischen Skandal der krisenbedingten Gleichzeitigkeit von gesellschaftlichem Mangel, brachliegenden Produktionsanlagen und ungenutzter menschlicher Arbeitskraft beseitigen würde. Außerdem sollte es plausiblerweise zu keiner Gütervernichtung wegen fehlender kaufkräftiger Nachfrage kommen.

Gedacht wurde eine harmonische Entwicklung der Produktivkräfte bei wachsenden konsumtiven Möglichkeiten. Dies zeigt auch ein Zitat des damaligen Chefs der Sowjetunion Chruschtschow aus der gleichen Zeit. Er sagte: „Wir greifen den Kapitalismus von der Flanke an, von der wirtschaftlichen Position, von der Position der Überlegenheit unseres Systems, dadurch wird der Sieg der Arbeiterklasse gewährleistet."[9]

Bevor ich diesen Maßstab selbst in Frage stellen werde, will ich einflechten, dass es auch ein Massenphänomen gab, das ich bis heute als einen Vorzug des Realsozialismus bezeichnen möchte, welches jedoch von der damaligen dortigen Herrschaft als Makel beziehungsweise als proletarische Unreife begriffen wurde; der Schlendrian und die Drückebergerei.

Als ich noch jung war, konnte ich regelmäßig in Hamburg DDR-Fernsehen empfangen. Das Fernsehen der DDR hatte auch eine Sendung mit einer versteckten Kamera. Ein typischer Film in dieser Reihe ging so: Kameraeinstellung Uhr in Fabrikhalle: Zeiger springt auf Sieben, Sirene heult zum Zeichen des Arbeitsbeginns. Kameraschwenk auf unbesetzten Arbeitsplatz an einer Maschine. Schnitt. Weitere Kameraeinstellung: Uhr in Werkhalle zeigt auf 7.20 Uhr. Kameraschwenk: Arbeiter kommt. Langsam, schlurfend setzt er sich, packt Brote aus, öffnet die Thermoskanne und frühstückt. Kameraschwenk: 7.35 Uhr, Arbeiter hat noch nicht aufgegessen. Irgendwann kommt dann der Reporter, der den Arbeiter belehrt, wie viele Maschinen jetzt stillstehen, weil er nicht arbeitet. Wie viel Produktionsverlust das bedeutet, wenn er die anderen blockiert, die ja auch nicht arbeiten können. Der Arbeiter kennt die Sendung natürlich. Und denkt: „Das ist scheiße, dass ich heute dran bin." Aber er weiß auch, wie man da rauskommt. Also zeigt er sich erstaunt, erklärt, dass er das alles so noch nie bedacht habe, und gelobt nun nach seiner Belehrung Besserung. Der Reporter wiederum freut sich über seinen pädagogischen Erfolg.

Die Strafe der Arbeitslosigkeit und des damit verbundenen Elends, die materielle Sorge, der normalen kapitalistischen Auslese zum Opfer zu fallen, gab es in der DDR nicht. Denn das Postulat war: „Wir sind ein Staat ohne Arbeitslosigkeit". Man hatte dann Gespräche mit der Betriebsgruppe und so etwas. Aber mehr eben nicht. Deshalb entsprachen die Arbeitsintensität und der Ausbeutungsgrad nicht westlichen Standards.

Ich gebe zu, unsere Parolen, die wir kurz nach der Wende in Hamburg hochhielten, waren nicht sehr massenwirksam, aber ich halte sie bis heute für richtig. Ich stand unter dem Transparent: „Wir fordern Arbeitstempo wie in Leipzig". Das kam in West und Ost nicht gut an. Es widersprach

---

9 Chruschtschow, Nikita: Für den Sieg im friedlichen Wettbewerb mit dem Kapitalismus, Berlin 1960

fundamental dem, was in den Staaten des Realsozialismus und in der überwältigenden Majorität der westlichen Arbeiterbewegung unstrittig durchgesetzt war, nämlich dass die kapitalistische Form der Produktivkräfte zu akzeptieren und zu fördern sei und zwar immer im Namen der Mangelbeseitigung.

Ich will noch ein Beispiel aus der äußerst links-reformistischen, also austromarxistischen Arbeiterbewegung Österreichs von etwa 1929/30 zitieren. Die Organisation heißt *Bund der Industrieangestellten Österreichs* und ist eine Vorform der großen industriellen Massengewerkschaften. Dort heißt es: „Soll nicht eher die Rationalisierung der Bewegung gehemmt werden? Um eine solche Politik zu empfehlen, ist die Gesamtwirtschaft noch viel zu arm. Solange alle Beschäftigten bei gleicher Entlohnung einer 48-stündigen Wochenarbeit nur einen Stundenlohn von 71 Groschen hätten, solange muss die Vergrößerung des Wirtschaftsertrags durch Rationalisierung angestrebt werden, wenn auch dadurch schwerste Opfer und Gefahren für die soziale Klassenlage in Kauf genommen werden müssen. Wäre die Menschheit schon so weit entwickelt, dass der Kampf ums Dasein, dem Ringen um ein besseres Kulturdasein gewichen wäre, dann allerdings müsste man davon abraten eine privatwirtschaftliche Rationalisierungsbewegung zu stärken."[10]

Ich meine, fast überdeutlich wird hier zusammengefasst: Die Produktivkräfte – und das kann ja historisch unentwegt prolongiert werden – sind wieder mal nicht reif genug. Die Gegenwart ist ein Opferreich um einer imaginierten Zukunft willen. Das Zitat gibt uns eine Ahnung von der Isoliertheit, der Randständigkeit oder der Wirkohnmächtigkeit der KritikerInnen von Arbeit oder Arbeitsethos innerhalb der Arbeiterbewegung – etwa der Denkrichtung von Paul Lafargue. Er schrieb in seinem berühmten Pamphlet *Das Recht auf Faulheit* um 1880 seine Außenseiterrolle nicht leugnend: „Eine seltsame Sucht beherrscht die Arbeiterklasse aller Länder, in denen die kapitalistische Zivilisation herrscht. Diese Sucht, die Einzel- und Massenelend zur Folge hat, quält die traurige Menschheit seit zwei Jahrhunderten. Diese Sucht ist die Liebe zur Arbeit, die rasende Arbeitssucht, getrieben bis zur Erschöpfung der Lebensenergie des Einzelnen und seiner Nachkommen. [...] In der kapitalistischen Gesellschaft ist die Arbeit die Ursache des geistigen Verkommens und körperlicher Verunstaltung."[11]

---

10 Zitiert nach Boch, Rudolf: Lokale Autonomie oder Massengewerkschaft
11 Lafargue, Paul: Das Recht auf Faulheit, S. 34

An anderer Stelle propagiert Lafargue eine Limitierung der Arbeitszeit: Das Proletariat „muss sich zwingen nicht mehr als 3 Stunden täglich zu arbeiten, um sich den Rest des Tages und der Nacht müßig zu geben und flott zu leben. [...] Aber das Proletariat zu überzeugen, dass die zügellose Arbeit, der es sich seit Beginn des Jahrhunderts ergeben hat, die schrecklichste Geißel ist, welche je die Menschheit getroffen, dass die Arbeit erst dann eine Würze der Vergnügungen der Faulheit, eine dem menschlichen Körper nützliche Leidenschaft sein wird, wenn sie weise geregelt und auf ein Maximum von drei Stunden täglich beschränkt wird – das ist eine Aufgabe, die meine Kräfte übersteigt."[12] Das ist das Eingeständnis seiner Randständigkeit.

Lafargues Schrift enthält mehr als eine Polemik gegen die von so vielen RevolutionärInnen bis heute erhobene Forderung nach einem Recht auf Arbeit. Eine Polemik, die bekanntlich auch sein Schwiegervater Karl Marx pflegte – etwa in seinen Streitschriften gegen Ferdinand Lassalle um das Gothaer Programm.

Hier scheint etwas auf, das von allergrößter Bedeutung ist, wenn wir Lust haben, aus heutiger wirkohnmächtiger Position ohne gesellschaftlich machtvolle Kraft über eine damit notwendig spekulative, ungewisse zukünftige klassenlose Gesellschaft überhaupt nachzudenken. Diese Gesellschaft muss freiwilligerweise der bestehenden gesellschaftlichen Totalität produktiv unterlegen sein, damit die Menschen auf ihre Kosten kommen. Das muss der Ausgangspunkt sein, von dem wir träumen oder über den wir theoretisieren. Dies zu denken geht nicht, wenn man mit einem konstanten menschlichen Sein hantiert. Der Schlüsselgedanke lautet, jede Gesellschaft hat ihr eigenes Bedürfnissystem, das für die Beurteilung des Bedürfnissystems einer anderen Gesellschaft in keinerlei Hinsicht maßgeblich sein kann. Dieser Gedanke kommt bereits bei Marx vor. Er schreibt: „Der Kapitalismus ist der Kuppler, der durch Schaffung neuer und aber neuer Gegenstände, durch Hervorbringen neuer und aber neuer Bedürfnisse, die Menschen zu Dirnen dieser Bedürfnisse macht. Das zahlenmäßige Wachstum der Bedürfnisse kann nie zu wahrem Reichtum werden, weil es einfach Mittel einer, dem Individuellen entfremdeten, Wesenskraft zur Steigerung der kapitalistischen Produktion ist."[13]

Alles, was nicht verkaufbare Ware ist, ist dem Produzenten der Bedürfnisse verhältnismäßig egal, unabhängig davon, ob wir sie nun mit Herbert

---

12 Lafargue, Paul: Das Recht auf Faulheit, S. 48.
13 Marx, Karl zitiert nach Heller, Agnes: Theorie der Bedürfnisse bei Marx

Marcuse als „falsche Bedürfnisse" bezeichnen oder als vom Kapitalismus notwendig produzierte Bedürfnisse. Der Produzent der Bedürfnisse ist der Produktionsalltag mit seiner Entsagung und mit seiner Konkurrenz. Dazu nochmal ein Ausgangszitat von Marx: „Wenn man von der Produktion ausgeht, so muß man sich um die wirklichen Produktionsbedingungen und die produktive Tätigkeit der Menschen bekümmern. Wenn man aber von der Konsumtion ausgeht, so kann man sich bei der Erklärung, daß jetzt nicht 'menschlich' konsumiert werde, und bei dem Postulat der 'menschlichen Konsumtion', der Erziehung zur wahren Konsumtion und dergleichen Phrasen beruhigen, ohne sich im Geringsten auf die wirklichen Lebensverhältnisse der Menschen und ihre Tätigkeit einzulassen."[14]

Ein Gedanke von Marx gehört dagegen verworfen, auch wenn ich ihm diesen in Hinblick der Entstehungszeit nicht vorwerfen will. Marx schreibt: „Die Entwicklung der Produktivkräfte der gesellschaftlichen Arbeit ist die historische Aufgabe und Berechtigung des Kapitals. Eben damit schafft es unbewusst die materiellen Bedingungen einer höheren Produktionsform."[15] Diesem Gedanken widersprechen zwei Einwände. Erstens: Die kapitalistische Entwicklung der Produktivkräfte ist derart mit Destruktivkräften überlagert, dass ihr Resultat die Zerstörung der menschlichen Lebensgrundlagen, die ökologische Krise, ist. Das ist hier nicht das Thema. Zweitens: Die kapitalistische Entwicklung der Produktivkräfte zerstört, verhässlicht und prägt all jene, die der Lohnarbeit unterworfen sind. Das ist hier das Thema. Dieser Fehler bei Marx korrespondiert mit Passagen von ihm, die einer Neutralität der Technik das Wort reden. Die negative Wirkung trete nur durch die kapitalistische Anwendung in Erscheinung. Etwa wenn Marx es eine Dummheit nennt, nicht die kapitalistische Anwendung der Maschinerie zu bekämpfen, sondern die Maschinerie selbst. Natürlich sieht er dabei auch die Potenz der Arbeitszeitersparnis in der Maschine. Dagegen richtet sich meine Kritik in keiner Weise.

Wichtig erscheint mir eine Position der Kritischen Theorie, illustriert durch ein beispielhaftes Zitat von Marcuse: „Nicht erst ihre Verwendung, sondern schon die Technik ist Herrschaft [...], methodische, wissenschaftliche berechnete und berechnende Herrschaft. Bestimmte Zwecke und Interessen sind nicht erst 'nachträglich' von außen der Technik oktroyiert –

---

14 Marx, Karl/Engels, Friedrich: Die deutsche Ideologie, MEW Bd. 3, S. 507
15 Marx, Karl: Das Kapital Bd. 3, MEW Bd. 25, S. 269

sie geht schon in die Konstruktion des technischen Apparats selbst ein."[16] Marcuse formuliert immer mal wieder zurückhaltend und ohne den riesigen Einfluss von Marx auf sein Denken zu leugnen, dass auch Marx noch zu sehr dem Kontinuum des Fortschritts verhaftet war, „dass auch seine Idee des Sozialismus vielleicht noch nicht oder nicht mehr jene bestimmte Negation des Kapitalismus darstellt, die sie darstellen sollte".[17]

Vielleicht wird es in einer fernen Zukunft, zu der wir wie beschrieben keinen Weg wissen, heftige Auseinandersetzungen zwischen AnhängerInnen der Arbeitszeitverkürzung und des „travail attractif" geben. Beide bereit, die vorgefundene Produktivität der kapitalistischen Totalität zu unterschreiten.

Diese Debatte gab es bereits. Ich will ganz verkürzt einige ihrer Elemente gegen Ende nachzeichnen. Sie verlief widersprüchlich und zwar nicht nur als Widerspruch zwischen verschiedenen DenkerInnen mit konträren Positionen, sondern auch innerhalb des Lebens und Denkens dieser Personen selbst.

Marx schreibt: „Das Reich der Freiheit beginnt in der Tat erst da, wo das Arbeiten, das durch Not und äußere Zweckmäßigkeit bestimmt ist, aufhört."[18] Das freie menschliche Dasein liege also „der Natur der Sache nach jenseits der Sphäre der eigentlichen materiellen Produktion".[19] Denn die materielle Produktion bleibt „immer ein Reich der Notwendigkeit. Jenseits desselben beginnt die menschliche Kraftentwicklung, die sich als Selbstzweck gilt, das wahre Reich der Freiheit, das aber nur auf jenem Reich der Notwendigkeit als seiner Basis aufblühn kann."[20]

Diese Sichtweise, in der wir zunächst einmal die schroffe, fast hermetische Gegenüberstellung vom Reich der Freiheit und dem Reich der Notwendigkeit erkennen können, legt die Ambition der drastischen Arbeitszeitverkürzung in der klassenlosen Gesellschaft nahe. Fassen wir diesen Gedanken zusammen: Es bleibt Plackerei, aber macht es kurz! Demgegenüber ließe sich eine mögliche höhere, fortgeschrittene Phase der kommunistischen Gesellschaft antizipieren, in der die knechtende Unterordnung der Individuen unter die Teilung der Arbeit und der Gegensatz zwischen

---

16 Marcuse, Herbert: Industrialisierung und Kapitalismus im Werk Max Webers, in: Kultur und Gesellschaft 2, S. 127
17 Marcuse, Herbert: Das Ende der Utopie, S. 9
18 Marx, Karl: Das Kapital Bd. 3, MEW Band 25, S. 828
19 Ebenda
20 Ebenda

geistiger und körperlicher Arbeit verschwunden sind. Man mag sich vorstellen, dass die Arbeit nicht nur Mittel zum Leben, sondern selbst erst Lebensbedürfnis geworden sein wird.

Das hier nur angedeutete Spannungsfeld findet man recht häufig, weil es sozusagen eine notwendige Widersprüchlichkeit ist, die aus der Zeit und ihren technologischen Apparaten und produktiven Möglichkeiten, ebenso wie aus einer letztlich nie konkret antizipierbaren Zukunft resultiert. So schreibt zum Beispiel Friedrich Engels über die Theorie des utopischen Sozialisten Charles Fourier, dieser beweise, „dass Arbeit und Vergnügen identisch sind und zeigt die Vernunftswidrigkeit der gegenwärtigen Gesellschaftsordnung, die beide voneinander trennt, aus der Arbeit eine Plackerei und das Vergnügen für die Mehrheit der Arbeiter unerreichbar macht".[21] Marx, der da viel schroffer ist, merkt an, dass Arbeit kein bloßer Spaß sei, kein bloßes Amüsement sei, wie Fourier es auffasst.

Es geht mir heute nicht um eine Schiedsrichterrolle. In der Vorstellung, ich würde 300 oder 400 Jahre alt, darf ich anfügen für alle Zukunft: Wer Arbeit als erstes Lebensbedürfnis oder Vergnügen in sich verspürt, der darf meinen Anteil für immer übernehmen. Da bin ich selbstlos. Ich wollte nur andeuten, dass die Arbeitszeitverkürzung nicht das einzige Maß zukünftiger gesellschaftlicher Emanzipation sein muss. Dass auch die Gestaltung der Arbeitsfelder nach den Maßgaben menschlicher Kreativität, eine krasse Senkung des Arbeitstempos, die Aufhebung der Trennung von Kopf- und Handarbeit und die Übernahme von Aspekten der Ästhetik, des Spiels und der Kunst in den Produktionsprozess legitime Ziele sind. Vielleicht könnten sie manchmal wertvollere Anliegen sein als die bloße Arbeitszeitreduzierung und damit die zeitliche Minimierung der Plackerei im Reich der Notwendigkeit. Immer bleibt entscheidende Maxime, dass in einer Gesellschaft Sehnsüchte und kämpferisches Wollen massenhaft vorhanden sind und dass die Produktivität und der Konsumgüterausstoß nicht zum Maß gemacht werden, indem man ermittelt, ob der Mensch auf seine Kosten kommt oder nicht.

Herbert Marcuse hat in *Der eindimensionale Mensch* die prosperierende, damals weitgehend krisenfreie Formation der fortgeschrittenen Industrienation als „Hölle der Gesellschaft im Überfluss" analysiert. Wer sich darauf einlässt, kann nur noch müde abwinken, wenn ihm oder ihr Keynesianer begegnen.

---

21 Engels, Friedrich in MEW Bd 1, S. 483

Mit dem technischen Fortschritt als ihrem Instrument wird Unfreiheit im Sinne der Unterwerfung des Menschen unter seinen Produktionsapparat in Gestalt vieler Freiheiten und Bequemlichkeiten verewigt und intensiviert. Der neuartige Zug ist die überwältigende Rationalität in diesem irrationalen Unternehmen und das Ausmaß der Prägung der Triebe und Bestrebungen des Menschen. Sie verdunkelt den Unterschied zwischen wahren und falschen Bedürfnissen. Marcuse ist Kritiker der gesellschaftlichen, effektiven Produktionsweise und auf dieser Basis Kritiker des so erzeugten Systems der Bedürfnisse. Seine Kritik ist das Gegenteil von Askese, das Gegenteil vom Lob der Entsagung und das Gegenteil vom reaktionären Postulat der Rückkehr zu den ewigen Kreisläufen der Natur. Er kritisiert die Abwesenheit von Genuss im Konsum, wenn er schreibt: „Die Menschen kennen sich in ihren Waren wieder. Sie finden ihre Seele in ihrem Auto, in ihrem Hi-Fi-Empfänger und ihrem Küchengerät."[22] Darin besteht die reine Form von Knechtschaft, als ein Instrument, als ein Ding zu existieren. Man empfindet den scheinbaren Wohlstand als genau in dem Maße repressiv, wie er die Befriedigung von Bedürfnissen fördert, die es nötig machen, die Hetzjagd fortzusetzen.

Marcuse formuliert den größten denkbaren Bruch mit Keynesianismus und reguliertem Kapitalismus, wenn er dem Ideal der krisenfreien Marktwirtschaft – das, wie ich meine, mit Keynes nicht zu haben ist, wie der große rätekommunistische Theoretiker Paul Mattick bewiesen hat – eine Absage erteilt. Marcuse schreibt 1965 im krisenfreien Kapitalismus: „Der in den meisten fortgeschrittenen Industriellen Gebieten erreichte Lebensstandard ist kein geeignetes Entwicklungsmodell, wenn Befriedigung das Ziel ist. In Hinblick darauf, was dieser Standard aus Mensch und Natur gemacht hat, ist wiederum die Frage zu stellen, ob er der Opfer wert ist, die seiner Verteidigung gebracht werden. Die Frage hat aufgehört, unverantwortlich zu sein, seitdem die 'Gesellschaft im Überfluss' eine fortwährende Mobilisation gegen das Risiko der Vernichtung geworden ist und der Verkauf ihrer Güter einhergeht mit Verblödung, Verewigung harter Arbeit und der Beförderung von Enttäuschung."[23]

---

22 Marcuse, Herbert: Der eindimensionale Mensch, S. 29
23 Ebenda, S. 253

Literatur

Adorno, Theodor W.: Minima Moralia, Frankfurt am Main 2003
Boch, Rudolf: Lokale Autonomie oder Massengewerkschaft
Chruschtschow, Nikita: Für den Sieg im friedlichen Wettbewerb mit dem Kapitalismus, Berlin 1960
Friebe, Holm / Lobo, Sascha: Wir nennen es Arbeit: Die digitale Boheme oder: Intelligentes Leben jenseits der Festanstellung, München 2008
Heller, Agnes: Theorie der Bedürfnisse bei Marx, Berlin 1976
Luxemburg, Rosa: Sozialreform oder Revolution? Berlin 1899
Marcuse, Herbert: Kultur und Gesellschaft Band 2, Frankfurt 1965
Marcuse, Herbert: Der eindimensionale Mensch, Neuwied / Berlin 1970
Marcuse, Herbert: Das Ende der Utopie 1980
Marx, Karl/Engels, Friedrich: Marx-Engels-Werke zitiert als MEW.

Bakara Merle

Die Neoklassik als Dogma der VWL

Einleitung

„Why did nobody notice it?", fragte die Queen zu Beginn der internationalen Finanzkrise 2008. Das wird sie nicht zuletzt deshalb interessiert haben, weil große Teile des royalen Vermögens durch den massiven Kursabfall zerstört worden sind. Dass sie die Frage bei einer Einweihungsfeier eines neuen Gebäudes der prestigeträchtigen London School of Economics gestellt hat, wird ebenfalls kein Zufall gewesen sein. In dieser Frage, die mittlerweile wie ein Bonmot im Kontext der Finanzkrise zitiert wird, kommt auch der erschütterte Glaube an die Vertrauenswürdigkeit der Wirtschaftswissenschaften zum Ausdruck. Diese zeichnen sich durch eine fast dogmatisch wirkende Dominanz der neoklassischen Ideenschule aus, wie sie am besten von Mainstream-Lehrbüchern der Ökonomik repräsentiert ist. Als Reaktion auf die internationale Finanzkrise hat die Kritik an der Neoklassik in der Konsequenz vermehrt an Zulauf gewonnen. Vielerorts haben sich akademische und zivilgesellschaftliche Initiativen gegründet, die Pluralismus in den Wirtschaftswissenschaften zum Ziel haben und so heterodoxen, also vom Mainstream abweichenden ÖkonomInnen zu mehr Gehör verhelfen wollen. Als Ausdruck dieser Tendenz versucht der vorliegende Beitrag, die Kernelemente der neoklassischen Denkschule zu identifizieren und diese im Hinblick auf ihre Methodologie, das Menschen- und Gesellschaftsbild, das von der Neoklassik gezeichnet wird, den von ihr abgedeckten Themenbereich und die Gründe, warum die neoklassische Lehrmeinung immer noch weitestgehend unangefochten dominiert, kritisch zu beleuchten.

Was heißt hier eigentlich neoklassisch?

Bei „Neoklassik" handelt es sich um einen kontrovers diskutierten Begriff, der sich schwerlich eindeutig eingrenzen lässt. Die Bezeichnung neoklassisch ist dabei zum Teil irreführend, da sich klassische Autoren methodologisch und vom Analysebereich her stark von den neoklassischen Autoren unterscheiden. So haben klassische Autoren wie Adam Smith und David Ricardo beispielsweise noch nicht den Glauben an ein Wechselspiel zwischen Angebot und Nachfrage vertreten, das zu einem allgemeinen Gleichgewicht führt.[1] Die wenigsten AutorInnen verstehen sich dabei selbst als NeoklassikerInnen.[2] Meist handelt es sich um eine Zuschreibung von KritikerInnen der als neoklassisch identifizierten AutorInnen. So auch bei Thorstein Veblen, der den Begriff am Anfang des 20. Jahrhunderts in Bezug auf an universellen ökonomischen Gesetzmäßigkeiten ausgerichtete ÖkonomInnen, die Neoklassiker, geprägt hat.[3]

In seinem Buch *What is Neoclassical Economics?* (2015) unterscheidet Jamie Morgan zwischen zwei Hauptsträngen eines Verständnisses von Neoklassik. Einerseits wird Neoklassik als eine Denkschule innerhalb des wirtschaftswissenschaftlichen Mainstreams gelesen, wobei letzterer sich durch Vielfalt auszeichnet. Vertreter dieser Position sind laut Morgan David Colander und Arjo Klamer. Sie betonen, dass auch der wirtschaftswissenschaftliche Mainstream einem Wandel unterworfen ist und daher die dichotome Unterscheidung zwischen Orthodoxie und Heterodoxie unterkomplex ist. Andererseits widerspricht dieser Wahrnehmung eine zweite Position, die eine breitere Definition von Neoklassik umfasst und von z. B. Dimitris Milonakis und Ben Fine repräsentiert ist. Diese Autoren fokussieren mehr auf die ideengeschichtliche Evolution der Wirtschaftswissenschaften und setzen Neoklassik mit dem wirtschaftswissenschaftlichen Mainstream gleich. Hier liegt besonderes Augenmerk auf der historischen Entwicklung von einer methodologisch und im Gegenstandsbereich breiteren Politischen Ökonomie hin zu einer stark reduktionistischen Ökonomik.[4]

---

1 Vgl. Roncaglia, Alessandro: Wealth of Ideas, S. 321.
2 Dabei gibt es aber auch Ausnahmen wie z. B. George Stigler, Paul Samuelson, Milton Friedman und aktuell der ambivalente Finanzwissenschaftler Giacomo Corneo.
3 Vgl. Veblen, Thorstein: Preconceptions Of Economic Science, S. 30.
4 Vgl. Morgan, Jamie: What is neoclassical economics?, S. 3-5. Vgl. auch Milonakis, Dimitris / Ben Fine: From Political Economy to Economics.

Die am häufigsten verwendete Definition von Neoklassik orientiert sich laut Morgan an drei von Christian Arnsperger und Yanis Varoufakis formulierten Merkmalen von Neoklassik. Erstens ist für die Neoklassik die Idee des Gleichgewichts charakteristisch, welches sich durch das Zusammenspiel von Angebot und Nachfrage ergibt. Das zweite Merkmal ist methodologischer Instrumentalismus, der sich auf das der neoklassischen Ökonomie zugrunde liegende Menschenbild bezieht. Darin wird der Mensch als rational agierender Akteur betrachtet, der seinen Nutzen im Rahmen fester Präferenzen maximieren will. Drittens kennzeichnet die Neoklassik methodologischer Individualismus, d. h. der individuelle Wirtschaftsakteur wird als Ausgangspunkt neoklassischer Analysen genommen.[5] Anhand dieser drei Aspekte wird im Folgenden die Kritik an den von der Neoklassik angewandten Methoden, ihrem Menschenbild und Gegenstandsbereich kursorisch thematisiert.

Neoklassische Methodologie: Zwischen Abstraktion und Empirismus

Bereits im Jahre 1895 hat Émile Durkheim in seinem Buch *The rules of Sociological Method* die orthodoxe Ökonomik für ihre methodische Herangehensweise kritisiert. Durkheim warf der damals noch Politische Ökonomie genannten Wirtschaftswissenschaft vor, sich kein Bild von ihrem Forschungsgegenstand zu machen, weil sie sich allein auf theoretische Annahmen und nicht auf in Beobachtungen nachvollziehbare „social facts" beziehe. Interessanterweise diagnostizierte Durkheim hier der orthodoxen Politischen Ökonomie mangelnden Empirismus und einen zu hohen Grad an Normativismus – was dem heutigen neoklassischen Selbstverständnis stark entgegenläuft. So moniert Durkheim beispielsweise, dass das Gesetz von Angebot und Nachfrage nie induktiv belegt worden ist und somit nicht in der Analyse ökonomischer Realität angenommen werden dürfe.[6]

Aber genau diese vermeintliche Gesetzmäßigkeit steht im Zentrum dessen, was Arnsperger und Varoufakis als eines von drei Merkmalen der Neoklassik identifiziert haben: die Orientierung an einem abstrakt mathema-

---

5 Vgl. Arnsperger, Christian / Yanis Varoufakis: What is neoclassical economics?, S. 2-12.
6 Vgl. Durkheim, Émile: The Rules of Sociological Method, S. 23-26.

tisch-deduktiv hergeleiteten Gleichgewichtszustand, in dem sich Angebot und Nachfrage ausgleichen und zu dem Märkte stets nach Schockeinwirkung (und damit einhergehenden temporären Ungleichgewichten) durch Preisanpassungsmechanismen konvergieren. Dieser wird als das Ergebnis des Zusammenspiels freier Marktkräfte, von Angebot und Nachfrage, interpretiert, wobei das Angebot mit steigendem Preis als stetig steigend und die Nachfrage als stetig fallend angenommen wird. Das entspricht immer noch der geläufigsten Repräsentation von Wirtschaftsprozessen in der volkswirtschaftlichen Lehre. Modernere Ausformungen dieser Gleichgewichtsmodelle sind Dynamic-Stochastic-General-Equilibrium-Modelle (DSGE-Modelle), die sich ebenso durch einen hohen Grad an Formalisierung mit dem Ziel mathematischer Konsistenz auszeichnen und auf starken Annahmen (zulasten realistischer Erklärungskraft) basieren.[7]

Die abstrakt-deduktive Herangehensweise an ökonomische Fragestellungen hat von Beginn an für Kontroversen gesorgt. Im sogenannten Methodenstreit der 1880er wurde neoklassischen Autoren wie z. B. Carl Menger der Vorwurf gemacht, realitätsferne Wissenschaft zu betreiben und in ihrer deduktiven Heuristik reale Entwicklungen völlig außen vor zu lassen.[8] Ihre Analysen und Politikempfehlungen basieren auf abstrakten Modellen, die in sich konsistent sind (oder scheinen), aber geschichtliche Realitäten ignorieren. Die Validität dieses Arguments wird insbesondere im Diskurs der Entwicklungsökonomik deutlich. Die Politikempfehlung der Handelsliberalisierung des wirtschaftswissenschaftlichen Mainstreams basiert auf David Ricardos Theorie der komparativen Kostenvorteile, die mit starken theoretischen Annahmen verbunden ist (z. B. die Immobilität von Kapital).[9] Dabei bleibt jedoch die Entwicklungsgeschichte der heutigen OECD-Staaten oder der sogenannten Asiatischen Tiger unberücksich-

---

7   Vgl. Fine, Ben / Dimitris Milonakis: From Economics Imperialism to Freakonomics, S. 280. Für eine Kritik der DSGE-Modelle vgl. Romer, Paul: The Trouble with Macroeconomics.
8   In dem Methodenstreit ging es maßgeblich um den Erkenntnisgewinn zwischen deduktiven und induktiven Methoden, aber auch um die Haltbarkeit von universellen Gesetzen vis-à-vis historischer Partikularität, Rationalitätsannahmen, den Ursprung von Kapitalismus und die Abgrenzung zu anderen Wissenschaftsdisziplinen. Vgl. Milonakis, Dimitris / Ben Fine: From Political Economy to Economics, S. 6-7.
9   Vgl. Kapeller, Jakob: Ein philosophischer Blick auf die Grundlagen internationaler Ökonomie, S. 111-112. Sowie: Peukert, Helge: Volkswirtschaftslehre als Indoktrination und die (Nicht-)Auswirkungen der Finanzkrise: S. 120-121.

tigt. Diese zeichnete sich durch einen starken Protektionismus und Staatsdirigismus aus, die erst abnahmen, als sich international wettbewerbsfähige Industrien etabliert hatten.[10]

Die ausgesprochene Geschichtsfeindlichkeit neoklassischer AutorInnen wurde später noch durch die Schriften Karl Poppers und dessen Erfolg im Positivismusstreit in den deutschsprachigen Sozialwissenschaften der 1960er untermauert.[11] Dieser hat in seiner Philosophie des rationalen Empirismus dargelegt, dass Realität nur objektiv erfassbar ist und die Bedingung formuliert, eine These müsse stets empirisch widerlegbar sein.[12] Wie in anderen sozialwissenschaftlichen Disziplinen auch haben diese epistemologisch positivistischen Annahmen zu einer Verengung der Fragestellungen geführt, die von einer so verstandenen Wissenschaft in den Blick genommen werden können.[13] Grundlegende Fragen wie z. B. zu Gerechtigkeit und alternativen Wirtschaftsmodellen werden – im Gegensatz zu den klassischen Autoren, man bedenke: Adam Smith war Moralphilosoph – nun nicht mehr gestellt. Allein empirisch testbare Sachverhalte, die sich innerhalb der neoklassischen Modellwelt eines allgemeinen Gleichgewichtszustandes mitsamt seiner Annahmen bewegen, sind heutzutage Gegenstandsbereich ökonomischer Mainstream-Forschung. Dabei wird sich vornehmlich ökonometrischer, also auf statistischen Tests basierender Methoden bedient. Hierbei wird sich der Anstrich von wissenschaftlicher Objektivität gegeben, die durch ihre „harte" mathematische Fundierung vermeintlich frei von Werturteilen der AutorInnen ist.[14] Dabei orientiert sich die neoklassische Wirtschaftswissenschaft einerseits an den Naturwissenschaften und setzt andererseits auch den Maßstab für andere Sozialwissenschaften, in denen die Anwendung quantitativer Methoden zunehmend mit objektiver, schlechthin wissenschaftlicher Arbeit gleichgesetzt wird.

---

10 Dies schildert sehr anschaulich Ha-Joon Chang in: Chang, Ha-Joon: Kicking Away the Ladder. Das Freihandelstheorem und seine theoretische Grundlage ist ein Beispiel dafür, was Joseph Schumpeter Ricardian Vice genannt hat: Abstrakte, zu vereinfachte Modelle, auf deren Basis Politikempfehlungen für eine komplexe Realität formuliert werden. Vgl. Kurz, Heinz D.: Is there a „Ricardian Vice"?.
11 Vgl. Popper, Karl: The Poverty of Historicism. Und: Hodgson, Geoffrey M: How Economics Forgot History.
12 Vgl. Popper, Karl: Conjectures and Refutations, S. 4-5 und 195.
13 Vgl. für die Soziologie z. B.: Horkheimer, Max: Zur Kritik der instrumentellen Vernunft.
14 Vgl. Milonakis, Dimitris / Ben Fine: From Political Economy to Economics, S. 3.

Bezeichnenderweise sind viele der vehementesten KritikerInnen der Mathematisierung der Ökonomik selbst MathematikerInnen oder MethodologInnen. Tony Lawson, der Ökonometrie im britischen Cambridge lehrt, hebt hervor, dass die ökonometrischen Methoden nicht ihrem Gegenstand (dem Mensch und der menschlichen Gesellschaft) angemessen seien und in ihrem Reduktionismus notwendigerweise scheitern, soziale Phänomene abzubilden. Nach Lawson sind es gerade die mathematisch ausgerichteten Methoden, die die VWL daran gehindert haben, eine Wissenschaft zu werden. Quantitative Methoden würden a priori von universellen und deterministischen Gesetzmäßigkeiten ausgehen, wohingegen soziale Realität prozessual, offen, dynamisch interdependent und strukturiert sei.[15] Des Weiteren moniert Lawson, dass die angewendeten Methoden zu komplexe Voraussetzungen an das Datenmaterial stellen, denen reale Daten nicht gerecht werden.[16] Die Datenqualität ist insbesondere da schlecht, wo Daten am nötigsten für ökonomische Analyse gebraucht werden, so z. B. Daten zu Einkommen, Wohlstandsverteilung und Bevölkerungszahlen.[17]

Der Neoklassik Menschen- ...

Neben einem mathematisch-abstrakt hergeleiteten allgemeinen Gleichgewichtszustand sowie einem positivistischen Methodenverständnis bezieht sich ein weiteres von Arnsperger und Varoufakis formuliertes Merkmal der

---

15 Vgl. Lawson, Tony: Reorienting Economics, S. XVII, 16 und 21-22.
16 Vgl. Lawson, Tony: Economics and Reality, S. 5-7.
17 Morten Jerven hebt in Africa. Why Economists get it wrong (2015) hervor, wie insbesondere in afrikanischen Ländern Datenqualität miserabel ist, auf Basis dieser Daten aber methodische Verfahren angewendet werden, die dann oft für den gesamten afrikanischen Kontinent für Politikempfehlungen verwendet werden. Ersteres ist oft nicht zuletzt das Ergebnis von Sparmaßnahmen im öffentlichen Sektor, die im Zuge der Strukturanpassungsmaßnahmen von den Bretton-Woods-Institutionen IWF und Weltbank durchgesetzt worden sind – mit eingeschränkten Kapazitäten von staatlichen statistischen Büros, Daten zu erheben und auszuwerten als Resultat. Vgl. Jerven, Morten: Africa, S. 103-111. Das hat neoklassische AutorInnen jedoch nicht davon abgeschreckt, Regressionsanalysen auf Entwicklungsländer anzuwenden, z. B. Robert J. Barro in den nach ihm benannten Barro-Regressionen. Vgl. Allan, Franklin / Douglas M. Gale: Comparing Financial Systems, S. 3.

Neoklassik auf das ihr zugrunde liegende Menschenbild. Gemäß dem in der Neoklassik angewendeten methodologischen Instrumentalismus sind Individuen allein von ihren Präferenzen motiviert, denen folgend sie mittels mehr oder minder rationalen Entscheidungen handeln.[18] Menschliche Interaktionen sind folglich der Erfüllung dieser Präferenzen unterworfen. Irrationale Antriebe wie Neid, Empathie oder Angst fließen in die Analyse nicht mit ein. Hier herrscht in verschiedenen Ausprägungen das Menschenbild des Homo oeconomicus vor, des egoistischen, rationalen, nutzenmaximierenden Akteurs, das auf den Utilitarismus von Jeremy Bentham zurückgeht. Nutzen wird in der neoklassischen Interpretation in erster Linie mit Bedürfnisbefriedigung gleichgesetzt, die aus dem Konsum von Gütern generiert werden kann.[19]

Das Menschenbild des Homo oeconomicus, für das die Wirtschaftswissenschaft bekanntermaßen steht, wurde einerseits auch von anderen Wissenschaftsdisziplinen dankbar aufgenommen – um dann wieder verworfen zu werden oder zumindest als nur eine unter vielen Varianten, menschliches Verhalten zu modellieren, bestehen zu bleiben – und andererseits vielfach kritisiert. Als Reaktion auf den Vorwurf, es würde sich hier um einen unhaltbaren Reduktionismus handeln, haben manche ÖkonomInnen Strategien der Abschwächung dieser Axiome entwickelt. Herbert Simon formulierte z. B. das Argument, dass Menschen kognitiv gar nicht in der Lage seien, die Fülle an gegebenen Informationen zu verarbeiten, weswegen Menschen notwendigerweise beschränkt rational seien. Für diese Feststellung erhielt er 1978 den Wirtschaftsnobelpreis.

Während auch Simon nicht grundlegend von der Rationalitätsannahme Abstand genommen hat und die meisten Neoklassiker von einer gewissen Überschaubarkeit realer Prozesse ausgehen, kommen heterodoxe Ökono-

---

18 Die in der neoklassischen Theorie enthaltenen Präferenzen sind starken Annahmen unterworfen. Die Präferenzordnung eines Individuums ist rational, wenn sie vollständig (jedes Güterbündel kann zueinander in Relation gesetzt werden, d. h. es kann bestimmt werden, wie viel Nutzen ein Güterbündel verglichen mit einem anderen generiert), transitiv (die Präferenzordnung muss widerspruchsfrei sein: wenn ich A gegenüber B bevorzuge, und B gegenüber C bevorzuge, dann bevorzuge ich auch A gegenüber C), monoton (je mehr ich von einem Gut habe, desto besser, auch wenn der Grenznutzen eines jeden neuen Gutes einer Gütergruppe abnimmt) und streng konvex (eine Mischung aus Güterbündeln zwischen denen der Konsument indifferent ist, wird vorgezogen) ist. Vgl. Ortlieb, Claus P.: Markt-Märchen, S. 3.
19 Vgl. Ortlieb, Claus P.: Markt-Märchen, S. 3.

mInnen ohne solche Prämissen aus. John Maynard Keynes machte den Begriff der „animal spirits" berühmt, also des irrationalen und spontanen Verhaltens von Menschen.[20] Wird dieses menschliche Verhaltensmuster auf die gesellschaftliche Ebene übertragen, wo Individuen sich in ihrer Neigung zum Optimismus oder Pessimismus gegenseitig beeinflussen, können animal spirits vornehmlich Krisenphänomene erklären. Hier stehen die fundamentale Unsicherheit über zukünftige Entwicklungen im Vordergrund, mit der Wirtschaftsakteure konfrontiert sind, sowie deren Vertrauen in die Wirtschaftsentwicklung. Die Bedeutung von Vertrauen und fundamentaler Unsicherheit hat keinen Platz in neoklassischen Theorien, wo atomistisch agierende Individuen auf Basis kalkulierbaren Risikos ihre Entscheidungen treffen. Dass gesellschaftlicher Optimismus maßgeblich über Investitions- und Konsumneigung entscheidet, und nicht die Zinshöhe wie in neoklassischen Lehrbuchmeinungen (z. B. im IS-LM-Modell) angenommen, kommt auch momentan in der Finanzkrise zum Ausdruck, in der Neuinvestitionen stagnieren, dem historisch niedrigem Zins zum Trotz.[21]

… und Gesellschaftsbild

Neoklassische Theorien sind in ihrer Konstruktion eines Gleichgewichtes nicht nur auf die Annahme eines Nutzen maximierenden, rationalen Menschen angewiesen, sondern auch auf methodologischen Individualismus. Mit anderen Worten: Ausgangspunkt der neoklassischen Analyse sind atomistisch agierende, individuelle Wirtschaftsakteure. Dabei bleiben soziale Interaktionen außen vor bzw. sind auf Tauschgeschäfte beschränkt. Die Individuen handeln allein gemäß ihrer (konstanten) Präferenzen und unabhängig von ihrer Biographie und gesellschaftlichen Strukturen. Gesellschaft wird in der neoklassischen Theorie nur als Summe ihrer Einzelteile betrachtet, ist geschichtslos und frei von nicht-marktförmigen, d. h. von nicht über Märkte vermittelten Beziehungen.[22] Folglich werden gesell-

---

20 Diese wurden nach Ausbruch der Krise auch von Mainstream-Ökonomen „entdeckt": Vgl. Shiller, Robert J. und Akerlof, George A.: Animal Spirits. Frankfurt / New York 2009.
21 Z. B. Blanchard / Johnson: Macroeconomics, S. 86.
22 Vgl. Arnsperger, Christian und Varoufakis, Yanis: What is neoclassical economics?.

schaftliche Zusammenhänge allein innerhalb der Idee des Marktes modelliert.

Markt wird dabei in einem Sinne imaginiert, wie er auch schon zu Zeiten Adam Smiths nicht repräsentativ war: ein Ort, wo Produzenten ihre Waren feil bieten und Konsumenten diese käuflich erwerben. Sowohl ProduzentInnen als auch NachfragerInnen sind so zahlreich, dass einzelne Marktteilnehmende den Marktpreis nicht beeinflussen können, der sich allein aus dem Zusammenwirken von Nachfrage und Angebot in einer perfekten Wettbewerbssituation ergibt. Durch den Preismechanismus schafft es der Markt, ohne externe Intervention ein Marktgleichgewicht herzustellen: Liegt der Preis über dem marktbereinigenden Preis des Gleichgewichts, liegt ein Angebotsüberschuss vor, d. h. nicht alle Waren können abgesetzt werden, was die ProduzentInnen zu einer Preissenkung zwingt, die wiederum mit mehr Nachfrage einhergeht, bis sich wieder Angebot und Nachfrage im Gleichgewichtspreis treffen und umgekehrt. Hier kommt dem neoklassischen Menschenbild eine besondere Bedeutung zu. In *Wealth of Nations* (1776) schreibt Adam Smith, dass es nicht die Güte des Bäckers sei, dem wir unser Abendbrot zu verdanken haben, sondern dessen Egoismus.[23] Gesellschaftliches Wohl werde, ohne intendiert zu sein, durch das Eigeninteresse wie durch eine unsichtbare Hand hergestellt.[24] Das vom einzelnen Menschen und unterschiedlichen Kontexten unabhängige Zusammenspiel von freien Marktkräften, die unsichtbare Hand, sorge so also harmonisch für das Wohl aller. Das Konstrukt der unsichtbaren Hand wird in der neoklassischen Theorieschule als Quintessenz des Nachdenkens von Smith dargestellt und hat eine starke symbolische Wirkmächtigkeit in der Rechtfertigung von Märkten entwickelt. Dabei findet die unsichtbare Hand an nur zwei Stellen in Smiths umfangreichem Werk Erwähnung und sollte vielmehr als der Versuch gesehen werden, sich in der Zeit der Aufklärung von autoritärer Bevormundung zu befreien, als freie Marktwirtschaft zu rechtfertigen.

---

23 Vgl. Smith, Adam: Wealth of Nations, Buch I, Kapitel I, S. 3. Ausgehend von diesem berühmten Zitat hat Katharina Marçal ihr Buch Who cooked Adam Smith's dinner (2016) genannt. Die Antwort auf diese Frage lautet: seine Mutter. Zur Blindheit von Ökonomik gegenüber Reproduktionsarbeit, die das Fundament von produktiver Arbeit bildet, aber abgesehen von Gary Beckers kruden Versuchen nicht Eingang in die Mainstream-Wirtschaftswissenschaften findet vgl. in der deutschen Version: Marçal, Katrine: Machonimics.

24 Vgl. Smith, Adam: Wealth of Nations, Buch IV, Kapitel 2, S. 9.

Das neoklassische Verständnis von Markt ist nicht allein deswegen problematisch, weil es die zeitliche Koinzidenz von Produktion und Konsum und vollständige Informiertheit aller Wirtschaftssubjekte voraussetzt.[25] Insbesondere die Annahme vollständiger Konkurrenz steht im eklatanten Kontrast zu realen Tatsachen, die sich durch eine hohe Konzentration auf der Angebots- und Nachfrageseite (wenn ProduzentInnen als Nachfragende von Zwischenprodukten auftreten) auszeichnen. Momentan steht die Übernahme von Unilever durch Kraft zur Debatte, was einer Fusion von zwei multinationalen Konzerngiganten gleichkommen würde.[26] Betrachtet man Unternehmen dieser Dimensionen, wird die Annahme eines perfekten Wettbewerbs ad absurdum geführt. AnbieterInnen mit einem solchen Marktanteil sind nicht mehr nur Mengennachfragende, sondern beeinflussen mittels ihrer Verhandlungsmacht den Preis für z. B. Zulieferbetriebe und Rohstofflieferanten entscheidend. In der neoklassischen Lehrbuchmeinung werden solche Konzentrationen auf Marktversagen, bedingt durch asymmetrische Information, hohe Fixkosten und Zugangsbeschränkungen zu Krediten für Kleinproduzenten, zurückgeführt. Dass solche Konzentrationsbewegungen vielmehr das Ergebnis freier Marktwirtschaft sein könnten und die Annahme eines perfekten Wettbewerbs auch im Kontext merkantilistischer mittelalterlicher Wochenmärkte eine Illusion ist, wird innerhalb neoklassischer Modellwelten nicht in Betracht gezogen.

Unterschiede zwischen Akteuren z. B. in der Ausstattung mit Verhandlungsmacht werden folglich in diesem Verständnis von Markt nivelliert und entsprechend entpolitisiert. Im Fokus steht allein der vermeintlich (herrschafts-)freie, freiwillige Austausch von Gütern. Durch die freie Allokation von Ressourcen auf dem Markt wird gemäß der neoklassischen Wohlfahrtsökonomik gesamtgesellschaftlicher Nutzen maximiert, was die freie Marktwirtschaft als die einzige erstrebenswerte Wirtschafts- und Gesellschaftsform rechtfertigt. Menschliche Beziehungen, die nicht über den Preismechanismus modelliert werden können (oder sollen), z. B. reproduktive Arbeit, werden nicht in Betracht gezogen, genauso wenig wie Fragen nach den Gründen für die Verschiedenheit wirtschaftlicher Systeme und

---

25 Vgl. Ortlieb, Claus P.: Markt-Märchen, S. 5.
26 Dieser neue Konzern würde dann einen Jahresumsatz von 77 Milliarden Euro machen und damit auf Nummer zwei gemessen am Marktanteil rücken. Nur der schweizerische Konzern Nestlé mit einem Jahresumsatz von 83 Milliarden Euro liegt noch darüber. Vgl. Zeit Online: Kraft Heinz will Unilever übernehmen.

deren Wandel. Entwicklung wird allein als quantitatives Wachstum verstanden (dieses lässt sich schließlich leichter in Modelle fassen), strukturelle Veränderungen bleiben unberücksichtigt.[27]

Der Markt wird in der Neoklassik als Gegenpol zum Staat und dessen regulierenden Eingriffen gesehen. Dem Staat werden hier allein die Funktionen eines Nachtwächterstaates zugestanden, der die Wahrung von Eigentumsrechten und die Aufrechterhaltung der öffentlichen Ordnung sicherstellt.[28] Hier wird die Rolle des Staates als fundamentale Voraussetzung für das Bestehen freier Marktwirtschaften heruntergespielt. Von staatlichen Regulierungen wie z. B. der Einführung eines Mindestlohns wird angenommen, dass sie verzerrende Effekte auf das freie Wirken der Marktkräfte haben, deshalb sollten sie vermieden werden. Wirtschaftspolitiken werden entweder als Wirtschaft schwächend oder wirkungslos eingestuft – letzteres insbesondere dann, wenn perfekt rationale und informierte Haushalte die Politik in ihren Entscheidungen berücksichtigen und somit konterkarieren.[29]

Dass die Dichotomie zwischen Staat und Markt nicht aufrechtzuerhalten ist, wurde nicht zuletzt in der Finanzkrise deutlich. Konjunkturprogramme und Bankenrettungen im großen Maßstab scheinen vielmehr der These Karl Polanyis von der Doppelbewegung gesellschaftlicher Entwicklung Recht zu geben: Je weiter sich die Marktwirtschaft etabliert, desto stärker werden auch Gegenbewegungen z. B. in Form von staatlichen Interventionen.[30] Dass Staat und Wirtschaft keineswegs getrennt analysiert werden können und dürfen, wird auch im Blick auf die Geschichte deutlich. In den asiatischen Tiger-Staaten haben staatliche Wirtschaftsprogramme in Form von sogenannten Infant-Industry-Politiken und Importsubstitutionspolitiken Industrialisierung erst ermöglicht.[31] Die enge Verzahnung von Unternehmen, Aktienmärkten und politischen Diktaturen wurde nicht nur im faschistischen Deutschland deutlich, sondern auch in den 1990er-Jahren

---

27 Letzteres ist u. a. auf Robert E. Lucas zurückzuführen, der in seinem Buch On the mechanics of Economic Development (1988) die Unterscheidung zwischen Entwicklung und Wachstum aufhebt.
28 Vgl. North, Douglass: Structure and Change in Economic History, S. 21
29 Das wird z. B. in der Ricardianischen Äquivalenz und der Lucas-Kritik angenommen.
30 Vgl. Polanyi, Karl: The great Transformation.
31 Vgl. Chang, Ha-Joon: Kicking away the Ladder.

in Indonesien und Malaysia.³² Auch sitzen in den Verhandlungsrunden der Welthandelsorganisation (WTO) nicht exportierende Unternehmen, sondern Minister der Ressorts Wirtschaft und Außenhandel.

Abgesehen von der Blindheit für die Komplexität gesellschaftlicher Realität bringt der von der Neoklassik angewendete methodologische Individualismus auch das Problem mathematischer Widersprüchlichkeit mit sich. Das sogenannte Sonnenschein-Mantel-Debreu-Theorem besagt, dass bei der Aggregation von Individuen, beim Sprung vom individuellen Nachfrager zur gesamtwirtschaftlichen Nachfrage, mathematische Inkonsistenzen auftauchen, die die Berechnung eines einzigartigen, stabilen Gleichgewichts unmöglich machen.³³ Des Weiteren können in der Aggregation von Individuen in neoklassischen Theorien individuelle Präferenzordnungen nicht mehr aufrechterhalten werden und es muss eine für alle Wirtschaftsakteure gleiche Präferenzordnung angenommen werden.³⁴ Auch ist die Neoklassik mit ihrem Ausgangspunkt vom Individuum nicht in der Lage, Phänomene des sogenannten Trugschlusses der Komposition – die falsche Schlussfolgerung vom Einzelnen auf das Ganze – analytisch zu integrieren. So ist es z. B. für den einzelnen Produzenten rational, effizientere Technologien einzusetzen, um so durch eine erhöhte Produktion seine Profite zu steigern. Tun dies aber alle Produzenten desselben Produkts, führt dies zu einer Angebotsausweitung, die mit sinkenden Preisen und Profiten einhergeht. Ein anderes Beispiel für den Widerstreit zwischen der Individualebene und der aggregierten gesamtwirtschaftlichen Ebene haben Eckhard Hein und Till van Treeck für Firmen modelliert, die sich über die Emission von Firmenanteilen finanzieren. Während es für die individuellen Anteilsnehmer der Firma profitabler ist, keine Neuinvestitionen zu tätigen, weil dann mehr Geld für Renditeausschüttungen bleibt, haben die sinkenden Investitionsraten auf der aggregierten Ebene sinkende aggregierte Profite zur Folge.³⁵

---

32 Vgl. Ferguson, Thomas / Hans-Joachim Voth: Betting on Hitler, S. 101-137.
33 Vgl. Rizvi, S. Abu T.: The Sonnenschein-Mantel-Debreu Results after Thirty Years, S. 230.
34 Vgl. Ortlieb, Claus P.: Markt-Märchen, S. 4.
35 Vgl. Hein, Eckhard / Till van Treeck: "Financialisation" in post-Keynesian models of distribution and growth, S. 277-292.

Das blinde und das all-sehende Auge der Neoklassik

Bei dem methodologischen und theoretischen Reduktionismus der neoklassischen VWL ist es nicht verwunderlich, dass sie – wie bereits deutlich geworden ist – wichtige Aspekte sozioökonomischer Realität gar nicht oder nur unterkomplex analysiert und folglich nicht in der Lage ist, zentrale Problempunkte zu behandeln. Bereits Marx hat eine Unterscheidung zwischen der „vulgären" und „klassischen" Politischen Ökonomie getroffen, die sich maßgeblich an den in der Analyse berücksichtigten Themen orientiert. Während „klassische" Politische Ökonomie den Fokus u. a. auf Produktionsbedingungen, Wohlstand, Wertelehre und Klassenbeziehungen lege, habe die „vulgäre" Politische Ökonomie solche Fragestellungen aus dem Blick verloren.[36] Ebenso betrachtet die heutzutage dominante „vulgäre" Lehrbuchrepräsentation von wirtschaftlichen Vorgängen allein die Allokation von knappen Ressourcen unter Optimierungsbedingungen. Dies ist auf das zugrunde liegende Selbstverständnis der VWL zurückzuführen, wie es Lionel Robbins formuliert hat: „Economics is the science which studies human behaviour as a relationship between ends and scarce means which have alternative uses."[37] Diese Definition markiert ein Verständnis von Wirtschaftswissenschaft, welches einen starken Kontrast zwischen einer ökonomischen und nicht-ökonomischen Sphäre aufmacht, mit einer starken Beschränkung des neoklassischen Gegenstandsbereichs als Folge.[38] Ab den 1990er-Jahren nahm aber auch eine Gegenbewegung zu. Mit Hilfe des neoklassischen analytischen Reduktionismus und seines voll entwickelten technischen Apparats wurde dieses vermeintlich in sich perfekt geschlossene System neoklassischen Denkens auch auf Bereiche ausgeweitet, die über die von Robbins entwickelte Definition hinausgehen. Die Tendenz des ökonomischen Imperialismus, also die Ausweitung ökonomischer Logik auf alle gesellschaftlichen Bereiche auch jenseits der Allokation von Gütern, wurde zuerst von dem Mainstream Ökonomen Edward P. Lazear benannt und ist am besten im Schreiben Gary Beckers repräsentiert.[39]

---

36 Vgl. Morgan, Jamie: What is neoclassical economics?, S. 5.
37 Vgl. Robbins, Lionel: Nature and Significance of Economics Science, S. 15.
38 Vgl. Milonakis, Dimitris / Ben Fine: From Political Economy to Economics, S. 2.
39 Vgl. Fine, Ben: 'Economic imperialism'.

Diese Doppelbewegung zwischen dem starken Beschränken des neoklassischen Gegenstandsbereichs einerseits und dessen massiver Ausweitung andererseits wird im Folgenden exemplarisch aufgezeigt. Wie oben schon angedeutet, haben Machtfragen in der neoklassischen Modellwelt keinen Platz, wo Müssen mit Wollen gleichgesetzt wird und freie Individuen in einen freien Austausch miteinander treten, von dem alle profitieren. Diese Perspektive, die blind ist für strukturelle Benachteiligung, kommt am besten in der neoklassischen Einkommens- und Arbeitsmarkttheorie zum Vorschein. Das Ausmaß an verrichteter Lohnarbeit wird als Entscheidung zwischen Einkommen und Freizeit dargestellt und nicht vielmehr als notwendiges Übel, um das eigene Leben zu sichern. Dementsprechend wird angenommen, dass das Angebot mit der Lohnhöhe steigt und umgekehrt. Nicht mitbedacht wird dabei, dass eine ähnliche Asymmetrie wie beim Warenhandel herrscht: Es ist immer leichter, (Arbeitskraft) zu kaufen, als sie zu verkaufen. Die Neoklassik ist folglich blind für die Ungleichverteilung von Macht zwischen ArbeitnehmerInnen und -geberInnen. In ihrem Versuch, Einkommensunterschiede zu erklären, werden rassistische und sexistische Diskriminierung rationalisiert und so mit Legitimität ausgestattet. Gary Becker hat in seinem Projekt, alle gesellschaftlichen Phänomene mittels rationaler Kostenabwägungen zu erklären, sich auch den Einkommensunterschieden zwischen Frauen und Männern sowie zwischen Weißen und people of colour zugewandt. Da in der neoklassischen Einkommenstheorie Menschen gemäß ihrer Grenzproduktivität bezahlt werden (eine Idee, die u. a. auf John B. Clark zurückgeht und dessen Behauptung, dass alle Einkommen korrekt sind, schließlich seien sie vom Markt bestimmt), haben die geringeren Einkommen von Frauen nachvollziehbare Gründe. Einerseits weisen frauendominierte Berufe, z. B. in der Pflege, eine geringere Produktivität auf, und andererseits sind Frauen an sich weniger produktiv, da sie neben der Lohnarbeit auch noch die Reproduktionsarbeit leisten müssen. An anderer Stelle wird die klassische Rollenverteilung wieder damit gerechtfertigt, dass Frauen weniger verdienen und es folglich für einen Haushalt rational ist, dass der Mann Brotverdiener ist. Diese Argumentation ist so überzeugend, weil sie in sich geschlossen, tatsächlich aber tautologisch ist. Bei der Begründung von diskriminierender Entlohnung von nicht-weißen ArbeiterInnen wird auf ähnlich krude Erklärungsmuster zurückgegriffen. Weil der weiße Restaurantbesitzer damit rechnen muss, rassistische Kundschaft durch das Einstellen farbiger ArbeiterInnen zu verprellen, kompensiert er sich selbst durch eventuell entstandene Einnahmeeinbuße durch eine geringere Bezahlung ebendieser ArbeiterInnen.[40]

Während sich in der neoklassischen Einkommenstheorie zumindest die Mühe gemacht wird, Erklärungen zu suchen, werden ökonomische Krisen und Ungleichheit von der Neoklassik gar nicht thematisiert. Dies ist nicht zuletzt auf den hochgehaltenen Glauben an die Gleichgewichtigkeit des Marktes und dessen automatische Anpassungsprozesse zurückzuführen. Zwar haben manche VWL-Lehrbücher die Finanzkrise in neueren Auflagen mit aufgenommen, aber die Unvereinbarkeit der Krise mit der im Rest des Buches hochgehaltenen Gleichgewichtsidee wird nicht thematisiert.[41] Fragen nach ökonomischen Auswirkungen von Ungleichheit werden ebenso nicht gestellt, genauso wenig wie nach privaten Schulden (dafür aber umso mehr nach staatlichen Schulden).

Nicht erst seit Thomas Pikettys *Capital in the twenty-first Century* (2014)[42] ist ein krisenhafter Zusammenhang zwischen Ungleichheit und Krise konstatiert worden. Bereits Karl Marx hat die dem Kapitalismus inhärente Tendenz zu Konzentration und Krisenanfälligkeit diagnostiziert. Irving Fisher, der in Mainstream-Lehrbüchern meist nur in Verbindung zur Quantitätsgleichung genannt wird (siehe unten), machte diese Verbindung ebenfalls auf. Dass Krisen nicht Ausnahmephänomene des Kapitalismus sind, sondern ihm inhärent, wird mit dem Blick in die Geschichte, insbesondere im Zusammenhang mit Aktienmärkten, deutlich. Bereits 1720 platzte die Südseeblase, zahlreiche weitere Krisenerscheinungen auf den Aktienmärkten und im Bankensektor folgten.[43]

Während es vielleicht nicht besonders überraschend ist, dass in neoklassischen volkswirtschaftlichen Analysen Ungleichheit, Machtfragen und Diskriminierung gar nicht oder nur reduktionistisch mittels Produktivität oder Nutzenmaximierung erklärt werden, mutet es interessant an, dass in neoklassischen Gleichgewichtsmodellen Geld eine marginale, wenn nicht gar völlig vernachlässigbare Rolle spielt. Gemäß der Quantitätsgleichung wird angenommen, dass Geld allein Tauschmittel ist und sich eine Geld-

---

40 Vgl. Marcal, Katrine: Machonomics, S. 36-38
41 Vgl. Blanchard, Olivier und David R. Johnson. Macroeconomics, S. 183.
42 Piketty, Thomas: Capital in the Twenty-First Century. Nicht so viel Aufmerksamkeit hingegen erhielt der Wirtschaftswissenschaftler Anthony Atkinson, der sich mit Ungleichheitsfragen schon seit den 1970er beschäftigt hat.
43 Vgl. Allan, Franklin / Douglas M. Gale: Comparing Financial Systems, S. 30 und 33.

mengenausweitung langfristig einzig und allein auf das Preisniveau (den Preis für Arbeit also Lohn inklusive) auswirkt. Da sich die Änderung der Geldmenge in allen Preisen im gleichen Maße niederschlägt, ist Geld neutral. Umverteilungswirkungen von Geldmengeänderungen, die Möglichkeit des Hortens von Geld und damit der Entzug von Geld aus dem Tauschsystem bleiben ebenso unberücksichtigt wie die in der Konsequenz durch Geld erzeugten Instabilitäten. Auch der eigentliche Charakter der Geldschöpfung wird in VWL-Lehrbüchern manchen heterodoxen Lehrmeinungen nach völlig falsch dargestellt. Post-Keynesianer heben z. B. hervor, dass es nicht – wie von der neoklassischen Lehrmeinung dargestellt – die Zentralbank ist, die mittels geldpolitischer Instrumente die Geldmenge kontrollieren kann, sondern die eigentlichen Geldschöpfer die Geschäftsbanken sind. Bei der Geldmengeausweitung spielen weder Mindestreserven noch der Leitzins eine entscheidende Rolle, sondern vielmehr gesamtwirtschaftliches Investitionsklima und folglich die Kreditnachfrage.[44]

Immunisierung gegen Kritik

Der oben formulierten Kritik zum Trotz hat sich die neoklassische Lehrmeinung in der öffentlichen Wahrnehmung sowie im akademischen Bereich als die Wirtschaftswissenschaft durchgesetzt. Einerseits hat sie, insbesondere durch ihre mathematisch basierte Methodologie, vermocht, sich den Anstrich von Objektivität zu verleihen – wahrscheinlich ist das nicht zuletzt der Grund, warum sie im gesellschaftlichen Diskurs mit mehr Autorität als heterodoxe Positionen ausgestattet ist, die sich nicht auf eine solche Methodenbasis berufen können oder wollen.[45] Andererseits gibt es aber auch strukturelle und institutionelle Gründe für den weitestgehenden Ausschluss von häretischen Lehrmeinungen. In Deutschland zum Beispiel ha-

---

44 Vgl. z. B. Chick, Victoria: The Evolution of the Banking System and the Theory of Saving, Investment and Interest.
45 Das hat nicht zuletzt zu der Entwicklung der Complexity Economics geführt, wo mittels computergestützter Modellierung wirtschaftliche Phänomene erklärt werden. Trotz der quantitativ fokussierten Methoden wird hier jedoch nicht von einem allgemeinen Gleichgewichtsgedanken ausgegangen, der sich als Ergebnis freier Marktkräfte einstellt. Für eine Lehrbuch-Bearbeitung des Themas siehe: Elsner, Wolfram / Henning Schwardt / Torsten Heinrich: The Microeconomics of Complex Economies.

ben allein Universitäten das Promotionsrecht, d. h. allein ProfessorInnen an Universitäten haben das Recht, einen Doktortitel zu verleihen. Heterodoxe ForscherInnen sind jedoch vornehmlich an Hochschulen zu finden, wo es ihnen nur unter bestimmten Umständen erst seit 2016 erlaubt ist, wissenschaftlichen Nachwuchs heranzuziehen.

Ein weiterer Grund für den starken Monismus der VWL ist die für Wissenschaften einmalige Lehrbuchtradition. Die in den Mainstream-Lehrbüchern einhellig dargelegten Theorien und Modelle vermitteln den Eindruck, dass es sich hierbei um unstrittige Gesetzmäßigkeiten handele und kaschiert damit den eigentlich sehr kontroversen Charakter wirtschaftswissenschaftlicher Erklärungen und Politikempfehlungen. Letzteres geschieht auch durch die Ausgliederung der Wirtschaftsgeschichte bzw. von ideengeschichtlichen Modulen aus den Curricula der Universitäten, in denen die Vielfalt und Kontroversität von Lehrmeinungen zum Ausdruck kommen.

Die Hegemonialmacht der Neoklassik wurde auch durch die Verwendung von Rankings von Fachjournalen und dem sogenannten Impact-Factor zementiert. Letzterer wird daraus berechnet, wie oft ein Journal in wissenschaftlichen Publikationen zitiert wird. In Journals mit hohem Impact-Factor zu publizieren, ist wiederum entscheidend für wissenschaftliches Renommee und in der Konsequenz für Bewerbungsverfahren auf Professuren. In den Wirtschaftswissenschaften haben das höchste Ranking vornehmlich amerikanische Journals, die Papers veröffentlichen, die ökonometrische Verfahren auf neoklassisch gerahmte Fragestellungen anwenden. In der Konsequenz ist der Anreiz groß, die Maßgaben dieser Fachzeitschriften zu erfüllen, was zu einer bestimmten Selektion von Themen und Methoden führt. Folglich ist diesem System ein den Mainstream stabilisierendes Moment eingeschrieben.

Schluss

Die Neoklassik zeichnet sich durch einen ausschließlich theoretisch angenommenen Gleichgewichtszustand auf der einen Seite aus, der ein mit starken Prämissen verbundenes Ideal beschreibt und nicht mehr als eine leere – aber elegant formulierte – Theoriehülle ohne Informationsgehalt ist. Dem steht auf der anderen Seite ein stark an Empirie orientiertes Wissenschaftsverständnis und ein Selbstverständnis einer objektiven Wissenschaft gegenüber, die sich mit der Komplexität und Wertfreiheit ihrer Methoden brüstet. Das reduktionistische Menschen- und atomistische Gesellschaftsbild der Neoklassik kann insbesondere dann keine Hilfe leisten, wenn sie am nötigsten gebraucht wird, namentlich in Krisenzeiten oder in der Frage, wie die Wirtschaft ausgerichtet sein muss, um ein besseres Leben für alle zu erreichen. Diese Theorie- und Erklärungsarmut steht im starken Kontrast zu der frappierenden Wirkmächtigkeit der neoklassischen VWL, wie sie in Zeiten von Austeritätspolitik und Freihandelsplädoyers deutlich wird. Die Ausführungen haben gezeigt, dass die neoklassischen Wirtschaftswissenschaften vermocht haben, sich als dominante Lehrmeinung zu etablieren und gegen Kritik zu immunisieren. Dieser Monismus ist Resultat, aber auch Voraussetzung dafür, dass andere Ideenschulen der Wirtschaftswissenschaften heute marginalisiert sind.

Literaturverzeichnis

Arnsperger, Christian / Yanis Varoufakis: What is neoclassical economics?, online verfügbar unter: http://www.paecon.net/PAEReview/issue38/ArnspergerVaroufakis38.htm (letzter Abruf 5.3.2017).

Blanchard, Olivier / David R. Johnson: Macroeconomics, 6. Aufl., Boston 2013.

Chang, Ha-Joon: Kicking Away the Ladder. Development Strategy in Historical Perspective, 1. Aufl., London 2002.

Chick, Victoria: The evolution of the banking system and the theory of saving, investment and interest, in: Économies et Sociétés, Série Monnaie et Production 1986, 3 (20), S. 111-26.

Durkheim, Émile: The Rules of Sociological Method, 8. Aufl., New York und London 1938.

Elsner, Wolfram / Henning Schwardt / Torsten Heinrich: The Microeconomics of Complex Economies. Evolutionary, Institutional, and Complexity Perspectives, Amsterdam u.a. 2014.

Ferguson, Thomas / Hans-Joachim Voth: Betting on Hitler. The Value of Political Connections in Nazi Germany, in: The Quarterly Journal of Economics 2008, 123(1), S. 101-137.

Fine, Ben / Dimitris Milonakis: From Economics Imperialism to Freakonomics. The Shifting Boundaries Between Economics and Other Social Sciences, New York und London 2009.

Hein, Eckhard / Till van Treeck: "Financialisation" in post-Keynesian models of distribution and growth. A systematic Review, in: Handbook of Alternative Theories of Growth, hrsg. von Mark Setterfield, Cheltenham, MA u.a. 2010, S. 277-292.

Hodgson, Geoffrey M.: How Economics Forgot History. The Problem of Historical Specificity in Social Science, New York und London 2001.

Horkheimer, Max: Zur Kritik der instrumentellen Vernunft, Frankfurt a. Main 2007.

Jerven, Morten: Africa. Why Economists Get It Wrong, London 2015.

Kapeller, Jakob: Ein philosophischer Blick auf die Grundlagen internationaler Ökonomie, in: Wirtschaft neu denken. Blinde Flecken in der Lehrbuchökonomie, hrsg. Von Till van Treeck und Janina Urban, Berlin 2016, S. 108-117.

Kurz, Heinz D.: „Is there a "Ricardian Vice"? And what is its relationship with economic policy advice?, in: Journal of Evolutionary Economics 2017, 27 (1).

Lawson, Tony: Economics and Reality, London und New York 1997.

Lawson, Tony: Reorienting Economics, London und New York 2003.

Lucas, Robert E.: On the Mechanics of Economic Development, in: Journal of Monetary Economics 1988, 22(1), S. 3-42.

Marçal, Katrine: Machonomics. Die Ökonomie und die Frauen, 1. Aufl., München 2016.

Milonakis, Dimitris, und Ben Fine: From Political Economy to Economics. Method, the Social and the Historical in the Evolution of Economic Theory, New York und London 2009.

Morgan, Jamie: Introduction. The Meaning and Significance of neoclassical Economics, in: What Is Neoclassical Economics? Debating the Origins, Meaning and Significance, Jamie Morgan (Hrsg.), London und New York 2015, S. 1-29.

North, Douglass: Structure and Change in Economic History, New York 1981.

Ortlieb, Claus P.: Markt-Märchen. Zur Kritik der neoklassischen akademischen Volkswirtschaftslehre und ihres Gebrauchs mathematischer Modelle; in: EXIT! Krise und Kritik der Warengesellschaft, Heft 1, Bad Honnef 2004, S. 166-183.

Peukert, Helge: Volkswirtschaftslehre als Indoktrination und die (Nicht-)Auswirkungen der Finanzkrise, in: Wirtschaft neu denken. Blinde Flecken in der Lehrbuchökonomie, hsrg. Von Till van Treeck und Janina Urban, Berlin 2016, S. 118-127.

Piketty, Thomas: Capital in the Twenty-First Century, Cambridge, MA 2014.

Polanyi, Karl: The Great Transformation. Politische und ökonomische Ursprünge von Gesellschaften und Wirtschaftssystemen, 12. Aufl., Berlin 1973.

Karl Popper: Conjectures and Refutations. The Growth of Scientific Knowledge, 3. Aufl., London 1969.

Popper, Karl: The Poverty of Historicism, 2. Aufl., London 2002.

Rizvi, S. Abu Turab: The Sonnenschein-Mantel-Debreu Results after Thirty Years, in: History of Political Economy 2006, 38 (1), S. 228-245.

Robbins, Lionel: Nature and Significance of Economics Science, London 1932.

Romer, Paul: The Trouble with Macroeconomics, Commons Memorial Lecture of the Omicron Delta Epsilon Society, New York 2016, online verfügbar unter:

https://paulromer.net/wp-content/uploads/2016/09/WP-Trouble.pdf (letzter Abruf am 5.3.2017)

Roncaglia, Alessandro: The wealth of ideas. A history of economic thought, 3. Aufl., Cambridge 2009.

Shiller, Robert J. / George A. Akerlof: Animal Spirits. Wie Wirtschaft wirklich funktioniert, 1. Aufl., Frankfurt a. M. / New York 2009.

Smith, Adam: An Inquiry into the Nature and Causes of the Wealth of Nations, London 1776.

Veblen, Thorstein: The Preconceptions of Economic Science, in: The Quarterly Journal of Economics 1900, 14.

Zeit online: Kraft Heinz will Unilever übernehmen, Artikel vom 17.2.2017, online verfübar unter: http://www.zeit.de/wirtschaft/unternehmen/2017-02/unilever-kraft-uebernahme-interesse (letzter Abruf 5.3.2017).

Nadja Rakowitz

Wir kaufen uns eine bessere Welt
Konsumkritik, ein weiterer Irrweg der Kapitalismuskritik?

Um die Frage, ob man den Kapitalismus in Form einer Konsumkritik grundsätzlich kritisieren kann, zu beantworten, muss man 1. klären, welche Art von Konsumkritik hier gemeint ist; 2. was eine Gesellschaft mit kapitalistischer Produktionsweise ausmacht. Man muss sich darüber klar werden, was deren Zwänge und Dynamiken sind. Dann kann man 3. klären, was grundsätzliche Kritik ist. Vorab möchte ich einleiten mit ein paar Zitaten. Ich beginne mit einem Ausschnitt aus Heinrich Heines *Deutschland – ein Wintermärchen* aus dem Jahr 1844.

„Sie sang das alte Entsagungslied,
Das Eiapopeia vom Himmel,
Womit man einlullt, wenn es greint,
Das Volk, den großen Lümmel.

Ich kenne die Weise, ich kenne den Text,
Ich kenn' auch die Herren Verfasser;
Ich weiß, sie tranken heimlich Wein
Und predigten öffentlich Wasser.

Ein neues Lied, ein besseres Lied,
O Freunde, will ich euch dichten!
Wir wollen hier auf Erden schon
Das Himmelreich errichten. (...)

Es wächst hienieden Brot genug
Für alle Menschenkinder,
Auch Rosen und Myrten, Schönheit und Lust,
Und Zuckererbsen nicht minder.

*Ja, Zuckererbsen für jedermann,
Sobald die Schoten platzen!
Den Himmel überlassen wir
Den Engeln und den Spatzen."*[1]

Im selben Jahr schrieb Karl Marx die *Ökonomisch-Philosophischen Manuskripte*, die auch „Pariser Manuskripte" genannt werden, weil er sie im Pariser Exil geschrieben hat. Zur gleichen Zeit war auch Heinrich Heine in Paris; dieser allerdings schon seit 1831, da er ein großer Anhänger der Revolution von 1830 war. Er wurde dort Zeitzeuge der fortschrittlichen gesellschaftlichen Bewegung. Marx, ein Freund von Heine, schreibt in diesen Manuskripten folgendes: „Das Privateigentum hat uns so dumm und einseitig gemacht, daß ein Gegenstand erst der *unsrige* ist, wenn wir ihn haben, also als Kapital für uns existiert oder von uns unmittelbar besessen, gegessen, getrunken, an unsrem Leib getragen, von uns bewohnt etc., kurz, *gebraucht* wird. Obgleich das Privateigentum alle diese unmittelbaren Verwirklichungen des Besitzes selbst wieder nur als Lebensmittel faßt und das Leben, zu dessen Mittel sie *dienen, ist das Leben des Privateigentums Arbeit und Kapitalisierung. An die Stelle aller physischen und geistigen Sinne ist daher die einfache Entfremdung aller dieser Sinne, der Sinn des Habens* getreten."[2]

So beschreibt Marx ganz zu Beginn seiner polit-ökonomischen Analysen die kapitalistische Gesellschaft; später im *Kapital* wird er den Inhalt des Privateigentums als Kapitalverhältnis beschreiben, aber am Motiv der Entfremdung festhalten. In den Pariser Manuskripten deutet Marx dann noch – anders als im *Kapital*[3] – auch explizit an, wie sich die menschlichen Sinne in einer nicht mehr kapitalistischen Gesellschaft verändern würden: Darum „sind die *Sinne* des gesellschaftlichen Menschen" – und das meint hier immer den Menschen in der nicht mehr kapitalistischen Gesellschaft – „*andre* Sinne wie die des ungesellschaftlichen; erst durch den gegenständlich entfalteten Reichtum des menschlichen Wesens wird der Reichtum der subjektiven *menschlichen* Sinnlichkeit, wird ein musikalisches Ohr, ein Auge für die Schönheit der Form, kurz, werden erst menschlicher Genüsse

---

1 Heinrich Heine: Deutschland ein Wintermärchen (1844), Werke und Briefe, Bd.1, Berlin / Weimar 1972, S. 429 ff.
2 Karl Marx, Ökonomisch-Philosophische Manuskripte 1844, MEW 40, Berlin 1990, S. 540
3 Karl Marx, Das Kapital. Kritik der politischen Ökonomie I-III, MEW 23-25, Berlin 1989

fähige *Sinne*, Sinne, welche als *menschliche* Wesenskräfte sich bestätigen, teils erst ausgebildet, teils erst erzeugt. Denn nicht nur die 5 Sinne, sondern auch die sogenannten geistigen Sinne, die praktischen Sinne (Wille, Liebe etc.), mit einem Wort der *menschliche* Sinn, die Menschlichkeit der Sinne wird erst durch das Dasein seines Gegenstandes, durch die *vermenschlichte* Natur. Die *Bildung* der 5 Sinne ist eine Arbeit der ganzen bisherigen Weltgeschichte."[4]

Ich werde darauf zurückkommen. Aber zuvor noch ein ganz kurzes Zitat von dem Theaterintendanten des Nationaltheaters in Thessaloniki, Sotiris Hatzakis, aus dem Jahr 2012, also aus einer Zeit, als die Krise in Griechenland gerade richtig massiv wurde, als Menschen massenhaft arbeitslos und arm wurden, ihre Krankenversicherung verloren, zum Teil hungerten etc. In einem Interview mit der *Süddeutschen Zeitung* sagt Hatzakis Folgendes: „Im Moment definieren die Leute einfach neu, was sie vom Leben wollen: wenn schon ärmer leben, dann bitte mit mehr Qualität."[5]

Was will ich mit diesen Zitaten sagen? Heinrich Heine spricht auch eine Form der Konsumkritik an, nämlich das religiöse Eiapopeia vom Himmel, das in der Regel an die Arbeiter und Arbeiterinnen bzw. an die unteren Klassen adressiert ist und diesen den Konsumverzicht predigt: Sie sollen sich bescheiden, keine hohen Lohnforderungen stellen, einen „moralischen" Lebenswandel pflegen etc. Solche Art religiöse Konsumkritik kennen wir in den verschiedenen Religionen bis heute; der „moralische", nämlich gottgefällige Lebenswandel tritt dabei oft in den Vordergrund, immer noch gibt es religiöse Vorschriften, die z. B. verbieten, lustvollen Sex zu haben, Alkohol zu trinken, Musik zu hören oder anderen Lüsten zu frönen. Wie zu Heines und Marx' Zeiten gehen auch heute solche Formen der Konsumkritik einher mit Herrschaftslogik: Beispielsweise wird seit Beginn der Krise 2008/2009 den Griechinnen und Griechen (in ihrer Gesamtheit) vorgehalten, sie lebten über ihre Verhältnisse.[6] Auch dieser

---

4   Karl Marx, Ökonomisch-Philosophische Manuskripte, S. 541 f.
5   „Was wir sehen, ist eine neue Revolution" – Theaterkarten für Nudeln, Faschisten im Aufwind: Intendant Sotiris Hatzakis über Griechenland und seine Krise, in: Süddeutsche Zeitung 4.5.2012
6   Siehe den Vortrag von Tomasz Konicz „Faule Griechen, fleißige Deutsche – deutsche Krisenlösungen für Europa" in der Reihe „Irrwege der Kapitalismuskritik"; in: https://akutplusc.wordpress.com/projekte/irrwege-der-kapitalismuskritik-vortragsreihe/faule-griechen-fleisige-deutsche-deutsche-krisenlosungen-fur-europa/

Topos kann als Konsumkritik angesehen werden, eine Konsumkritik, die nur dazu dient, die Herrschaftsverhältnisse in der EU so zu belassen, wie sie sind. Sie haben also nichts mit Kapitalismuskritik, sondern im Gegenteil mit dessen brutaler Affirmation zu tun.

In dem Text von Heine gibt es aber noch ein anderes Motiv, das ich in unserem Zusammenhang interessant finde: Er formuliert Ansprüche an die Gesellschaft, an die Emanzipation. Er will auf Erden das Himmelreich errichten; er sagt, es gebe Zuckererbsen für jedermann, es wachse Brot genug für alle Menschenkinder, will heißen: Es gibt genug Konsummittel, um alle satt zu machen. Damit attestiert er der kapitalistischen Produktionsweise ein herausragendes Charakteristikum, das sie von vorherigen Produktionsweisen unterscheidet: Sie ist keine Mangelwirtschaft mehr. Aber es geht Heine nicht nur um Brot, denn es gibt auch genügend Rosen und Myrten, Schönheit und Lust. Das heißt, Heine formuliert ein emanzipatorisches Ideal, das sehr sinnlich ist und alles andere als asketisch. Es ist damit Anknüpfungspunkt für z. B. *Bread and Roses*, ein Lied aus der Arbeiterbewegung bzw. der linken Frauenbewegung. Darin geht es auch darum, dass wir nicht nur satt werden wollen, sondern auch Schönheit und Sinnlichkeit haben wollen: „Hearts starve as well as bodies, give us bread, but give us roses too."[7]

Karl Marx denkt in die gleiche Richtung, wenn er von der Emanzipation der Sinne spricht bei der Aufhebung des Kapitalismus. Man könnte Marx, wie das z. B. Michael Heinrich und andere tun, an diesen Stellen vorwerfen, dass er hier noch wenig kritisch sei und dass er hier noch bürgerlich-humanistisch denke etc. Das kann man an anderer Stelle diskutieren.

Das Motiv, um das es mir hier geht, hält sich bei Marx bis in die späten Schriften durch. Er hat nie eine asketische Vorstellung von Aufhebung des Kapitalismus, sondern es geht bei Befreiung immer auch um die Befreiung der Sinne und der Sinnlichkeit; es geht bei Emanzipation immer auch um

---

7 Bread and Roses, Lied von James Oppenheim; http://unionsong.com/u159. html – Der Slogan Brot und Rosen stammt aus einer Rede der New Yorker Gewerkschafterin Rose Schneiderman im Jahr 1911: „The woman worker needs bread, but she needs roses too." Er wurde in ein Gedicht von James Oppenheim aufgenommen, das in demselben Jahr im *American Magazine* veröffentlicht wurde und den Frauen im Westen gewidmet ist. 1912 wurde Brot und Rosen eine Streik-Parole und wurde auch als Lied mit dem Streik von mehr als 20.000 Textilarbeiterinnen in Lawrence, Massachusetts bekannt. Vgl. Wikipedia „Brot und Rosen".

die Aufhebung von Entfremdung. Zugleich geht es in dem Zitat von Marx auch darum, dass in Gesellschaften mit kapitalistischer Produktionsweise der Sinn des Habens alles andere dominiert. Das meint – auch wenn er in dieser Zeit noch gar nicht die Begrifflichkeit hat, um das systematisch zu entwickeln – die ganz abstrakte Logik von Kauf und Verkauf, die er später im *Kapital* so beschreiben wird, dass es vollkommen egal ist, was produziert wurde. Hauptsache, es gibt irgendeine Form von Nachfrage, die mit Geld ausgestattet ist und die Waren werden verkauft. Dem Kapital ist es gleichgültig, was es produziert. Qualitative Kriterien muss es nicht anlegen – es sei denn, dass es dadurch Nachteile in der Konkurrenz hat. Es geht im Kapitalismus – das zeigt Marx im *Kapital* – nicht um die qualitative Befriedigung der Bedürfnisse eines Großteils der Menschen, sondern es geht um die Produktion um der Produktion willen und um die Verwertung von Wert, also um Akkumulation. Das taucht in den frühen Schriften von Marx in dieser anderen Begrifflichkeit als Kritik am Sinn des bloßen Habens schon auf.

An der Erzählung von Sotiris Hatzakis kann man sehen, dass die Menschen aber von diesem Sinn des Habens nicht vollständig dumm gemacht werden bzw. sich nicht vollständig dumm machen lassen durch die kapitalistische Produktionsweise, sondern in der Lage sind, sich davon zu emanzipieren. In der massivsten Krise der griechischen Gesellschaft seit dem Zweiten Weltkrieg gibt es so eine kluge Antwort nicht nur von diesem Theaterintendanten, sondern von einem großen Teil der Bevölkerung von Thessaloniki und nicht nur von dort, sondern von Menschen im ganzen Land: Aus der Krise heraus finden sie nun nicht diese Armut, die ihnen aufgezwungen wird, toll und predigen Askese, sondern sie versuchen, mit mehr Qualität zu leben, was sich z. B. darin ausdrückt, dass man die freie Zeit der Arbeitslosigkeit nutzt, um ins Theater zu gehen. Die Theater sind auch im Jahr 2016 noch voll, so hat man mir vor kurzem in Thessaloniki erzählt. Oder die Menschen versuchen, den eigentlich fruchtbaren Boden endlich wieder zu bearbeiten und Lebensmittel zu produzieren. Im Bereich der gesundheitlichen Versorgung gibt es inzwischen 50 selbstorganisierte solidarische Praxen/Kliniken, zu deren Kollektiven teilweise bis zu 200 Personen gehören. Aber nicht nur das. Es geht darum, dass die Menschen das selbstbestimmt, selbstorganisiert und kooperativ tun, nicht individualistisch. Die Menschen in Griechenland machen all diese Dinge im Rahmen einer großen solidarischen Bewegung, die von gesellschaftlicher Selbstorganisation geprägt ist. Dass das bislang nicht, wie die *Süddeutsche Zeitung* 2012 vermutet und befürchtet hat, in die Revolution gemündet ist, wissen wir inzwischen. Das macht das Geschehene und das, was dort immer noch geschieht, nicht falsch, sondern es bleibt eine gesellschaftliche Erfahrung, von der wir noch nicht wissen, ob sie nicht fruchtbar zu machen ist für eine radikal andere Gesellschaft.

Mir ist das deshalb wichtig, weil sich die Menschen hier nicht bloß als KonsumentInnen und die Sphäre des Konsums als die der gesellschaftlichen Veränderung begreifen, sondern weil sich hier eine Besinnung darauf ausdrückt, was der Kapitalismus mit uns macht, was er mit unserem Leben macht. In solche Überlegungen würde ich auch die Phänomene von Konsumkritik einordnen wollen. Dabei ist zu bedenken, dass Konsumkritik nichts Neues ist. Das gab es auch in den 1960er/70er Jahren zu Zeiten der Studentenbewegung. Damals wurde das im Zusammenhang der Marx'schen Theorie oft als eine Debatte um den Gebrauchswert geführt: Dabei wurde der Tauschwert der Ware als deren kapitalistische Bestimmung angesehen und der Gebrauchswert der Ware als deren von gesellschaftlicher Formierung unberührte Bestimmung, die entsprechend mit emanzipatorischen Qualitäten aufgeladen wurde. Natürlich gab es auch damals schon Formen, sich dem Konsumterror zu ent- und in Nischen zurückzuziehen. Aber auch die 68er waren nicht die Erfinder der Konsumkritik, das hatte man auch schon Anfang des Jahrhunderts und im 19. Jahrhundert z. B. in der Lebensreformbewegung. Die Konsumkritik begleitet also den Kapitalismus seit Jahrzehnten, aber man hat den Eindruck, dass sie größer wird, je drastischer die Auswüchse der kapitalistischen Produktionsweise werden und je offensichtlicher sie als Überproduktionskrisen und Finanzkrisen in Erscheinung treten.

Konsum als solchen kann man eigentlich nicht kritisieren, denn der Mensch muss sich äußere Natur aneignen, essen, trinken – konsumieren, weil er sich sonst nicht reproduzieren kann; darauf kann er nicht verzichten. Abstrakte Konsumkritik ist sinnlos. Heute wird der Begriff der Konsumkritik eher im Sinne von „Konsumgesellschaft" oder ähnlichem verwendet. Konsumkritik meint dann eine bestimmte Form von Konsum – und das ist entweder qualitativ oder quantitativ.

Marx macht eine Unterscheidung, die in dieser Debatte in der Regel nicht gemacht wird: Er unterscheidet nämlich zwischen individueller und produktiver Konsumtion. Produktive Konsumtion ist das, was in der Produktion geschieht. Es ist Produktion. In dieser werden Rohstoffe, Hilfsstoffe, menschliche Arbeitskraft verkonsumiert, um eine Ware zu schaffen: „Die Konsumtion des Arbeiters ist doppelter Art. In der Produktion selbst konsumiert er durch seine Arbeit Produktionsmittel und verwandelt sie in Produkte von höherem Wert als dem des vorgeschoßnen Kapitals. Dies ist seine produktive Konsumtion. Sie ist gleichzeitig Konsumtion seiner Arbeitskraft durch den Kapitalisten, der sie gekauft hat. Andrerseits verwendet der Arbeiter das für den Kauf der Arbeitskraft gezahlte Geld in Lebensmittel: dies ist seine individuelle Konsumtion. Die produktive und die individuelle Konsumtion des Arbeiters sind also total verschieden."[8]

Über die produktive Konsumtion wird in konsumkritischen Debatten selten gesprochen; in der Regel geht es um den individuellen Konsum. Wenn über Konsumentenmacht gesprochen wird, dann meint das nicht die KapitalistInnen als KonsumentInnen von Kapital und Arbeit, sondern die individuellen KonsumentInnen, die als Gegenmacht gegen die ProduzentInnen auftreten und mit ihren Konsumentscheidungen versuchen sollen und wollen, Einfluss zu nehmen auf die ProduzentInnen bzw. auf die Quantität und die Qualität der Produktion. Ein Widerspruch dabei ist, dass nicht die KapitalistInnen die ProduzentInnen sind, sondern wir, die ArbeiterInnen. Wenn man z. B. eine Konsumkritik üben will an zu viel Autoverkehr, selbst aber zur Lohnarbeit in der Autoindustrie gezwungen ist, dann sieht man sich mit einem existenziellen Widerspruch konfrontiert. Damit gehen Leute klug und dumm um. Die IG Metall oder die IG BCE gehen mit solchen Widersprüchen so um, dass sie Arbeitsplätze retten wollen, alles andere erscheint als nachrangig. Das gilt bei der IG Metall bis zur Waffenindustrie, bei der BCE bis zur Atomindustrie. Aber die Beschäftigten selbst führen teilweise durchaus kritischere Debatten. Nicht nur in der Autoindustrie diskutieren Beschäftigtengruppen, wie man mit dem Problem anders umgehen könnte als der Dichotomie Arbeitsplätze versus Ökologie. Wichtig ist, dass man sich erst einmal des Widerspruchs bewusst ist und diesen nicht verschleiert – so lange man den Kapitalismus noch nicht als Ganzen abgeschafft hat.

Wogegen richtet sich Konsumkritik? Sie drückt zuerst einmal Unzufriedenheit aus mit den zur Verfügung stehenden Produkten und zugleich muss sie den Anspruch eines Maßstabs von adäquatem Konsum haben, der sicher nicht immer klar und bewusst ist. Auf jeden Fall findet sich der Konsumkritiker oder die Konsumkritikerin nicht wieder in den Produkten, Konsumkritik ist also immer auch Ausdruck von Entfremdung der Menschen von dem von ihnen Produzierten. Entfremdung wie sie die kapitalistische Produktionsweise notwendig produziert. Marx zeigt sehr plausibel

---

8 Karl Marx, Das Kapital I, MEW 23, S. 596

im *Kapital*, dass die kapitalistische Produktionsweise dazu führt, dass der Mensch sich entfremdet von der äußeren und seiner inneren Natur, von sich selbst, von den anderen Menschen, von seinen eigenen Produkten und von der Gesellschaft; dass das also ein durch und durch entfremdeter Zusammenhang ist, der, anders als bei dem Philosophen Hegel, nur aufzuheben ist durch eine andere Produktionsweise. Darauf werde ich am Ende noch einmal eingehen. Bei Hegel, mit dem sich Marx in den *Ökonomisch-Philosophischen Manuskripten* kritisch auseinandersetzt, besteht generell eine Fremdheit zwischen Subjekt und Objekt. Sie wird durch die gedankliche Bewegung des Gedankengangs der „Phänomenologie" am Ende derselben aufgehoben. Marx kritisiert „dies denkende Aufheben, welches seinen Gegenstand in der Wirklichkeit stehnläßt"[9], weil Hegel gar nicht sehe, dass die Objekte selbst auch eine gesellschaftlich-historische Form haben und nicht nur eine methodisch-erkenntnistheoretische.

Analytisch kann man Konsumkritik unterscheiden in qualitative und quantitative. Empirisch ist sie natürlich oft beides. Zu qualitativer Konsumkritik würde ich z. B. Kritik an Atomkraft, Gentechnik bei Lebensmitteln, an der Massentierhaltung etc. zählen. Praktisch äußert sich das dann z. B. so, dass diese KritikerInnen nur noch Biofleisch kaufen oder nur noch Biogetreide, weil sie keine gentechnisch manipulierten Getreidesorten essen wollen. Ökonomisch gesehen weicht man damit erst einmal aus auf ein anderes – auch kapitalistisches – Marktsegment. Wenn man sich die Frage stellt, warum es zu solchen Phänomenen kommt wie Gentechnik oder Massentierhaltung, dann wird man eine Antwort in der Analyse des *Kapitals* finden. Es ist kein Zufall, dass es diese Versuche gibt, aus der Natur so viel wie möglich abzupressen – ungeachtet der Folgeschäden für Menschen und (deren) Natur. Das ist kein böser Wille der ProduzentInnen, der AgrarkapitalistInnen, sondern der Druck, den der Zwang zur Akkumulation in dieser Branche ausübt. Arbeit muss immer produktiver gemacht werden und entsprechend richtet man Natur zu, dass die Pflanzen schneller wachsen, die Reifeprozesse abgekürzt werden etc. Es ist letztlich egal, welche Qualität das Produkt am Ende dann hat und ob das langfristig eventuell zu großer Zerstörung führt. Solange es KundInnen gibt, die das beispielsweise genmanipulierte Produkt kaufen, war das Geschäft erfolgreich. Und es ist kein Zufall, dass dies erst in der Gesellschaft mit kapitalistischer Produktions-

---

9 Siehe Karl Marx, Ökonomisch-Philosophische Manuskripte, MEW 40, S. 582, siehe auch S. 573

weise passiert, sondern das ist die Konkretisierung der Zwänge des Kapitals in diesem Bereich: „Die kapitalistische Produktion entwickelt daher nur die Technik und Kombination des gesellschaftlichen Produktionsprozesses, indem sie zugleich die Springquellen alles Reichtums untergräbt: die Erde und den Arbeiter."[10]

Dass diese Form des kritischen Konsums nicht antikapitalistisch ist, kann man ganz schön sehen an der Bio- oder Ökoindustrie. Inzwischen gibt es Bio-Produkte bei ALDI, LIDL, Netto, Penny etc. Auf das Bedürfnis, Waren mit Bio-Label kaufen zu wollen, kann sich der Kapitalismus ganz gut einstellen, wenn die KonsumentInnen das verlangen. Da ist noch nichts Antikapitalistisches passiert. Ich will diese Entwicklung dennoch nicht schlechtreden, denn durch sie wurde immerhin eine Debatte darüber angestoßen, wie in unserer Gesellschaft oder in dieser Welt Lebensmittel *produziert werden*. Und das wird heute anders, kritischer debattiert als vor 60 Jahren, was insofern auch ein Fortschritt ist. Aber man muss natürlich sehen, dass die Bio-Lebensmittel-Industrie auch nur eine Form von Lebensmittelindustrie ist und in der Regel auch eine nach kapitalistischen Regeln funktionierende Industrie. Nachdem sich das Kapital nun an dieses Bio-Bedürfnis angepasst hat, findet man zunehmend Berichte darüber, dass es bei manchen Waren denn auch mit Bio, Öko etc. nicht so weit her ist.

Ein anderes Argument der qualitativen Konsumkritik sind die Arbeitsbedingungen der Beschäftigten. Auch hier ist die Fleischindustrie ein gutes Beispiel. Die Arbeitsbedingungen von AkkordschlachterInnen in der deutschen Fleischindustrie sind vorsintflutlich.[11] In der Regel sind das Menschen aus Bulgarien oder Rumänien, die per Werkvertrag als Scheinselbständige beschäftigt sind und die insofern unterhalb des Mindestlohnniveaus arbeiten. ÄrztInnen in der Nähe solcher Schlachthöfe berichten, dass sie PatientInnen hätten, die in den Schlachthöfen arbeiten, die total erschöpft seien. Sie müssen an sechs Tagen die Woche 12-15 Stunden ar-

---

10 Karl Marx, Das Kapital I, MEW 23, S. 530 – Auf das Problem der Naturzerstörung geht Marx besonders im zweiten Band des Kapital ein.
11 Ein Blick auf den Bericht über die Internationale „Fleischkonferenz" in Rheda-Wiedenbrück mag als Beleg genügen. https://www.ngg.net/pressemitteilungen/2016/4-quartal/19-10-chg/; Stefan Schoppengerd: Fett exportieren – Zur NGG-Fleischkonferenz, in: express. Zeitung für sozialistische Betriebs- und Gewerkschaftsarbeit, Nr. 10/2016

beiten.¹² Die Wohn- und Lebensbedingungen sind denen vergleichbar, die Marx im 19. Jahrhundert vorgefunden und im *Kapital* kritisiert hat.

Aber auch in anderen Branchen finden sich unsägliche Zustände. Als das Rana Plaza-Gebäude 2013 in Bangladesch einstürzte und mehr als 1100 Textil-ArbeiterInnen starben und 2000 verletzt wurden, gab es große Debatten über die Produktionsbedingungen bei der Herstellung von Kleidung z. B. bei H&M, KIK, die genauso gut (oder schlecht) auch bei Levi's und anderen sogenannten „Marken"-Herstellern sind. Es wurde versucht, über gesellschaftlichen Druck die ProduzentInnen und die VerkäuferInnen, also H&M und andere Firmen, dazu zu bringen, Codes of Conduct zu unterzeichnen und damit bestimmte Mindestarbeitsbedingungen zu garantieren – mit mäßigem Erfolg, denn es gibt solche Produktionsstätten immer noch. Von GewerkschaftsaktivistInnen, aber auch von MenschenrechtsaktivistInnen, wird deshalb eine Konsumkritik propagiert, die fordert, nicht mehr einzukaufen bei ProduzentInnen oder HändlerInnen, die nicht garantieren können, dass die ProduzentInnen unter halbwegs „anständigen" Bedingungen produzieren.

Aber was sind anständige Bedingungen in der Lohnarbeit? Die faulen Kompromisse hört man schon an den Formulierungen. Es geht um innerkapitalistische Verbesserungen, die das grundsätzliche Problem nicht lösen. Das ist leider auch bei gewerkschaftlichen Kampagnen wie z. B. der „Gute Arbeit"-Kampagne des DGB so. Nirgends wird hier mehr von der Aufhebung der Lohnarbeit gesprochen. Dennoch sind diese Debatten und Kämpfe sehr wichtig. Denn es ist existenziell von Bedeutung, ob ich in einem Sweatshop in Bangladesch arbeite oder bei einem Textilhersteller z. B. in Deutschland oder Italien. Nebenbei bemerkt, soll man auch nicht meinen, dass Hersteller von Ökoprodukten, die also große Rücksicht auf die äußere Natur nehmen, wie z. B. Alnatura, ebensolche Rücksicht auf die Arbeitsbedingungen ihrer Beschäftigten nähmen. Überhaupt ist festzustellen, dass sich viele Formen von Konsumkritik auf bestimmte Einzelaspekte konzentrieren, z. B. Tierschutz, aber von anderen Ungerechtigkeiten oder Zumutungen, z. B. den Lebens- und Arbeitsbedingungen der Lohnabhängigen, abstrahieren. Umgekehrt ist die gewerkschaftliche Kritik oft eine, die

---

12 Siehe TV-Dokumentation „Wir Sklavenhalter. Ausbeutung in Deutschland", Dokumentation von Joanna Michna, ARD 2016; in der Mediathek noch einsehbar bis 5. Dezember 2017: http://www.ardmediathek.de/tv/Reportage-Dokumentation/Wir-Sklavenhalter-Ausbeutung-in-Deutsch/Das-Erste/Video?bcastId=799280&documentId=39352580

es mit dem Ökologie-Problem nicht so genau nimmt, sondern nur auf die Arbeitsbedingungen schaut.

Eine andere Form von Konsumkritik ist das so genannte „Containern", auch „Dumpstern" genannt, also die Mitnahme weggeworfener Lebensmittel aus Abfallcontainern von Supermärkten oder Fabriken. Betrachtet man das als Bewegung, dann wird sie als Teil der Freeganism-Bewegung angesehen, deren Anhänger den eigenen Lebensunterhalt möglichst unabhängig von über Geld reguliertem Konsum zu bestreiten versuchen und die sich oft selbst als antikapitalistisch verstehen. Hier wird die Überproduktion von Lebensmitteln thematisiert, die in dieser spezifischen Form nur in kapitalistischen Gesellschaften denkbar ist. Keine bislang bekannte Gesellschaftsform in der Geschichte der Menschheit hätte so viele Lebensmittel überproduziert und weggeworfen und *gleichzeitig* jedes Jahr fast neun Millionen Menschen, darunter drei Millionen Kinder, verhungern lassen. Das ist so verrückt, dass es nur innerhalb des Kapitalismus denkbar ist. Denn in diesem gilt nur diejenige Nachfrage, die Geld besitzt. Das verhungernde, aber mittellose Kind in Somalia existiert aus der Perspektive des Kapitals als Nachfrage gar nicht.

Die Kritik, die die Praxis des Containerns verkörpert, ist sehr ambivalent, denn man könnte ihr vorwerfen, dass sie absolut immanent bleibt, weil sie sich darauf verlässt, dass der Kapitalismus Überflüssiges produziert. Sie verändert – außer dass sie das thematisiert – gar nichts an den Verhältnissen. Das ist aber nur eine Seite. Die Konzerne sehen das durchaus sehr kritisch und wehren sich gegen die Praxis, dass man ihnen ihren Abfall stiehlt; zum Teil verklagen sie die Leute sogar. Sie haben ein Interesse daran, dass man ihre Waren kauft.

Die interessante Seite an dieser Praxis ist meines Erachtens, dass dies eine Form der Konsumkritik ohne Konsumverzicht ist, weil man sich das, was man will, kostenlos nimmt und – weil der Zwang zur Lohnarbeit sich durch diese Lebensform reduziert, da man nicht mehr so viel Geld braucht und mehr freie Lebenszeit hat. Das ist ein Moment, das auch für Marx ganz wichtig ist,[13] denn wenn man weniger lohnarbeiten muss, hat man mehr Zeit für andere Dinge wie die kritische Reflexion etc. Das hat also emanzipatorische Momente, weil man sich so, bestenfalls noch kollektiv, dem Konsumzwang und ein Stück weit auch dem Arbeitszwang entzieht.

Eine andere Variante der Konsumkritik ist tatsächlich der Verzicht, aber nicht im Sinne der Askese, sondern in dem Sinn, dass man sich möglichst

---

13 Vgl. Karl Marx, Das Kapital III, MEW 25, S. 828

emanzipiert von Moden, Statussymbolen, Marken etc. Es geht also um den Verzicht auf etwas, was fürs tägliche Leben sowieso überflüssig ist, was man aber aus Gründen des Distinktionsgewinns oder auch des „Dabeisein-wollens" meinte zu brauchen. Eine Emanzipation also vom Marketing des Kapitals – soweit das geht und in unserer individuellen Macht steht.

Wir wissen aus der Marx'schen Fetischismusanalyse, wie mächtig die Verkehrungen wirken und wie auch wir KritikerInnen ihnen ausgesetzt sind. Wir wissen aber auch, dass diesem Verhalten von unserem individuellen Vermögen unabhängige Zwangsgrenzen gesetzt werden. Denn das Kapital reagiert mit der Produktion von kurzlebigen Geräten und Maschinen; ein gutes Beispiel dafür sind Drucker für Computer oder Akkus. Ob es sich hierbei um eingebaute Verfallsdaten handelt, also geplante Obsoleszenz, ist umstritten.[14] Klar scheint mir aber Folgendes: Während noch in den 1960er Jahren die Werbung für den VW-Käfer war: „Er läuft und läuft und läuft", verschleißen bestimmte Teile heute sehr viel schneller, die dann zu teuren Reparaturen oder auch zu Neukauf zwingen. Eine andere Variante ist es, die Nutzer vermittelt über politische Vorgaben zu zwingen, neue Autos oder Kühlschränke zu kaufen, Politik wird in Krisenzeiten zur Krücke schwächelnder Produktionsbereiche. Es bleibt die Frage, wie z. B. die deutsche Autoindustrie ohne Konjunkturprogramme durch die Krise gekommen wäre. Bisweilen, wie beim FCKW-freien Kühlschrank oder dem schadstoffarmen Auto, erweist sich die Ökologiedebatte als wichtiges Vehikel für die Industrie, die Konsumenten zum Kauf ihrer – neuen – Produkte zu zwingen. Freilich hat die Industriepolitik auch den umgekehrten Effekt, dass sie ökologische Fortschritte verhindert, wenn diese der Kapitalakkumulation im Weg stehen.

Für die KonsumentInnen sind solche Entscheidungen nicht nur von ihrem eigenen Willen abhängig. Wenn man heutzutage teilhaben will an der universalen Kommunikation über Internet und die entsprechenden Geräte, Rechner, Smartphones etc. braucht, ist man auf den technischen Support der Großkonzerne angewiesen, den man mit solchen Dingen wie Open Source-Programmen etc. nur zum Teil umgehen kann. Die Hardware lässt sich eben nicht so leicht selbst im Kollektiv bauen

---

14 Horand Knaup / Stefan Schultz: Geräte-Verschleiß. Wege aus der Wegwerfgesellschaft, in: Der Spiegel, 13.2.2016; Stefan Schridde und Christian Kreiß: Geplante Obsoleszenz. Gutachten Bundestagsfraktion Bündnis 90 / Die Grünen; weitere Literatur siehe wikipedia-Eintrag zu Geplante Obsoleszenz

Von dieser Form komme ich nun zu so etwas wie einer quantitativen Konsumkritik, die ganz abstrakt darauf hinausläuft, dass es zu viel Konsum gebe. Das geht oft einher mit Wachstumskritik. Die sogenannte Postwachstums-Debatte knüpft hier an. Auch diese Kritik ist ambivalent und muss meines Erachtens sehr genau aufpassen, dass sie nicht einfach den gemütlichen privilegierten Standpunkt der Mitglieder der entwickelten Industriegesellschaften reproduziert. Ganz abstrakt formuliert als Forderung nach Stopp des Wachstums oder gar Schrumpfung halte ich sie für falsch. Ich will das an einem Beispiel deutlich machen: So lange es auf der Welt mehr als eine Milliarde Menschen gibt, die nicht über eine Toilette bzw. sanitäre Anlagen verfügen, die eine Bedingung menschenwürdigen Lebens sind, so lange Menschen millionenfach an Krankheiten sterben, die man heutzutage in anderen Teilen der Welt heilen oder behandeln kann, würde und werde ich politisch dafür kämpfen, dass es so lange Wachstum in der Toilettenindustrie und bei den entsprechenden Medikamenten geben soll, bis diese Bedürfnisse abgedeckt sind.

In den globalen gesundheitspolitischen Debatten argumentieren die AktivistInnen aus Asien oder Afrika diesbezüglich mit der Lebenserwartung von 80 Jahren und mehr, die wir hier in Europa und in Nordamerika durch unsere Lebensverhältnisse erreichen. Wer sollte den Menschen in anderen Teilen der Welt das Recht absprechen können, Lebensverhältnisse zu fordern, die ihnen eine ebensolche Lebenserwartung ermöglichen? Jetzt einfach aus unserer Gesellschaft heraus Wachstum abstrakt zu kritisieren ohne qualitative Kriterien, schließt massenhaft Menschen auf dieser Erde von Errungenschaften der Zivilisation aus und verlängert oder reproduziert globale historische Herrschaftsverhältnisse oder betreibt schlichtweg einen kolonialen Diskurs. Daran kann und will eine emanzipierte Linke sich nicht einfach unreflektiert beteiligen, sondern sie muss diesen kritisieren.

Gleichzeitig wissen wir, dass unser Lebenswandel zum ökologischen Kollaps führen würde, wenn er allen Menschen auf der Erde praktisch zustünde. Wir kommen also nicht darum herum, auch aus diesem Grund gesellschaftliche Verteilungsdebatten zu führen, die allerdings die Verteilung der Macht über die Produktionsmittel einschließen müssen. Alleine eine Debatte über die Verteilung des bereits produzierten Warenbergs in Gestalt einer Konsumkritik zu führen, wird den gesellschaftlichen Problemen, mit denen wir konfrontiert sind, nicht gerecht. Wenn man Konsumkritik also betreiben will mit qualitativen Kriterien und nicht in diese Fallstricke geraten will, dann muss man sich darüber im Klaren sein, dass Wachstum für die kapitalistische Produktionsweise notwendig, dieser also immanent ist. Zur kapitalistischen Produktionsweise, das hat Marx im *Kapital* hinreichend gezeigt, gehört die Akkumulation von Wert und Mehrwert – unabhängig davon, an welchen Gebrauchswerten diese nun hängen. Der brutale und gewalttätige Zwang zu Wachstum entsteht aus den immanenten Zusammenhängen der kapitalistischen Produktion, die vermittelt werden über die universale Konkurrenz. Wenn man diese Form des Wachstums kritisieren will, muss man sich darüber im Klaren sein, dass man den Kapitalismus als solchen angreift. Die Vorstellung, man könne dieses Wachstum einfach drosseln, ist naiv. Das ist die sozialdemokratische Illusion, dass man den Kapitalismus möglichst produktiv weiterbetreiben, aber seine Auswüchse bändigen könne. Wenn wir eine qualitative Debatte führen wollen darüber, was hier wachsen soll und was nicht, was wir konsumieren wollen und was wir abschaffen wollen, dann müssen wir uns Gedanken machen über eine grundsätzliche Kritik an der kapitalistischen Produktionsweise. Eine Kritik an Überproduktion in bestimmten Bereichen oder an ökologischen Problemen kann man immer und sinnvollerweise ein Stück weit führen und sogar umsetzen, ein historisches Beispiel dafür ist im Moment die Atomkraft, wo diese Kritik anscheinend in Deutschland gefruchtet hat. Die Überproduktion und mit ihr systematische Ausbeutung und Naturzerstörung bleiben dennoch immanent. Und es gibt auch die gegenteiligen Beispiele von Politik, wie man an dem neuen US-Präsidenten Trump und seiner Ignoranz gegenüber der Umweltproblematik sieht.

Erst wenn man Konsumkritik und Wachstumskritik als Kritik der produktiven Konsumtion betreiben würde, käme man auf die Ebene einer substantiellen Kapitalismuskritik. Aber dann stellt man sich natürlich die ungleich größere Aufgabe, für die Marx in der *Kritik der politischen Ökonomie* erst einmal „nur" die Bedingungen angibt. Mit der Entwicklung des Kapitalbegriffs entfaltet er zunächst in Form der Kritik die Momente, die abgeschafft werden müssten, damit man zu einer anderen Form der Produktion und damit auch der Konsumtion (und Verteilung) käme. Eine Kritik der Konsumtion unabhängig davon zu betreiben, wie die Dinge produziert werden, kann immer nur kapitalimmanent bleiben. Sie kann zwar durchaus innerkapitalistisch zu kleinen, für manche Menschen auch existentiellen Verbesserungen oder Veränderungen führen, aber eben nicht zu grundsätzlichen.

Grundsätzliche Veränderungen herbeizuführen, hieße auch, überhaupt erst einmal auf der Ebene des Kapitals als weltweiter Vergesellschaftungsform zu diskutieren, perspektivisch also die Aufhebung dieser Produktionsweise im Maßstab des Weltmarkts anzugehen, nicht im lokal-ökologischen

Klein-Klein, nicht in Deutschland zu verharren; selbst die EU-Ebene wäre da noch zu klein. Wir haben nicht mehr als eine Weltaufgabe, bei der es darum geht, Wert, Geld und Kapital (und natürlich auch Nation und Staat) abzuschaffen. Erst dann wäre nachzudenken über eine nicht-entfremdete Welt, so würde das der frühe wie der Marx des *Kapitals* formulieren. Dann erst überhaupt könnte man darüber reden, was wir eigentlich konsumieren wollen und die Trennung von innerer und äußerer Natur aufheben in dem Sinne, dass man das in einer anderen Weise diskutieren könnte. Dann könnte man gesellschaftlich über anderen Konsum sprechen. Zugleich ist natürlich darüber zu diskutieren, dass politische oder soziale Bewegung im Lokalen, im Kleinen – geographisch wie theoretisch – beginnt und wie die Vermittlungsschritte zu den großen Fragen und Aufgaben zu leisten wären. Der von Bertolt Brecht zu Recht gelobte Revolutionär „organisiert seinen Kampf, Um den Lohngroschen, um das Teewasser, Und um die Macht im Staat".[15]

In den Pariser Manuskripten beschreibt Marx das noch unter Rückgriff auf den Begriff des Gattungswesens, den er später nicht mehr verwendet, so: „Eben in der Bearbeitung der gegenständlichen Welt bewährt sich der Mensch daher erst wirklich als ein *Gattungswesen*. Diese Produktion ist sein werktätiges Gattungsleben. Durch sie erscheint die Natur als *sein* Werk und seine Wirklichkeit. Der Gegenstand der Arbeit ist daher die *Vergegenständlichung des Gattungslebens des Menschen*: indem er sich nicht nur wie im Bewußtsein intellektuell, sondern werktätig, wirklich verdoppelt und sich selbst daher in einer von ihm geschaffnen Welt anschaut."[16]

Das ist meines Erachtens eine Beschreibung von Marx für gesellschaftliche Emanzipation: Nicht wie wir aktuell als entfremdete Individuen auf eine durch unsere Lohnarbeit und Waren durchwirkte Welt schauen und uns dabei selbst fremd sind, sondern wir Menschen schauen uns als Gattungswesen, also als gesellschaftliche Wesen (oder zusammen mit den anderen), an in einer von uns selbst geschaffenen Welt. Im *Kapital* wird Marx das nicht mehr so formulieren, aber als Perspektive der praktischen gesellschaftlichen Selbstorganisation bleibt das bei ihm erhalten. Erst dann wäre Konsumkritik so etwas wie ein gesellschaftlicher und demokratischer Auseinandersetzungsprozess: Was wollen wir wie produzieren und in welchen Größenordnungen und worauf sind wir bereit, aus Vernunftgründen

---

15 Bertolt Brecht: Kantate zu Lenins Todestag, 8 Lob des Revolutionärs, Gesammelte Werke in 20 Bänden, Bd. 9, Frankfurt am Main 1967, S. 691
16 Karl Marx, Ökonomisch-Philosophische Manuskripte, S. 517

zu verzichten? Was wollen wir unbedingt haben? Alles das sind Fragen, die sich dann stellen und die dann in komplizierten Aushandlungsprozessen zu entscheiden sein werden.

Das ist eine andere Vorstellung von Kommunismus als man sie z. B. in Parteilehrbüchern findet: Dort wird der Kommunismus so vorgestellt, dass die Produktivkräfte so enorm entwickelt sind, dass viele Entscheidungsprozesse überflüssig scheinen. Da äußert sich meines Erachtens ein Produktivitätsfetisch, der als Abziehbild des Kapitalismus den Wachstumszwang und die Produktivitätsentwicklung ungebrochen in den Kommunismus überträgt und davon träumt, dass sich die Menschheit dann alles unterwerfen kann, was ihr beliebt. Das ist nicht die Perspektive von Marx. Bei ihm heißt es dagegen in den Frühschriften – und es wäre bei anderer Gelegenheit zu diskutieren, wie das anders zu formulieren wäre vor dem Hintergrund einer kritischen Begrifflichkeit, wie er sie im *Kapital* erarbeitet hat: „Der *Kommunismus* als *positive* Aufhebung des *Privateigentums als menschlicher Selbstentfremdung* und darum als wirkliche *Aneignung* des *menschlichen* Wesens durch und für den Menschen; darum als vollständige, bewußt und innerhalb des ganzen Reichtums der bisherigen Entwicklung gewordne Rückkehr des Menschen für sich als eines *gesellschaftlichen*, d. h. menschlichen Menschen. Dieser Kommunismus ist als vollendeter Naturalismus = Humanismus, als vollendeter Humanismus = Naturalismus, er ist die *wahrhafte* Auflösung des Widerstreites zwischen dem Menschen mit der Natur und mit dem Menschen, die wahre Auflösung des Streits zwischen Existenz und Wesen, zwischen Vergegenständlichung und Selbstbestätigung, zwischen Freiheit und Notwendigkeit, zwischen Individuum und Gattung. Er ist das aufgelöste Rätsel der Geschichte und weiß sich als diese Lösung."[17]

(Ich danke Thomas Kunkel für konstruktive Kritik, die den Text verbessert hat.)

---

17 Karl Marx, Ökonomisch-Philosophische Manuskripte, S. 536

Literaturverzeichnis

Bertolt Brecht: Kantate zu Lenins Todestag, 8 Lob des Revolutionärs, Gesammelte Werke in 20 Bänden, Bd. 9, Frankfurt am Main 1967

Heinrich Heine: Deutschland ein Wintermärchen (1844), Werke und Briefe, Bd. 1, Berlin / Weimar 1972

Horand Knaup / Stefan Schultz: Geräte-Verschleiß. Wege aus der Wegwerfgesellschaft, in: Der Spiegel, 13.2.2016

Tomasz Konicz: „Faule Griechen, fleißige Deutsche – deutsche Krisenlösungen für Europa", Vortrag in der Reihe „Irrwege der Kapitalismuskritik"; in: https://akutplusc.wordpress.com/projekte/irrwege-der-kapitalismuskritik-vortragsreihe/faule-griechen-fleisige-deutsche-deutsche-krisenlosungen-fur-europa/

Karl Marx: Das Kapital. Kritik der politischen Ökonomie I-III, MEW 23-25, Berlin 1989

Karl Marx: Ökonomisch-Philosophische Manuskripte 1844, MEW 40, Berlin 1990

NGG: Bericht über die Internationale „Fleischkonferenz" in Rheda-Wiedenbrück, in: https://www.ngg.net/pressemitteilungen/2016/4-quartal/19-10-chg/

Stefan Schoppengerd: Fett exportieren – Zur NGG-Fleischkonferenz, in: express. Zeitung für sozialistische Betriebs- und Gewerkschaftsarbeit, Nr. 10/2016

Stefan Schridde / Christian Kreiß: Geplante Obsoleszenz. Gutachten Bundestagsfraktion Bündnis 90 / Die Grünen 2013

„Was wir sehen, ist eine neue Revolution" – Theaterkarten für Nudeln, Faschisten im Aufwind: Intendant Sotiris Hatzakis über Griechenland und seine Krise, in: Süddeutsche Zeitung, 4.5.2012

„Wir Sklavenhalter. Ausbeutung in Deutschland", Dokumentation von Joanna Michna, ARD 2016; http://www.ardmediathek.de/tv/Reportage-Dokumentation/Wir-Sklavenhalter-Ausbeutung-in-Deutsch/Das-Erste/Video?bcastId=799280&documentId=39352580

Maximilian Hauer

Die Grenzen der Schrumpfung

Kritische Bemerkungen zu Theorie und Praxis der Postwachstumsbewegung

1. Die *Grenzen des Wachstums*

Volkswirtschaftlichen Studien ist in der Regel keine Karriere als Bestseller vergönnt. Anders liegt der Fall, wenn, was als dröges Rechenwerk von Spezialisten daherkommt, tatsächlich Existenzielles verhandelt. Hierin liegt wohl ein Grund für den außerordentlich großen und langanhaltenden Erfolg der Studie *Grenzen des Wachstums* von 1972.[1] Erstellt von einem illustren Konsortium internationaler WissenschaftlerInnen und finanziert von der Volkswagenstiftung verkaufte sich dieser „Bericht des Club of Rome zur Lage der Menschheit" nicht nur weltweit über 30 Millionen mal, sondern trug auch maßgeblich dazu bei, die ökologische Frage dauerhaft in der politischen Öffentlichkeit zu verankern. Nicht zuletzt nimmt die in der Studie artikulierte Wachstumskritik viele Motive der Postwachstumsbewegung vorweg, die seit einigen Jahren an Zulauf gewinnt.

In ihrem Bericht berechneten Dennis Meadows und sein Team verschiedene Modelle einer zukünftigen Entwicklung der Weltgesellschaft. Grundlage der Berechnungen war ein umfangreiches Datenmaterial zu glo

---

[1] Meadows, Grenzen des Wachstums. Der kommunistische SED-Dissident Wolfgang Harich unterzieht die Studie einer sehr lesenswerten Analyse, siehe Kommunismus ohne Wachstum?, S. 48-108. Seine eigenen Vorschläge sind allerdings ebenfalls sehr kritikabel.

balen Entwicklungstrends, etwa zur beschleunigten Industrialisierung, zum anhaltenden Bevölkerungswachstum und der fortschreitenden Ausbeutung von Rohstoffreserven. Diese Prozesse werden in ihrem komplexen, systematischen Zusammenspiel und ihrer historischen Dynamik analysiert.[2] Ein Novum war der intensive Einsatz moderner Computertechnologie, mit deren Hilfe aus den Daten verschiedene Zukunftsszenarien simuliert werden konnten. Die Schlüsselaussage des Buches war wenig erbaulich: Da die untersuchten Prozesse bislang allesamt nach dem Muster exponentiellen Wachstums verlaufen, die Welt aber ein in sich vielfach begrenztes Ökosystem darstellt, steuert die Zivilisation rasant auf ihren Zusammenbruch zu. Dieser Zusammenbruch wird sich, bei unvermindertem exponentiellem Wachstum, in der zweiten Hälfte des 21. Jahrhunderts vollziehen, wenn die Weltgesellschaft an die absoluten Grenzen des Wachstums stößt. Voraussichtlich werden Milliarden Menschen in diesem Selbstzerstörungsprozess der Zivilisation ums Leben kommen.[3]

Nach Jahrzehnten, in denen das Wirtschaftswunderwachstum den ganzen Stolz besonders der deutschen Bevölkerung ausgemacht hatte, eröffneten die ForscherInnen der verblüfften Öffentlichkeit, dass sie trotz friedlicher Koexistenz und wissenschaftlich-technologischen Erfolgen keineswegs auf dem Weg zum ewigen sozialen Frieden wandelte. Rauchende Schlote und volle Schaufenster seien nicht nur willkommene Zeichen von Wohlstand und Fortschritt, wie der trügerische Augenschein uns glauben lässt. Im Spiegel der Computeranalyse entpuppen sie sich vielmehr umgekehrt als Momente eines Katastrophenszenarios.

Nicht nur die gerade wegen ihrer professionellen Nüchternheit bestechenden Mahnrufe, sondern auch die vorgeschlagenen Mittel zur welthistorischen Kurskorrektur ließen aufhorchen: Ein ausschließlich technologischer Lösungsansatz sei außerstande, die Ökoapokalypse aufzuhalten.[4] Eine Rettung der Menschheit vor ihrem autodestruktiven Gebaren setze vor allem effektive, sofortige Maßnahmen zum Stopp von Bevölkerungs- und industriellem Wachstum voraus. Denn „[w]enn man von der Annahme ausgeht, Bevölkerungswachstum und Kapital dürften nicht beschränkt werden und sollten sich selbst einpegeln, ist es einfach unmöglich, irgend-

---

2 Siehe Meadows, Grenzen des Wachstums, S. 23 f.
3 Für die verschiedenen errechneten Entwicklungsmodelle des Weltsystems siehe ebenda, S. 110 ff.
4 Siehe ebenda, S. 128 ff.

welche Maßnahmen zu finden, die dieses Überschießen von Grenzen verhindern könnten".[5]

So plastisch die mit Graphen und Zahlen reich illustrierten Mahnungen vor dem Zusammenbruch auch ausfallen, so desinteressiert zeigen sich die AutorInnen des *Club of Rome* an den Ursachen für den exponentiellen Verlauf ihrer Funktionskurven. In positivistischer Genügsamkeit enthalten sie sich aller Gesellschaftstheorie und lassen nur die Daten sprechen, wie sie nun einmal gegeben sind. *Warum* überhaupt jedes Jahr mehr produziert wird, als im vorangegangenen, *wie* und *woher* plötzlich im 18. Jahrhundert die ungeheure Dynamik in die Welt kam, die sich in ihren Längsschnitten abspiegelt – all dies scheint kaum einmal der Frage wert zu sein.[6]

Ähnlich wolkig bleiben die WissenschaftlerInnen in der Beantwortung der Frage, *wer* denn das große Werk der Wachstumswende vollbringen soll. „Sehr große Anstrengungen wären erforderlich, um eine selbstauferlegte Beschränkung des Wachstums zu erreichen. Man müsste lernen,

---

5   Meadows, Grenzen des Wachstums, S. 129. Der Bericht verwendet Begriffe wie „Kapitalwachstum" (S. 45), „Industrialisierung" (S. 25) und „Industrielle[s] Kapitalwachstum" (S. 147) als Synonyme. In diesen Begriffen drückt sich eine ideologische Verschmelzung von zwei Momenten aus, die in einer kritischen Analyse streng zu trennen sind: die *stoffliche* Seite des Produktionsprozesses als *industriellem Arbeitsprozess* einerseits und die *soziale* Formbestimmung des Produktionsprozesses als *kapitalistischem Verwertungsprozess* anderseits. Siehe Marx, *Das Kapital I*, S. 192 ff. Weiterhin wird die Industrie durch die Terminologie des *Club of Rome* einseitig als „Produktivkraft, die das Kapital von Natur besitzt, als seine immanente Produktivkraft" (ebd., S. 353) bestimmt. Marx betont dagegen, dass die Industrie keine geniale Erfindung des Kapitals ist, sondern ein Ausdruck des menschlichen „Gattungsvermögen[s]" (ebd., S. 349), der „gesellschaftliche[n] Produktivkraft", die „der Arbeiter als gesellschaftlicher Arbeiter entwickelt" (ebd., S. 353) und die vom Kapital „unentgeltlich" (ebd.) angeeignet und für seine Zwecke verwendet wird. Es handelt sich hier also zunächst um einen realen gesellschaftlichen Enteignungsprozess. Eine Unkritische Theorie, wie die von Meadows, verdoppelt diesen gesellschaftlichen Enteignungsprozess noch einmal in ihrer Begriffsbildung. Sie tilgt die Spuren dieser Enteignung, anstatt sie kenntlich zu machen.

6   An einer Stelle wird die Frage aufgeworfen, warum es seit 1650 zu einem rasanten Wachstum der Weltbevölkerung gekommen sei? Die Antwort liege darin, dass „der Mensch" „[s]eitdem (…) viele neue Techniken entwickelt [habe]" (Meadows, Grenzen des Wachstums, S. 28). Eben diese enorme technologische Entwicklung ist aber selbst hochgradig erklärungsbedürftig und verlangt nach einer gesellschaftstheoretischen Auflösung! Instruktiv ist in diesem Zusammenhang das Buch von Lefèvre, Naturtheorie und Produktionsweise.

sehr viele Dinge in völlig anderer Art zu tun. Die Erfindungsgabe, Anpassungsfähigkeit und Selbstdisziplin der Menschheit würden auf eine harte Probe gestellt."[7] Neben solchen philanthropischen Gemeinplätzen ist vor allem das Vorwort aufschlussreich. Im Stil eines Fürstenspiegels, der durch schmeichelhafte Widmungen Gunst und Gehör der Mächtigen zu gewinnen sucht, legt auch der *Club of Rome* arglos seine Absicht offen, mit dem Bericht vor allem „die politischen Entscheidungsträger in aller Welt zur Reflexion über die globale Problematik der Menschheit anzuhalten".[8] Es handelt sich hier somit weniger um ein politisches als vielmehr um ein technokratisches Projekt: Es geht nicht um eine Konfrontation mit den ManagerInnen der Umweltverschmutzung, sondern um den Versuch, mit den entsprechenden Ökoexpertisen in das Co-Management der bestehenden Gesellschaft einzusteigen.

2. Vom *Club of Rome* zur *Décroissance*

Bereits kurz nach Veröffentlichung der *Grenzen des Wachstums* tauchte erstmals das Schlagwort „Décroissance" (auf deutsch etwa „Entwachstum") in Texten französischer Gesellschaftskritiker auf. Es sollte jedoch weitere 30 Jahre dauern, bis sich Anfang des neuen Jahrtausends eine institutionell konsolidierte politische Strömung herauszubilden begann, die die Wachstumskritik zum Dreh- und Angelpunkt ihres Handelns erklärte. Ihre RepräsentantInnen sammeln sich heute international unter verschiedenen Namen wie „Postwachstum", oder „Degrowth". Während besonders Frankreich, aber auch Italien und Spanien schon länger als Zentren gelten können, hat die Bewegung in Deutschland erst in den letzten Jahren Fahrt aufgenommen.[9] Von dem erstarkten Interesse zeugen nicht nur zahlreiche schrumpforientierte Konzept- und Netzwerke oder der Andrang bei der IV. Internationalen Degrowth-Konferenz, zu der sich im September 2014 über 3000 BesucherInnen in Leipzig einfanden, sondern auch eine Vielzahl an Veröffentlichungen.

---

7 Meadows, Grenzen des Wachstums, S. 153.
8 Ebenda, S. 9. Siehe dazu Harich, Kommunismus ohne Wachstum?, S. 92, 95, 106.
9 Siehe zur Geschichte der Bewegung Muraca, Gut leben, S. 25-36.

Degrowth erschließt sich vor dem Hintergrund einer sich global zuspitzenden sozialökologischen Krise und dem moralischen Bankrott der grünen Parteien. Diese sind zwar aus den Umweltbewegungen der 1970er Jahre hervorgegangen, haben ihre einstigen Grundsätze „ökologisch, sozial, basisdemokratisch und gewaltfrei" zu handeln (*Die Grünen*, Bundesprogramm 1980), aber bereits seit langem aufgegeben. Das heißt bekanntlich nicht, dass *Die Grünen* politisch erfolglos waren. Im Gegenteil: Die von ihnen verkörperte Synthese von smartem Unternehmertum und ökologischem Bewusstsein ist tonangebend für das globale Ökokrisenmanagement. Das Konzept der *Green Economy* wird weit über das grüne Milieu hinaus als Weg aus der Klima- und Weltwirtschaftskrise gleichermaßen gehandelt. Die frohe Botschaft lautet, dass eine brummende Kapitalverwertung und eine Sicherung der natürlichen Lebensgrundlagen sich weder ausschließen noch behindern, sondern in einem geradezu symbiotischen Verhältnis zueinander stehen.

Wie sich das anhört, kann man in Ralf Fücks' Beitrag im *Postwachstums-Reader* nachlesen. Fücks, Vorstand der grünen *Heinrich Böll-Stiftung*, versucht darin, „Begeisterung"[10] für die Vision einer „neuen Gründerzeit"[11] im Geiste eines „European Green New Deal"[12] zu wecken. Der abwärts taumelnde europäische Kapitalismus brauche den rasch wachsenden Sektor der grünen Technologien als Zugpferd, um sich mittelfristig mit den aufstrebenden Ökonomien der Schwellenländer noch messen zu können, deren Aufstieg, nebenbei bemerkt, in Form eines „alten, ressourcenfressenden und umweltzerstörenden Wachstums"[13] vonstattengeht. Pfui! Indem das deutsch-europäische Kapital mit seinem grünen Vorstoß sein partikulares Interesse in der Konkurrenz der kapitalistischen Nationen durchsetzt, tut es gleichzeitig noch einen guten, einen Dienst an der Allgemeinheit, in-

---

10 Fücks, Öko-Biedermeier vs. ökologische Moderne, S. 149. Fücks' polemische Kritik am Öko-Biedermeier ist treffend, wenn er etwa den religiösen Charakter der Angst vor einer die menschliche Hybris strafenden Natur anspricht, die snobistische Bigotterie eines materiell abgesicherten Postmaterialismus ausstellt, den inhärenten Konservatismus einer Ethik des „Maßhaltens" hervorhebt und die Nähe der Wachstumskritik zu einer antidemokratischen Diktatur über die Bedürfnisse skandalisiert. Zugleich ist sein Liberalismus so euphorisch und zukunftsfroh, dass er in einer Publikation der 2010er Jahre beinahe anachronistisch wirkt.
11 Ebenda, S. 147.
12 Ebenda, S. 146.
13 Ebenda, S. 147.

dem die von unserem Kontinent ausgehende, neue industrielle Revolution „zur Entkopplung von wirtschaftlicher Wertschöpfung und Naturverbrauch führt".[14] Hinter der Idee des nachhaltigen Wachstums verbirgt sich das Versprechen einer Befreiung der Kapitalakkumulation von lästigen Naturschranken. So soll sich die für den Kapitalismus charakteristische, selbstreferentielle Produktion um der Produktion des Profits willen unendlich fortsetzen lassen. Um dieses nachhaltige Wachstum anzuschieben, braucht es allerdings zunächst eine „Investitionsoffensive"[15] von staatlicher Seite, die den Heilsbringer *Green Economy* in die Spur bringt und nebenbei soll das alles auch noch den „Aufstieg von Milliarden Menschen aus bitterer Armut in eine moderne Lebensweise"[16] abwerfen.

Auf einer UNO-Klimakonferenz oder im Bundestag wäre Fücks' öko-liberaler Gründerenthusiasmus vermutlich gut angekommen. Im *Postwachstums-Reader* ist er mit seinen Ansichten allein auf weiter Flur. Denn die Skepsis gegenüber der Möglichkeit jener „Entkopplung" markiert genau den Scheidepunkt zwischen den VertreterInnen von *Green Economy* und jenen des Postwachstums. Letztere begreifen die Verbindung von Wirtschaftswachstum und Biosphäre als gescheiterte Ehe, in der die Natur gegenüber der Ökonomie stets das Nachsehen hat. Aus dieser Erkenntnis ziehen sie die Konsequenz, dass die Belange der Ökonomie der Ökologie untergeordnet werden sollen. Analog zu der Frischzellenkur, die neue populistische Parteien wie *Syriza* oder *Podemos* dem darniederliegenden sozialdemokratischen Reformismus angedeihen lassen wollen, möchte Degrowth die durch die Integration der grünen Parteien entstandene Leerstelle eines glaubwürdigen Ökoreformismus ausfüllen.

3. Kulturkritik

Doch wird nicht allein die Biosphäre dem „Wachstumsfetisch" als Opfer dargebracht, auch das seelische Wohlbefinden bleibt auf der Strecke. Nicht allein Ökonomie und Politik seien dem Zwang zum Wachstum unterworfen, auch die persönliche Lebensführung unterliege dem Zwang zur permanenten Selbststeigerung, zur ständigen Optimierung des Lebenswegs: „Das

---

14 Fücks, Öko-Biedermeier vs. ökologische Moderne, S. 147.
15 Ebenda, S. 146.
16 Ebenda, S. 145.

Prinzip der Unendlichkeit herrscht nicht nur draußen, sondern eben auch in einem selbst."[17] Der nationalökonomische Begriff des Reichtums als messbare Quantität von Geld und materiellen Gütern habe die Vorstellungswelten des modernen Menschen kolonisiert, ihn zum Sklaven eines besinnungslosen Konsums gemacht und sein Streben von den wesentlichen Gütern des Lebens abgelenkt. Auch diese kultur- und konsumkritischen Einlassungen sind natürlich alles andere als neu, Vergleichbares hat sich spätestens seit den 1970er Jahren auch in der Linken verbreitet, man denke etwa an Erich Fromms *Haben oder Sein*.

Gleichwohl verwundert der erschöpfte Ruf nach „Entschleunigung" kaum in Anbetracht zeitgenössischer kapitalistischer Arbeitsverhältnisse, in denen das Arbeitsrecht ausgehöhlt, unbedingte Flexibilität zur Norm erhoben und die Konkurrenz zwischen den ArbeitskraftunternehmerInnen forciert wurde. Auch die Beobachtung, dass die Verehrung bestimmter Starwaren sakrale Züge annimmt, leuchtet ein. Man denke nur an das kultische Brimborium um die Elektronikartikel der Firma *Apple*, deren Gründer Steve Jobs sich jahrelang wie ein New-Age-Guru inszeniert hat.

Während die beklemmenden Erfahrungen des Alltagslebens in der marxistischen Tradition oftmals unter dem Radar bleiben, will Degrowth gerade an solchen zeittypischen Erlebnissen und Stimmungen ansetzen. In der Regel tendieren diese Versuche leider zu selbstmitleidigen Nabelschauen, in denen es den AutorInnen nicht gelingt, über den engen Horizont ihrer eigenen, spezifischen Klassenlage hinauszublicken. Unwahrhaftig ist dies darum, weil hier in einer Allgemeinheit suggerierenden Rhetorik stets nur die Lebenswelt eines akademischen Mittelschichtsmilieus verhandelt wird. Niemand wohnt in diesen Texten am Stadtrand oder in einer lauten, kleinen Wohnung, arbeitet in einer Kantine, am Fließband, im Callcenter oder auf dem Bau, ist verschuldet, arbeitslos oder nur geduldet. Von ganz anderer Art sind etwa die Sorgen des Professors Hartmut Rosa vom *Kolleg Postwachstumsgesellschaften* in Jena. In seinem Buch *Beschleunigung und Entfremdung* gewährt er dem Publikum einige intime Einblicke in seinen Überdruss. So leidet Rosa an seiner entfremdeten schriftstellerischen Tätigkeit, wenn etwa immer wieder „der Cursor wild in der Gegend herumspringt".[18] Damit nicht genug: „Vor ein paar Stunden bin ich von Wien nach Zürich geflogen und habe mich dabei nie wirklich sicher gefühlt mit Bezug auf Verfahren und Ablaufpläne, mit denen ich konfrontiert war. Dasselbe gilt

---

17 Welzer, Wie das Wachstum in die Köpfe kam, S. 34.
18 Rosa, Beschleunigung und Entfremdung, S. 129.

für meine Steuererklärung und alle möglichen anderen Formulare, die ich ausfüllen muss."[19] Während die Armut in ihren gröbsten Formen immer noch Milliarden Menschen unter ihrer Knute hat, gibt man sich hier dem Katzenjammer über eine existenzielle Sinnlosigkeit des eigenen Lebens im materiellen Überfluss hin.

4. Zum Selbstverständnis der Bewegung – Avantgarde des Wertewandels

Ähnlich wie die Globalisierungsbewegung gruppiert sich Degrowth lose um einen zeitdiagnostischen Schlüsselbegriff, wobei die kritische und oftmals vage bleibende Bezugnahme auf das „Wachstum" eher einen kleinsten gemeinsamen Nenner darstellt, als ein gemeinsames politisches Programm zu begründen. Das dadurch entstehende intellektuelle und politische Feld liegt quer zu den klassischen Parteienbindungen und bietet unterschiedlichen Spielarten der Wachstumskritik einen Tummelplatz. Während der Narzissmus der kleinen Differenzen im linksradikalen Milieu häufig groteske Blüten treibt und kaum ein Splittergrüppchen das andere riechen kann, lässt sich bei Degrowth das Gegenteil feststellen: man begegnet einander tolerant und verständnisvoll, vieles kann, nichts muss. Konservative FreundInnen des „Maßhaltens" finden sich hier neben VordenkerInnen der globalen Linken. Manche suchen ihr Heil in Keynes, andere in der ganzheitlichen Spiritualität der Andenvölker. Diese gerne als Pluspunkt verbuchte Pluralität und Offenheit der Bewegung entspricht dem postideologischen Zeitgeist, wie er etwa von der *Piratenpartei* verkörpert wurde.[20]

Wie die *Piraten*, die italienische *Fünf-Sterne-Bewegung* und viele andere „populistische" Neuerungsbewegungen der Gegenwart gerieren sich auch die VertreterInnen von Degrowth als Alternative zum *gesamten* bestehenden parlamentarischen System, denn der Blick hinter die Oberfläche des Parteienstreits offenbart die fundamentale Einmütigkeit aller Lager in der Kernfrage: die gemeinsame Ausrichtung der Politik am Ziel des Wirtschaftswachstums. Auch der große Systemgegensatz des 20. Jahrhunderts

---

19 Rosa, Beschleunigung und Entfremdung, S. 129.
20 Zur weiteren Bestimmung und Kritik dieses postideologischen Geistes siehe Interessengemeinschaft Robotercommunismus, *16 Thesen zur Degrowth-Bewegung*.

zwischen Realsozialismus und Kapitalismus erscheint so als eine vernachlässigbare Episode innerhalb des historischen Kontinuums eines westlichen „Wachstumsparadigmas".[21] Der selbstbewusst vorgetragene Anspruch, nun endlich die notwendige epochale Zäsur, den großen Paradigmenwechsel, einläuten zu wollen, bedeutet nicht, dass Degrowth politisch links oder rechts von alledem stünde. Grundlegend ist vielmehr die Überzeugung, dass Menschen ganz unterschiedlicher politischer Überzeugungen als TrägerInnen einer gemeinsamen „moralischen Revolte"[22] zusammenkommen müssen, dass also Menschen, die innerhalb ihrer politischen Herkunftsmilieus jeweils DissidentInnen sind, in Anbetracht der großen Herausforderungen überkommenes Lagerdenken aufgeben sollten.

Nichts wäre also falscher, als in Degrowth ein Projekt staatsferner *underdogs* zu vermuten, wenn auch durchaus Verästelungen im libertären Milieu der Hausprojekte und Landkommunen existieren, wo man Degrowth mit einem lokalistischen, basisdemokratischen Antikapitalismus von unten, etwa in der Tradition der mexikanischen Zapatistas, in Verbindung bringt.[23] Tonangebend sind solche Stimmen aber keineswegs. Der prominente Vordenker Harald Welzer klärt mit dankenswerter Deutlichkeit über solche Flausen auf:

„Soziale Bewegungen werden dann mächtig, wenn ihre Träger nicht aus Subkulturen kommen, sondern aus allen gesellschaftlichen Gruppen. Eine Politik für eine nachhaltige Moderne wird also nur dann erfolgreich, wenn es überall Avantgarden gibt, die eine neue Geschichte erzählen: Es müssen drei bis fünf Prozent der Unternehmer und Vorstände sein, die sich in diese Geschichte einschreiben, drei bis fünf Prozent der Unterhändler auf den internationalen Klimaverhandlungen, drei bis fünf Prozent der Staatschefs, drei bis fünf Prozent der Professorenschaft, der Lehrer, der Polizistinnen, der Anwälte, der Journalisten, der Schauspielerinnen, der Hausmeister, der Arbeitslosen usw."[24] – man beachte die Reihenfolge! Selbstbewusst ver-

---

21 Die Begriffe „Wachstumsdenken", „Wachstumsparadigma" oder „Wachstumslogik" sind in diesem Diskurs so weit verbreitet, dass es sinnlos wäre, einzelne Stellen anzuführen. Warum es problematisch ist, eine Gesellschaftsformation als „Paradigma" zu interpretieren, erläutern die bereits angeführten *16 Thesen zur Degrowth-Bewegung*.
22 Adloff, Solidarität statt Egoismus, S. 272.
23 Bedeutsam für diese wachstumskritische Strömung ist der Theoretiker Murray Bookchin, siehe Die nächste Revolution.
24 Welzer, Der Konsumismus kennt keine Feinde, S. 321 f.

steht man sich als „Elite, die quer zu allen Schichten liegt und sich durch einen sehr einfachen Satz definiert: 'wir fangen schon mal an'."[25]

Es geht also um die Moralisierung der Eliten durch eine moralische Avantgarde, die sich zu großen Teilen aus diesen Eliten selbst rekrutiert. Zwar haben viele Degrowth-AnhängerInnen vom *Club of Rome* das Vertrauen in die *decision-makers* geerbt und wenden sich an die etablierten Institutionen in dem Versuch, sie auf ihre guten Ideen zur Weltverbesserung aufmerksam zu machen. Doch da dies allein sich nicht bewährt hat, fängt man schon einmal selbst an und macht sein eigenes Lebensumfeld zum Aushängeschild der geistig-moralischen Wende.

Das Ziel beschränkt sich indes nicht auf den Entwurf einer rein individualistischen Wirtschafts- und Konsumethik. Vielmehr geht es darum, „schon hier und jetzt in Form zahlreicher Projekte, sozialer Experimente und geschützter Räume"[26] Alternativen gemeinschaftlichen Lebens und Wirtschaftens zu erproben, ein Gedanke, der an die Lebensreformbewegung des 19. und frühen 20. Jahrhunderts oder die autonome Bewegung des späten 20. Jahrhunderts erinnert. Es handelt sich bei diesen kleinen Alternativen etwa um Nachbarschaftsgärten, Reparaturcafés und ähnliche „Commons", gemeinsame Güter und Räume, die von kommunitären Pioniergemeinschaften in egalitärer Selbstverwaltung bewirtschaftet werden. Bei diesen Nischen handelt es sich nicht primär um Produktionsorte von Gütern, sondern vielmehr um „alternative Erfahrungsräume"[27], Inseln von Altruismus und Gemeinschaftsorientierung in einer Welt, die dem kalten Kalkül der individuellen Nutzenmaximierung unterworfen ist. Sie sollen als Keimzellen einer zukünftigen, umfassenden gesellschaftlichen Transformation dienen, als Geburtsstätten neuer Wertvorstellungen und Lebensformen.

Diese Verlagerung der gesellschaftlichen Auseinandersetzung auf das Kampffeld kultureller Wertvorstellungen erinnert an Antonio Gramscis Konzept der „kulturellen Hegemonie", das auch in den Strategiedebatten der Neuen Rechten unter dem Begriff der Metapolitik eine wichtige Rolle spielt. Die Entwicklung eines neuen Systems kultureller Werte ist wichtig für eine Bewegung zur Aufhebung der kapitalistischen Produktionsweise. In der Degrowthbewegung wird die Bedeutung der ideellen Sphäre jedoch

---

25 Welzer, Der Konsumismus kennt keine Feinde, S. 322.
26 Muraca, Wider den Wachstumswahn, S. 204. – Ganz ähnliche Formulierungen finden sich bei zahlreichen AutorInnen aus dem Feld.
27 Ebenda, S. 207.

überschätzt, eine kritische Analyse der Bewegungsgesetze der kapitalistischen Produktionsweise fehlt in der Regel. Diesem Umstand liegt letztlich ein idealistischer Begriff der Gesellschaft zugrunde, der die gesellschaftliche Praxis als Wirkung auswechselbarer Ideensysteme fasst. So schreibt Barbara Muraca: „Jede Gesellschaft ist nämlich ein allumfassendes System des Selbst- und Weltverständnisses (…), das Regeln, symbolische Deutungen und Bedeutungen umfasst, die wiederum Praktiken, Beziehungen und Institutionen legitimieren und zusammenhalten."[28]

In ökonomischer Hinsicht handelt es sich bei den genannten Nischen um Modelle einer auf persönlichen Beziehungen beruhenden *moralischen Ökonomie*. Diese Non-Profit-Ökonomie ist bereits heute Wirklichkeit, nämlich „in hunderttausenden von assoziativen Projekten der Zivilgesellschaft weltweit, im freiwilligen Engagement, im Dritten Sektor, in der solidarischen Ökonomie, in Kooperativen und Genossenschaften, im moralischen Konsum, in NGOs, in *peer to peer*-Netzwerken, Wikipedia, sozialen Bewegungen, Fair Trade, der Commons-Bewegung und vielem mehr. Menschen interessieren sich nicht nur für sich selbst, sie sind auch an anderen interessiert, sie können sich spontan und empathisch für andere einsetzen."[29] Die in solchen Projekten sich vollziehenden, dezentralen *bottom-up*-Prozesse sollen eine Kulturrevolution bewirken, die sich irgendwann ganz harmonisch mit den entsprechenden, im klassischen *top-down*-Verfahren implementierten *policies* der zwischenzeitlich geläuterten Repräsentanten von Staat und Kapital verbinden. Oder in den Worten Naomi Kleins: „Unsere Überzeugung (…) kann daher nur die eine sein: dass nur eine gänzlich andere, eine neue Weltsicht uns retten kann. Um der Klimabedrohung politisch zu begegnen, bedarf es zudem nachdrücklichen Staatshandels, und zwar auf allen Ebenen."[30]

---

28 Muraca, Gut leben, S. 49.
29 Adloff, Solidarität statt Egoismus, S. 272 f. Die nicht nur hier propagierte Verquickung von Ethik, Ökonomie und persönlichen Beziehungen ist von Denkern wie Marcel Mauss und Karl Polanyi beeinflusst, auf die auch gelegentlich in der Literatur verwiesen wird. Diese untersuchten vorkapitalistische Gesellschaften vor dem Hintergrund der zunehmenden gesellschaftlichen Ausdifferenzierung in der kapitalistischen Moderne, die insbesondere zu einer krisenhaften Verselbständigung der Ökonomie gegenüber den anderen Sphären des gesellschaftlichen und individuellen Lebens geführt habe. Diese historischen Analysen inspirieren eine romantische Kritik des Kapitalismus.
30 Klein, Der neue Antihumanismus, S. 243 f.

5. Die Spielarten des Kulturalismus

Die verschiedenen Spielarten des Kulturalismus unterscheiden sich allerdings in Qualität und politischer Stoßrichtung. Während Harald Welzer eine kultursoziologisch versierte und mit anschaulichem kulturgeschichtlichen Material angereicherte Erzählung zur Entstehung der Lebensform des bürgerlichen Individuums darbietet, erinnern die entsprechenden Ausführungen Tim Jacksons an den aufgesetzten Tiefsinn von Kalendersprüchen: „All dies wiederum wussten die Weisen seit alters her. Ihr Wissen hat im Lauf der Jahre nichts an Kraft verloren. Auch durch materiellen Wohlstand hat es sich nicht verflüchtigt. Aber es ist immer schwieriger geworden, zu erkennen, wo der wahre Reichtum liegt und wie man wichtig von nichtig unterscheidet. Wir haben uns im Labyrinth des Überflusses verlaufen und kommen nicht mehr heraus, bevor der Bann gebrochen ist. Ist es aber erst so weit, finden wir den Weg nicht mehr."[31] Das sind vorkonfektionierte Lebensweisheiten von der Stange, wie gemacht für den erfahrungsfreien Instantkonsum als kitschig gestaltetes *meme* auf Facebook. Und ausgerechnet diese Klischees werden gegen das „stahlharte Gehäuse des Konsumismus"[32] aufgeboten? Wahrlich, wer solche GegnerInnen hat, braucht keine FürsprecherInnen mehr.

Was bei Jackson nur naiv und abgeschmackt klingt, nimmt bei Serge Latouche unappetitliche Züge an. Zielsicher macht Latouche die Aufklärer des 18. Jahrhunderts für die Verbreitung einer „Glücksideologie"[33] verantwortlich, die sich erdreistet, „materielles und individuelles Wohlergehen" zum Zweck einer jeden Gesellschaft zu erklären. Ach, wären wir doch nie vom tugendhaften Pfad des alten, katholischen Abendlandes abgekommen: „Die Glückseligkeit war hier ausgesprochen spirituell, himmlisch gar, immateriell und kollektiv, als Gemeinschaft der Heiligen."[34]

---

31 Jackson, Die Postwachstumsgesellschaft, S. 183.
32 Ebenda, S. 181.
33 Latouche, Vom Glück zum BIP, S. 39. Einen hervorragenden Aufsatz zur Bedeutung des Glücks für eine kritische Theorie und Praxis hat Alfred Schmidt unter dem Titel *Zum Begriff des Glücks in der materialistischen Philosophie* verfasst.
34 Latouche, Vom Glück zum BIP, S. 37. Die Polemik gegen den Materialismus und Egoismus im Namen des Altruismus und der immateriellen Güter durchzieht die Degrowth-Literatur und ist keine Eigenheit Latouches. Vgl. dazu kritisch die 16 Thesen zur Degrowth-Bewegung.

Doch noch ist Zeit zur Umkehr, wenn wir nur „wieder auf die erhobene Stimme der indigenen Völker hören, [und] den Überfluss in der Frugalität wiederentdecken."³⁵ In jedem Falle müssen wir uns von den falschen Götzen der Moderne abwenden: „Es geht eben um das Ablegen eines Glaubens und einer Religion, jener des Fortschritts und der Entwicklung nämlich, es geht darum, Wachstum und Ökonomie abzuschwören."³⁶ Acroissance also, in Anlehnung an den Atheismus. Immerhin kommt bei dieser katholisch inspirierten Polemik gegen die Aufklärung die Lebensfreude nicht zu kurz, an die Stelle individueller Nutzenmaximierung soll nach Latouche eine freundschaftliche Kultur der Gabe und des Fests treten.

Niko Paech, der Star der deutschen Szene, schlägt zunächst ähnliche Töne an, doch bei ihm hat derselbe schlichte Gedanke – mäßigt euch, ihr Gierschlunde! – zusätzlich noch ein besonderes, deutsches Gschmäckle. In bester völkischer Tradition fabuliert Paech über die Übel der „schicksalhaften Abhängigkeit von Geld- und Fremdversorgung"³⁷, eine „Autarkielösung"³⁸ dient da als Gegenentwurf: „Kurze Wertschöpfungsketten, etwa im Sinne einer Lokal- oder Regionalwirtschaft, erzeugen (…) Nähe und damit das Vertrauen, welches eine weniger zinsträchtige Kapitalbeschaffung ermöglicht."³⁹ Diese Autarkielösung pinselt Paech in seinem Buch *Befreiung vom Überfluss* näher aus.⁴⁰ Seine Vision ist eine stark von Jean-Jacques Rousseau geprägte, patriarchale Handwerkeridylle, wo alle viel und hart an der eigenen Selbstversorgung arbeiten, die Kinder wieder zuhause betreut werden (von wem wohl?) und die sozialen Beziehungen eng und übersichtlich sind. Wichtigster Wert ist die Souveränität, das heißt die weitgehende Unabhängigkeit von anderen, insbesondere fremden Menschen, aber auch von den eigenen allzu mondänen, überflüssigen Bedürfnissen. Ziel des Ganzen ist eine autoritäre „Anpassung von Ansprüchen (Suffizienz) entsprechend den eigenen Fähigkeiten bzw. verfügbaren Optionen und Ressourcen (Subsistenz)",⁴¹ wobei dieses Zurechtstutzen individueller Bedürfnisse als Befreiung zur Eigentlichkeit, ja,

---

35 Latouche, Vom Glück zum BIP, S. 42.
36 Ebenda, S. 47.
37 Paech, Das Elend der Konsumwirtschaft, S. 76 f. Zur Kritik an Paech siehe auch Bierl, Nachhaltige Kritik?.
38 Paech, Das Elend der Konsumwirtschaft, S. 73.
39 Ebenda, S. 77.
40 Paech, Befreiung vom Überfluss, S. 113 ff.
41 Paech, Das Elend der Konsumwirtschaft, S. 76.

zur „Daseinsmächtigkeit"[42] gefeiert wird. Bei dem Oldenburger Sauertopf lockt nicht die heitere Geselligkeit gemeinschaftlicher Tafelfreuden, sondern nur das metaphysisch verbrämte Opfer.

Das deutliche Ausfransen des Degrowthfeldes nach rechts macht sich besonders im *Postwachstums-Reader* bemerkbar. Vor diesem Hintergrund stößt übel auf, dass die meisten AutorInnen sich an einer Klärung des politischen Profils von Degrowth desinteressiert zeigen. Da der politische Hauptwiderspruch in der Stellungnahme pro oder contra Wachstum gesehen wird, werden Binnendifferenzen der Wachstumskritik vernachlässigt. Im Zusammenhang damit ist die ahistorische Naivität des Milieus bemerkenswert. Die meisten Publikationen glänzen durch eine Ignoranz gegenüber der bisherigen Geschichte sozialökologischer Kämpfe und Debatten. Barbara Muraca ist eine der wenigen Ausnahmen, in deren Beiträge historisches Bewusstsein und kritische Sensibilität für rechte Versatzstücke in Degrowth durchscheinen. So kennzeichnet sie die viel beachteten Einlassungen Meinhard Miegels, des CDU-nahen Autoren von *Exit. Wohlstand ohne Wachstum*, als „Refeudalisierungsprogramm"[43], setzt Miegel doch auf eine Ersetzung des Wohlfahrtsstaates durch mehr Eigenverantwortung im Rahmen der patriarchalen Kleinfamilie. Während Muraca hier zur unversöhnlichen Geste bereit ist, bleibt sie gegenüber Paechs reaktionärem Schwulst gnädig und diskutiert ihn als Entwurf einer konkreten Utopie im Sinne Ernst Blochs.[44] Insgesamt lässt sich festhalten, dass die Postwachstumsbewegung zwar einerseits nicht rechtsökologisch dominiert, andererseits aber auch nicht in der Lage ist, der Ausbreitung autoritärer Tendenzen wirksam Einhalt zu gebieten. Diese Offenheit gegenüber rechtem Gedankengut ist freilich in der Geschichte grüner Bewegungen kein Novum. Es fehlt an klaren Kriterien progressiver Politik, auch weil eine diffuse Terminologie und ein ideologisch überhöhter Pluralismus herrschen, wo politischer Streit und sprachliche Präzision angebracht wären.[45]

---

42 Paech, Das Elend der Konsumwirtschaft, S. 76.
43 Muraca, Degrowth als konkrete Utopie, S. 203. Siehe weiterführend Muraca, Gut leben, S. 59-76.
44 Muraca, Gut leben, S. 52 ff.
45 Siehe dazu auch die 16 Thesen zur Degrowth-Bewegung.

6. Degrowth als Kapitalismuskritik?

Es wäre jedoch ungerecht, die Degrowth-Bewegung mit ihren oben skizzierten kulturalistischen Spielarten in eins zu setzen. Zahlreiche Beispiele für ein kapitalismuskritisches Selbstverständnis finden sich etwa im 2015 erschienenen *Postwachstumsatlas* von *Le Monde Diplomatique*. Gleich der erste Aufsatz von Matthias Greffrath wendet sich zu Recht gegen die Überhöhung von Kulturkampf, moralischer Emphase und Experimenten in den Nischen der subkulturellen Gegenkultur. Stattdessen gelte es, im Windschatten sich abzeichnender sozialökologischer Katastrophen, eine „Instandbesetzung der politischen Institutionen"[46] vorzunehmen. Damit ist das politikzentrierte Modell eines reformistischen Marschs durch die Institutionen aufgerufen, dessen Grundmotive in vielen weiteren Aufsätzen des *Atlas* anklingen. Geschrieben wird gegen die Aushöhlung der Demokratie durch die neoliberale Konzern- und Bankenmacht, gegen die Austeritätspolitik und die Vermarktung aller Lebensbereiche. Dem wird der Kampf für Mitbestimmung, radikale Umverteilung und eine sozialökologische Transformation entgegengehalten. Hier wird das unverbrauchte Degrowth-Label genutzt, um die bekannten Anliegen der ökologischen Sozialdemokratie und der Globalisierungsbewegung zu lancieren.

Immer wieder ist in den Texten dieser AutorInnen die Rede vom kapitalistischen Wachstumszwang und davon, dass es keinen Kapitalismus ohne Wachstum geben könne – eine Einsicht, die leider keine Konsequenzen für die politische Programmatik nach sich zieht. Denn während einerseits immer wieder verbalradikal von der Notwendigkeit des Wachstums für den Kapitalismus gesprochen wird, geht es andererseits bei näherem Hinsehen stets doch nur gegen die sogenannten „Wachstumskapitalismen"[47] – als hätte es je einen anderen Kapitalismus gegeben, als könnte es je einen anderen geben. Eine Pointe der Marx'schen Kritik des Kapitals besteht indes gerade darin, gezeigt zu haben, dass es sich bei diesem nicht um ein geduldiges Ding handelt, mit dem man nach Belieben verfahren kann. Es handelt sich vielmehr um ein gesellschaftliches Produktionsverhältnis mit bestimmten Bewegungsgesetzen, die auch den Mitgliedern der herrschenden Klasse gegenüber als Zwangsgesetze erscheinen. Auch sie sind bei Strafe des Untergangs dazu genötigt, die unendliche Akkumulation des

---

46 Greffrath, Wider die globale Unvernunft, S. 13.
47 Dörre/Lessenich/Rosa, Lob der Gleichheit, S. 161. Ähnliche Formulierungen bei anderen AutorInnen.

Kapitals als oberste Maxime ihres Handelns zu akzeptieren.[48] Einige linke Degrowth-AnhängerInnen glauben dagegen, das Kapital und seine Bewegungsgesetze für zwei Paar Schuhe erklären zu können. Dementsprechend richtet sich die „Kapitalismuskritik" denn auch nicht gegen das Kapitalverhältnis, sondern nur gegen die Kapitalakkumulation, die unter dem vieldeutigen Label „Wachstum" vorgestellt wird. Indem einzelne Kategorien der Kritik der politischen Ökonomie, wie der der Kapitalakkumulation, aus ihren theoretischen Begründungszusammenhängen herausgelöst werden, verwandeln sie sich in Worthülsen ohne Erkenntniswert. Wie soll man sinnvoll von Kapitalakkumulation sprechen, wenn nirgends geklärt wird, was man unter Kapital versteht, wie Kapital und Kapitalakkumulation zusammenhängen? Wer ein Kapital ohne Wachstum will, fordert der Realität eine eierlegende Wollmilchsau ab – und dieser Wunsch wird von der Realität enttäuscht werden.

Die Produktion solcher Illusionen hat jedoch einen tieferen, praktischen Grund: Sie sind die theoretische Voraussetzung der eigenen politischen Strategie, eben der famosen „Instandbesetzung" des Staatsapparats. Just die Institutionen, die sich im Verlaufe der Klassengesellschaft zu deren reibungsloser Reproduktion herausgebildet haben, sollen demzufolge ganz neutrale Werkzeuge ohne spezifischen sozialen Gehalt sein. In den richtigen Händen, also denen der *spin doctors* des Kapitalismus mit entspanntem Antlitz, verwandeln sie sich von Garanten von Herrschaft und Ausbeutung in Garanten der Harmonie und Freiheit. Die Formen der sozialen Organisation – Kapital und Lohnarbeit, Staat und Markt – stehen auch für diese AutorInnen nicht zur Disposition. Die ganze empirische Schreckensgeschichte der „Institutionen" scheint nur eine ihnen selbst äußerlich bleibende Kette von Zufälligkeiten darzustellen. Die Kapitalismuskritik läuft also darauf hinaus, dass man die kapitalistischen Institutionen vor dem kapitalistischen Wachstum retten möchte. Matthias Schmelzer, einer der profiliertesten Autoren im linken Degrowthflügel, drückt das so aus: „Da das Wirtschaftswachstum die Schlüsselrolle in kapitalistischen Gesellschaften spielt, geht es in allen Varianten um die Frage, wie die bestehenden ökonomischen und gesellschaftlichen Institutionen davon unabhängig werden können."[49] Das klingt schizophren? Sicher, doch ist diese Inkonsequenz kein persönlicher Lapsus, sondern geradezu das Markenzeichen dessen, was Marx als kapitalismuskritischen Bourgeoisiesozialismus bezeichnet:

---

48 Siehe zum Beispiel Marx, Das Kapital I, S. 286.
49 Schmelzer, Spielarten der Wachstumskritik, S. 117.

„Ein Teil der Bourgeoisie wünscht den sozialen Missständen abzuhelfen, um den Bestand der bürgerlichen Gesellschaft zu sichern. Es gehören hierher: Ökonomisten, Philantrophen, Humanitäre, Verbesserer der Lage der arbeitenden Klassen, Wohltätigkeitsorganisierer, Abschaffer der Tierquälerei, Mäßigkeitsvereinsstifter, Winkelreformer der buntscheckigsten Art. (…) Die sozialistischen Bourgeois wollen die Lebensbedingungen der modernen Gesellschaft ohne die notwendig daraus hervor gehenden Kämpfe und Gefahren. Sie wollen die bestehende Gesellschaft mit Abzug der sie revolutionierenden und sie auflösenden Elemente."[50]

Die Suggestion beliebiger Reformierbarkeit verharmlost den realen, mit dem Kapital einhergehenden Sachzwang zur kontinuierlichen Untergrabung der Springquellen des Reichtums – der Erde und des Arbeiters.[51] Die realen, objektiven Sachzwänge der kapitalistischen Produktionsweise erscheinen in der pfiffigen Rede von der „zwanghaften globalen Wachstumskonkurrenz"[52] als fragwürdige Einbildungen eines pathologischen Zeitgeistes, dem man mit diversen makroökonomischen Instrumenten (Keynes) und einer überzeugenden linken Gegenerzählung (Gramsci) beikommen kann. Der linke, kapitalismuskritische Flügel nähert sich hier auf diesem Wege wieder dem Voluntarismus des gemäßigten, kulturkritischen Flügels an.

Wenn jedoch jene Inkonsequenzen vermieden werden, und ausnahmsweise einmal die eigene Rede von der Notwendigkeit des Wachstumszwangs im Kapitalismus ernst genommen wird, droht der reformistische Optimismus in einen apokalyptischen Pessimismus umzuschlagen: „Es ist ein Dilemma: Ohne Wachstum geht es nicht, komplett grünes Wachstum gibt es nicht, und normales Wachstum führt unausweichlich in die ökologische Katastrophe. Der Kapitalismus erscheint wie ein Fluch. Er hat den Reichtum und den technischen Forstschritt ermöglicht, der es eigentlich erlauben würde, mit wenig Arbeit auszukommen. Aber stattdessen muss unverdrossen weiterproduziert werden, obwohl das in den Untergang führt."[53] Die Entwicklung der Gesellschaften mit kapitalistischer Produktionsweise

---

50 Marx/Engels, Das Kommunistische Manifest, S. 488.
51 Siehe Marx, Das Kapital I, S. 530.
52 Dörre/Lessenich/Rosa, Lob der Gleichheit, S. 161.
53 Herrmann, Der schwierige Übergang, S. 107. Diese pessimistische Apokalyptik war in der Friedens- und Ökobewegung der 1980er weit verbreitet, wird bei Degrowth aber von dem skizzierten Wir-fangen-schon-mal-an-Optimismus überlagert.

führt also in den Untergang. Was tun? Soll vielleicht der destruktiven, permanentes Wachstum erzwingenden Konkurrenz der Einzelkapitale Einhalt geboten werden durch eine gesellschaftliche Planung der Produktion? Keineswegs! In dem angeführten Text entscheidet sich die Autorin stattdessen für einen abrupten Sprung ins Irrationale. Sie hält an der bisherigen Praxis fest, auch wenn diese in den Abgrund führt: „In dieser Zwangslage bleibt nur ein pragmatisches Trotzdem: trotzdem möglichst wenig fliegen, trotzdem Abfall vermeiden, trotzdem auf Wind und Sonne setzen, trotzdem biologische Landwirtschaft betreiben."[54] Was bleibt, ist eine trotzige Hoffnung, ein absurder Glaube, der kein Fundament im Wissen hat, denn: „Der Kapitalismus wird chaotisch und brutal zusammenbrechen – nach allem was man bisher weiß."[55]

Ob pessimistische oder optimistische „Kapitalismuskritik": Gemeinsam ist beiden, dass sie gesellschaftliche Reproduktion nur als kapitalistisch organisiert überhaupt ins Auge fassen. Während pessimistische Stimmen einen bevorstehenden Untergang des Kapitalismus als Chaos, als Auseinanderfallen von gesellschaftlicher Ordnung überhaupt ausmalen, versucht sich der optimistische Flügel an einer Gesundschrumpfung des Kapitalismus, die diesen nicht aufheben, sondern im eigenen Interesse einfrieren soll, bevor er sich selbst zerstört. Das historisch Gewachsene soll in der „Postwachstumsgesellschaft" bewahrt, nicht jedoch negiert werden.[56] In Anbetracht dieses Konservativismus sollte vielleicht die schon aus der Globalisierungsbewegung bekannte Parole „Eine andere Welt ist möglich" einmal gegen ihre phantasielosen VertreterInnen gewendet werden: Denn die Welt ihrer Vorstellungen ist weder *anders* noch *möglich*, sondern der schale geistige Ausdruck eines „Demokratentum[s] innerhalb der Grenzen des polizeilich Erlaubten und logisch Unerlaubten".[57]

---

54 Herrmann, Der schwierige Übergang, S. 107.
55 Ebenda, S. 104.
56 Die *16 Thesen zur Degrowth-Bewegung* kritisieren den konservativen Gehalt der organischen „Wachstums"-Metaphorik.
57 Marx, Kritik des Gothaer Programms, S. 29.

Literaturverzeichnis

Adloff, Frank: Solidarität statt Egoismus: Das konvivialistische Projekt. In: Blätter für deutsche und internationale Politik (Hg.): Mehr geht nicht! Der Postwachstums-Reader. Berlin 2015, S. 265-274.

Bierl, Peter: Nachhaltige Kritik? Geschichte und Perspektiven der Postwachstumsökonomie. In: Zeitschrift für kritische Sozialtheorie und Philosophie, Band 2, Heft 2 (Oktober 2015), S. 344-370.

Bookchin, Murray: Die nächste Revolution. Libertärer Kommunalismus und die Zukunft der Linken. Herausgegeben von Debbie Bookchin und Blair Taylor. Münster 2015.

Dörre, Klaus; Lessenich, Stephan; Rosa, Hartmut: Lob der Gleichheit. In: Le Monde diplomatique & Kolleg Postwachstumsgesellschaften Jena (Hg.): Atlas der Globalisierung. Weniger wird mehr. Der Postwachstumsatlas. Berlin 2015, S. 160-161.

Engels, Friedrich; Marx, Karl: Das Kommunistische Manifest [1848]. In: Karl Marx/Friedrich Engels-Werke, Band 4.. Berlin (Ost) 1972, S. 459-493.

Greffrath, Matthias: Wider die globale Unvernunft. In: Le Monde diplomatique & Kolleg Postwachstumsgesellschaften Jena (Hrsg.): Atlas der Globalisierung. Weniger wird mehr. Der Postwachstumsatlas. Berlin 2015, S. 11-13.

Harich, Wolfgang: Kommunismus ohne Wachstum? Babeuf und der ‚Club of Rome'. Sechs Interviews mit Freimut Duve und Briefe an ihn. Reinbek bei Hamburg 1975.

Herrmann, Ulrike: Der schwierige Übergang. In: Le Monde diplomatique & Kolleg Postwachstumsgesellschaften Jena (Hrsg.): Atlas der Globalisierung. Weniger wird mehr. Der Postwachstumsatlas. Berlin 2015, S. 104-107.

Interessengemeinschaft Robotercommunismus: 16 Thesen zur Degrowth-Bewegung (Broschüre). Online unter: https://translibleipzig.wordpress.com/2014/09/06/16-thesen-zur-degrowth-konferenz-broschure-veroffentlicht/.

Jackson, Tim: Die Postwachstumsgesellschaft. In: Blätter für deutsche und internationale Politik (Hg.): Mehr geht nicht! Der Postwachstums-Reader. Berlin 2015, S. 181-190.

Klein, Naomi: Der neue Antihumanismus. Was die linke Umweltbewegung von den rechten Think Tanks lernen kann. In: Blätter für deutsche und internationale Politik (Hrsg.): Mehr geht nicht! Der Postwachstums-Reader. Berlin 2015, S. 235-251.

Latouche, Serge: Vom Glück zum BIP – und die Alternative des guten Lebens. In: Blätter für deutsche und internationale Politik (Hrsg.): Mehr geht nicht! Der Postwachstums-Reader. Berlin 2015, S. 37-51.

Lefèvre, Wolfgang: Naturtheorie und Produktionsweise. Probleme einer materialistischen Wissenschaftsgeschichtsschreibung – Eine Studie zur Genese der neuzeitlichen Naturwissenschaft. Darmstadt / Neuwied 1978.

Marx, Karl: Das Kapital. Erster Band, Buch 1: Der Produktionsprozess [1867]. In: Karl Marx/Friedrich Engels-Werke, Band 23. Berlin (Ost) 1968.

Marx, Karl: Kritik des Gothaer Programms [1875]. In: Karl Marx/Friedrich Engels-Werke, Band 19. Berlin (Ost), S. 13-32.

Meadows, Dennis et al.: Die Grenzen des Wachstums. Bericht des Club of Rome zur Lage der Menschheit. Stuttgart 1972.

Muraca, Barbara: Gut leben. Eine Gesellschaft jenseits des Wachstums. Band 1588 der Schriftenreihe der Bundeszentrale für Politische Bildung. Bonn 2015.

Muraca, Barbara: Wider den Wachstumswahn: Degrowth als konkrete Utopie. In: Blätter für deutsche und internationale Politik (Hg.): Mehr geht nicht! Der Postwachstums-Reader. Berlin 2015, S. 199-207.

Paech, Niko: Das Elend der Konsumwirtschaft. Von Rio+20 zur Postwachstumsgesellschaft. In: Blätter für deutsche und internationale Politik (Hrsg.): Mehr geht nicht! Der Postwachstums-Reader. Berlin 2015, S. 71-78.

Paech, Niko: Befreiung vom Überfluss. Auf dem Weg in die Postwachstumsökonomie. München 2012.

Rosa, Hartmut: Beschleunigung und Entfremdung. Entwurf einer kritischen Theorie spätmoderner Zeitlichkeit. Aus dem Englischen von Robin Celikates. Berlin 2013.

Schmelzer, Matthias: Spielarten der Wachstumskritik. Le Monde diplomatique & Kolleg Postwachstumsgesellschaften Jena (Hg.): Atlas der Globalisierung. Weniger wird mehr. Der Postwachstumsatlas. Berlin 2015, S. 116-121.

Schmidt, Alfred: Zum Begriff des Glücks in der materialistischen Philosophie. In: Derselbe: Drei Studien über Materialismus. Frankfurt am Main/Berlin/Wien 1979, S. 135-195.

Welzer, Harald: Wie das Wachstum in die Köpfe kam. In: Blätter für deutsche und internationale Politik (Hrsg.): Mehr geht nicht! Der Postwachstums-Reader. Berlin 2015, S. 25-36.

Welzer, Harald: Der Konsumismus kennt keine Feinde. Die Gegengeschichte erzählen Sie. In: Blätter für deutsche und internationale Politik (Hrsg.): Mehr geht nicht! Der Postwachstums-Reader. Berlin 2015, S. 313-325.

Stephan Grigat
Subversives Denken im Postfaschismus und der Staat des Kapitals
Eine Erinnerung an Johannes Agnoli

Wladimir Iljitsch Lenin empfahl den Revolutionären, sich in Zeiten der Konterrevolution in Geduld und Theorie zu üben. Der linkskommunistisch-antiautoritäre Kritiker Johannes Agnoli setzte hingegen auf Geduld und Ironie. Auf den Einwand, es sich damit im falschen Ganzen hedonistisch bequem zu machen, entgegnete der von 1972 bis 1990 als Professor am Otto-Suhr-Institut der Freien Universität Berlin Politikwissenschaft Lehrende kurz vor seinem Ableben: „Man braucht doch kein Jesuit, Jakobiner oder Bolschewik zu sein, bloß weil man vorhat, den Staat zu zerstören. Der echte Revolutionär muss sich immer einen Rest von Ironie und Selbstironie bewahren. Kommunismus ist wichtig, aber Osso bucco ist auch nicht ohne."[1] Mit dieser ironischen Distanz versuchte Agnoli, sich die verdummenden Zumutungen der spätkapitalistischen und postfaschistischen Gesellschaftlichkeit, so gut das eben geht, bis zu seinem Tod vom Leib zu halten.

Johannes Agnoli starb 2003 im Alter von 78 Jahren im italienischen Lucca, wohin er sich nach seiner Emeritierung 1990 an der Freien Universität Berlin zurückgezogen hatte. Vor einem halben Jahrhundert, 1967, erschien seine, in ihrer ursprünglichen Fassung zusammen mit dem Sozialpsychologen Peter Brückner geschriebene *Transformation der Demokratie*, die als „Bibel der Außerparlamentarischen Opposition"[2] galt, und nicht nur in Deutschland, sondern auch in Österreich enormen Einfluss auf die

---
1 Agnoli/Bruhn: Die Zerstörung des Staates
2 Kraushaar: Die Furcht vor einem „neuen 33", S. 142

revoltierenden Studierenden Ende der 1960er-Jahre hatte. 1925 in Valle di Cadore in Norditalien geboren, engagierte sich Agnoli in seiner Jugend als 17-Jähriger in der *Gioventù Italiana del Littoria*, der faschistischen Jugendorganisation, was ihm einen Platz auf der Liste der zu Erschießenden der italienischen Partisanen einbrachte. Später, als linkskommunistischer Antifaschist, setzte er sich immer wieder mit den unterschiedlichen Strömungen in Benito Mussolinis Bewegung und mit philosophischen Vordenkern des Faschismus wie Ugo Spirito und Giovanni Gentile auseinander. Gleich nach der Matura meldete sich Agnoli bei der Waffen-SS, die in Italien für die Rekrutierung von ausländischen Freiwilligen zuständig war, und kam zu den Gebirgsjägern der Wehrmacht. Er kämpfte unter anderem gegen Partisanen in Jugoslawien und geriet in britische Kriegsgefangenschaft in Ägypten. Über seine Mitgliedschaft in der faschistischen Jugend hat Agnoli später sehr offen und auch öffentlich gesprochen. Auf seine Zeit bei der Wehrmacht hingegen musste man ihn schon direkt ansprechen, um etwas darüber zu erfahren, was ihm scharfe Vorwürfe eingebracht hat.

1948 wurde Agnoli aus der britischen Kriegsgefangenschaft nach Deutschland entlassen und arbeitete als Hilfsarbeiter in einer Holzfabrik in Südwestdeutschland, wo er engen Kontakt zu einem alten Mitglied der Kommunistischen Partei hatte. Er studierte in Tübingen, wo sich ihm durch intensive Marx-Lektüre eine neue Welt eröffnete. 1957 trat er in die Sozialdemokratische Partei Deutschlands (SPD) ein, aus der er 1961 auf Grund seiner Kooperation mit dem Sozialistischen Deutschen Studentenverband (SDS), der später eine entscheidende Rolle bei der Revolte von 1968 spielte, ausgeschlossen wurde. Zuvor hatte er 1959, unter anderem gemeinsam mit der Assistentin von Ernst Bloch, einen Programmentwurf für den SPD-Parteitag in Bad Godesberg formuliert, der von Agnoli als „selbsternannter Gastdelegierter"[3] am Parteitag als Gegenentwurf zum letztlich verabschiedeten und bis 1989 gültigen Godesberger Programm eingebracht wurde, mit dem sich die SPD endgültig von ihrer Tradition als marxistisch inspirierte Klassenpartei verabschiedete und zur Volkspartei transformierte. Hier zeigt sich eine Parallele Agnolis zur Kritischen Theorie: Theodor W. Adorno und Max Horkheimer hatten nach dem Zweiten Weltkrieg ihre Diskussion über die Notwendigkeit eines neuen *Kommunistischen Manifests* wieder aufgenommen, und Anfang der 1960er-Jahre äußerte Adorno den Plan, in Anlehnung an Marx' *Kritik des Gothaer Programms* eine Kritik

---

3 Agnoli/Bruhn: Die Zerstörung des Staates

des Godesberger Programms zu schreiben, um die sozialdemokratische Versöhnung mit der falschen Gesellschaft ins Visier zu nehmen.

Bei allen Differenzen mit Adorno und Horkheimer war Agnoli neben der Kritischen Theorie einer der wichtigsten Vertreter einer radikalen, an Marx geschulten, aber antiautoritären Gesellschaftskritik in der zweiten Hälfte des 20. Jahrhunderts. Als zugleich Vordenker und Aktivist der Protestbewegung Ende der 1960er-Jahre lehnte Agnoli die sympathisierende Skepsis Adornos und Horkheimers gegenüber der 68er-Bewegung ab. Das schlug sich in einer 1969 publizierten, auf die vermeintliche Ablehnung revolutionärer Praxis durch die Kritische Theorie abzielenden, scharfen Kritik an Adorno nieder.[4] In seinen letzten Lebensjahren äußerte Agnoli sich allerdings sehr viel differenzierter über die nach Frankfurt am Main zurückgekehrten Exilanten, die vor der nationalsozialistischen Verfolgung aus Deutschland in die USA geflohen waren. „Im großen geschichtlichen Zusammenhang"[5] hielt er die Arbeiten von Adorno und Horkheimer für ausgesprochen wichtig und wendete sich vehement gegen Jürgen Habermas, dem er „Verrat" an der radikalen Gesellschaftskritik von Adorno und Horkheimer vorwarf. Er fand es „empörend", dass Habermas „immer noch als Vertreter der Kritischen Theorie gilt".[6]

Was Agnoli stets mit der Kritischen Theorie verband, war sein Insistieren darauf, dass Gesellschaftstheorie nur als Gesellschaftskritik zu haben ist, dass die Darstellung gesellschaftlicher Kategorien und Ideologien, dass ihre begriffliche Rekonstruktion immer ihre Verurteilung impliziert. In Abgrenzung zu einem traditionellen Theorieverständnis sind Agnolis Überlegungen dem von Horkheimer formulierten Diktum verpflichtet, dass eine kritische Theorie der Gesellschaft ein „einziges entfaltetes Existentialurteil zu sein" habe.[7] Ganz wie bei Adorno und Horkheimer resultiert die Beschäftigung mit der Gesellschaft bei Agnoli nicht aus einem rein akademischen Interesse, sondern aus der Unzufriedenheit mit den bestehenden Verhältnissen und dem darin gründenden Interesse an allgemeiner Emanzipation, aus der „Sehnsucht nach dem ganz Anderen".[8] Sowohl für die Kritische Theorie als auch für Agnoli ist der Materialismus keine überhistorische Methode, sondern eine jeweils historisch-gesellschaftlich zu bestimmende

---

4 Siehe Agnoli: 1968 und die Folgen, S. 51 ff.
5 Agnoli/Bruhn: Die Zerstörung des Staates
6 Ebenda
7 Horkheimer: Traditionelle und kritische Theorie, S. 244
8 Horkheimer: Die Sehnsucht nach dem ganz Anderen

Form der Kritik. Ein materialistischer Begriff des Materialismus impliziert daher mit Notwendigkeit, dass er seine eigene Abschaffung betreibt,[9] indem er die „Assoziation der Freien und Gleichen"[10] verwirklicht.

Nach seiner Promotion unterrichtete Agnoli 1956 an der Universität Tübingen und 1958 an der Technischen Hochschule in Stuttgart, trat 1960 eine Assistentenstelle in Köln an, die er auf Grund seines Engagements für die Anerkennung der DDR schnell wieder verlor, und wurde Assistent an der FU Berlin, wo er sich 1972 habilitierte. 1966 gründete er mit anderen Vordenkern der Außerparlamentarischen Opposition (APO) in Berlin die Novembergesellschaft, 1967 den Republikanischen Club, in dem entscheidende Diskussionen über die Ausrichtung der APO und des SDS stattfanden. In Westberlin verunsicherte er, als unter anderem wegen Verunglimpfung des Staates gegen ihn ermittelt wurde, seinen Arbeitgeber und die Justiz ebenso wie seine akademischen Kollegen, indem er sie, Gerichtssäle regelmäßig in Hörsäle verwandelnd, mit Texten wie dem 1979 publizierten *Versuch, Strafkammer und Staatsanwaltschaft über Faschistoides und Form Staat aufzuklären* traktierte. Es war eine Verteidigungsrede im Mescalero-Prozess, in dem mehrere Professoren auf Grund der Herausgabe eines Kommentars zur Ermordung des Generalbundesanwaltes Siegfried Buback durch die Rote Armee Fraktion vor Gericht standen.[11]

Zeit seines Lebens ging es Agnoli darum, den durch den Staat garantierten „objektiven Zwangscharakter der gesellschaftlichen Reproduktion"[12] zu kritisieren, ihn als historisch und sozial Gewordenes und daher in emanzipativer Absicht auch Überwindbares darzustellen. Zugleich machte er sich im Gegensatz zu vielen Protagonisten der Revolten der 1960er- und 1970er-Jahre keine Illusionen über die unmittelbaren Erfolgsaussichten solch einer Überwindung. Agnoli kalkulierte das Scheitern des revolutionären Aufbruchs von vornherein mit ein und setzte auf die geduldige Arbeit der Kritik und der Negation, auf „die mühselige Arbeit des Maulwurfs"[13], auf subversives Denken und die Inszenierung von kollektiver Selbstreflexion, die er beispielsweise durch regelmäßige Vorträge vor italienischen Arbeitsmigranten in den Autofabriken in Wolfsburg oder durch Diskussi-

---

9 vgl. Adorno: Philosophische Terminologie, S. 277; Demirovic: Der nonkonformistische Intellektuelle, S. 460 f.
10 Burgmer: Das negative Potential, S. 28
11 vgl. Agnoli: 1968 und die Folgen, S. 165 ff.
12 Agnoli/Mandel: Offener Marxismus, S. 19
13 Agnoli: Die Transformation der Linken

onen mit Fiat-Arbeitern in Turin zu befördern versuchte. Über sein Wissenschaftsverständnis schrieb der Staatsfeind mit Lehrstuhl ausgehend von Baruch de Spinoza, Immanuel Kant, dem jungen Georg Wilhelm Friedrich Hegel und Karl Marx: „Die Abschaffung des objektiven, durchaus interessierten, also besonderen Interessen zweckdienlichen Zwangscharakters der Gesellschaft: zu diesem Ende soll Politische Wissenschaft betrieben werden."[14] Die Politische Wissenschaft beziehe sich nicht „auf das gestörte Verhältnis der Politik zur Verfassung. Sie zeigt vielmehr an, daß die Verfassung die Regelung eines gestörten gesellschaftlichen Verhältnisses ist."[15]

Agnoli sah in Marx keinen positivistischen Wirtschaftswissenschaftler, sondern den Denker der Revolution und konnte sich darin einig wissen mit Horkheimer, der postulierte, dass es darauf ankomme, „Marx nicht mit den Augen des ökonomischen Fachmanns zu sehen, sondern mit denen eines Menschen, der weiß, daß er in der verkehrten Gesellschaft lebt und die richtige Gesellschaft will".[16] Wenn Agnoli sich mit den Klassikern politischen Denkens beschäftigte, ging es ihm nicht um Philologie, sondern stets um die Frage, inwiefern sie helfen können, das „Nachdenken über eine andere Form der gesellschaftlichen Synthesis zu befördern".[17]

So wie die Kritische Theorie sich niemals zum Mitmachen oder zu „konstruktiver Kritik" nötigen ließ, fühlte Agnoli sich vollends der Destruktivität verpflichtet. Sowohl die realsozialistische und parteikommunistische Vorstellung von einer vom Kapital emanzipierten Gesellschaft und von der zur Erlangung solch einer Gesellschaft notwendigen Organisationen als auch alternative linksradikale Organisationsformen erscheinen ihm kritikwürdig – auch wenn seine Sympathie für letztere außer Frage stand. Gegen den Realsozialismus des Ostblocks und den „Superstaat" der Sowjetunion erinnerte er stets an das Marx'sche Postulat, dass in einer befreiten Gesellschaft „die Freiheit jedes Einzelnen" die „Voraussetzung für die Freiheit aller" zu sein habe.[18]

In einem Gespräch mit der Zeitschrift *Arbeiterkampf* sagte er 1988 von sich selbst, er sei „eines konstruktiven Denkens nicht fähig",[19] und er hielt

---

14 Agnoli: Die Transformation der Demokratie, S. 20
15 Ebenda, S. 17
16 Horkheimer: Nachgelassene Schriften, S. 325
17 Agnoli/Bruhn: Die Zerstörung des Staates
18 Burgmer: Das negative Potential, S. 68, 28
19 Agnoli: 1968 und die Folgen, S. 237

sich auch nicht für „organisierbar".[20] In seiner Ablehnung des Auspinselns von Utopien wusste er sich einig mit dem Diktum Theodor W. Adornos, dass „das Falsche, einmal bestimmt erkannt und präzisiert, bereits Index des Richtigen, Besseren ist".[21]

Protagonisten postmoderner und poststrukturalistischer Theorien, die spätestens Ende der 1980er-Jahre ihren Siegeszug an den Universitäten antraten, mussten sich durch Agnolis Materialismus provoziert fühlen, mit dem er auf ebenso simple wie wichtige Einsichten in die Praxis von Ausbeutung und Herrschaft in kapitalverwertenden und staatlich organisierten Gesellschaften verwies. Schon Adorno ahnte die Notwendigkeit, sich nicht von modischen Theorieansätzen Grundeinsichten einer Gesellschaftskritik in der Tradition von Marx abmarkten zu lassen: „Der Materialismus hat immer und in all seinen Versionen gegenüber der chicen, der raffinierten Philosophie auch so ein Moment von Zurückgebliebenheit, von Bäuerlichkeit."[22] Ganz in diesem Sinne hielt Agnoli schon zu einem frühen Zeitpunkt gegenüber modischen Sprachtheorien fest: „Gewiss: Sprachlich durchsetzen können sich nur die Herrschenden, aber nicht weil sie sprechen, sondern weil sie herrschen." „'PC'-Sprachregelungen" betrachtete er als „heuchlerischen Versuch, gesellschaftliche Mißstände semantisch zu übertünchen".[23] Konservative sahen in Agnoli stets einen anarchistisch-kommunistischen Störenfried des akademischen Betriebs. In einer Prüfungssituation soll ein Professorenkollege ihn einmal angefahren haben: „Wenn Sie an die Macht kommen, stellen Sie mich sicher an die Wand!" Worauf Agnoli ebenso verschmitzt wie trocken erwiderte: „Wo denken Sie hin, Herr Professor. Wenn wir an die Macht kommen, sind Sie auf unserer Seite. Sie sind doch immer auf der Seite der Macht."[24]

Für jemanden, der mehrere Jahrzehnte als beamteter Wissenschaftler tätig war, hat Agnoli ein vergleichsweise schmales Gesamtwerk hinterlassen. Sein „persönliches Recht auf Faulheit" war ihm wichtig, und er sah sich als „Freund der kleinen Form".[25] Er konzentrierte sich auf Aufsätze, die sehr oft in nicht-akademischen Publikationen erschienen (häufig als Erstveröffentlichung in Zeitschriften der italienischen Linken), anstatt dicke

---

20 Agnoli/Bruhn: Die Zerstörung des Staates
21 Adorno: Kritik, S. 793
22 Adorno: Philosophische Terminologie, S. 175
23 Agnoli: 1968 und die Folgen, S. 10
24 Zitiert nach Markl: Eines konstruktiven Gedankens nicht fähig"
25 Agnoli/Bruhn: Die Zerstörung des Staates

Wälzer zu schreiben, die ungelesen in den Bibliotheken verstauben; und er las lieber, als sich wie viele seiner Universitäts-Kollegen in ein professorales Textverarbeitungsprogramm zu verwandeln, was ihn einmal zu der Äußerung animierte: „Lesen kostet Zeit, während Habermas schreibt."[26]

Einen Eindruck von Agnolis Lehrtätigkeit vermittelt seine *Subversive Theorie*, eine Mitschrift seiner vorletzten Vorlesung an der Freien Universität Berlin, die als dritter Band seiner *Gesammelten Schriften* erschienen ist. Liest man diese Ausführungen, wird einem schnell klar, dass in den Hörsälen der Lehranstalten nicht zwangsläufig jene akademische Langeweile herrschen muss, die heutzutage fast alle Studierenden erleiden müssen. Agnoli stand im schroffen Gegensatz zu den akademischen Theorieverwaltern und universitären Sachbearbeitern, die selbst noch Marx den kritischen und polemischen Stachel gezogen haben. Er blieb stets ein zu Empathie fähiger Denker, dem es um eingreifende Kritik – und immer wieder auch: Selbstkritik – ging. Nicht theoretische Stimmigkeit um ihrer selbst willen war Agnoli ein Anliegen, sondern es ging ihm um in Begriffe zu fassende reflektierte Erfahrung zum Zwecke der Intervention in die gesellschaftliche Wirklichkeit.

Agnoli versucht in der *Subversiven Theorie* von den antiken und christlichen Mythen über das Mittelalter bis zur Neuzeit die Geschichte der theoretisch-intellektuellen und der praktischen Subversion nachzuzeichnen. Er liefert Beispiele für einen möglichen anderen Umgang mit politischer Philosophie- und Ideengeschichte und zeigt, wie widerständige, subversive oder auch einfach nur unbequeme Denker und vor allem Denkerinnen im Mainstream der Wissenschaften missachtet, fehlinterpretiert oder auch pathologisiert wurden und werden. Den Begriff der Subversion definiert er als Form menschlicher Emanzipation in finsteren, also in repressiven und konterrevolutionären Zeiten. Hinsichtlich der Universität empfiehlt Agnoli die *Destruktion als Bestimmung des Gelehrten in dürftiger Zeit*, wie der Titel eines 1990 zuerst in der linken Monatszeitschrift *konkret* erschienenen Beitrags lautet. Die Subversion ist nicht die Revolution selbst, sondern ihre Vorbereitung. Sie bedeutet „Negation sans phrase, Negation als destructio, als eigenwillige Vernunft".[27] Die Subversion ist eine sowohl theoretische als auch praktische Tätigkeit, welche die Ordnung angreift, ohne jedoch

---

26 Agnoli/Bruhn: Die Zerstörung des Staates
27 Agnoli: Subversive Theorie, S. 16

wie Faschisten und andere Protagonisten einer konformistischen Revolte eine „noch ordentlichere Ordnung"[28] einzufordern.

Staats- und Demokratiekritik

In Agnolis Streifzug durch die Philosophiegeschichte lassen sich immer wieder die Grundzüge seiner Staats- und Politikkritik erkennen, wie er sie in seinen bekannteren Texten wie der *Transformation der Demokratie* entwickelt hat, die bis Anfang der 1990er-Jahre im deutschsprachigen Raum weit über linksakademische Kreise hinaus rezipiert wurde. Heute wird sie schlimmstenfalls als „linksfaschistisch" abqualifiziert, womit linker Staatskritik, die auf einen Verein freier Menschen abzielt, eine Wesensverwandtschaft mit faschistischer Demokratieverachtung unterstellt werden soll. Agnoli hat auf solche Vorwürfe dahingehend reagiert, dass er deutlich gemacht hat, dass er „den bürgerlichen Verfassungsstaat" nicht kritisiert, „weil die bürgerliche Verfassung das ist, was ein Carl Schmitt von ihr denkt, also die Institutionalisierung der Herrschaft einer Schwatzbude", sondern „als den Staat des Kapitals",[29] ohne dass er je die bürgerlichen Freiheitsrechte, die der Verfassungsstaat in aller Regel garantiert, gering geschätzt hätte.

Wenn es zum Wesen der Subversion gehört, dass der Mensch sich dagegen wendet, immer nur Gegenstand, reines Objekt zu sein, so müsste sich die Subversion nach Agnoli auch gegen die Politik richten, denn in ihr sei der Mensch „nie Mittelpunkt der Politik (wie die Parteien sagen), sondern er ist ein Mittel der Politik – etwa im Wahlakt als bloßes Mittel der Machtverteilung der Parteien untereinander".[30] Gegen die Institutionalisierung der Subversion setzte Agnoli seine Parlamentarismus- und Staatskritik, in der er auf eine Involutionstendenz der modernen Demokratien verwies. Diese führe dazu, dass die ursprünglich revolutionär-emanzipativen Institutionen, wie sie sich in Folge der Französischen Revolution entwickelt haben, sich im modernen Verfassungsstaat autoritär-rechtsstaatlicher Prägung in der zweiten Hälfte des 20. Jahrhunderts zu reinen Herrschafts- und Verwaltungsinstitutionen transformieren. Nach Agnoli würden sie dadurch

---

28 Agnoli: Subversive Theorie, S. 10
29 Agnoli/Bruhn: Die Zerstörung des Staates
30 Agnoli: Subversive Theorie, S. 29

für die allgemein menschliche Emanzipation, auf die das negative Potential in der Gesellschaft stets ziele, schlicht unbrauchbar.

Das Parlament ist für Agnoli eine spezielle Form der Repräsentation von Herrschaft, die mittels des Wahlaktes die Illusion der Selbstbestimmung der Beherrschten aufrechterhält. Zur Wahrnehmung dieser Funktion bedarf es der Präsenz der tatsächlichen gesellschaftlichen Macht im Parlament, nicht aber unbedingt der tatsächlichen Macht des Parlaments. Das Parlament spielt bei der Transformation von Herrschaftskonflikten in Führungskonflikte eine entscheidende Rolle. Der Herrschaftskonflikt findet zwischen zwei antagonistischen Gruppen statt, die sich ausschließende Ziele verfolgen. Agnoli hat hierbei in erster Linie den Konflikt zwischen Arbeit und Kapital im Auge, der für ihn – in diesem Punkt einem sehr traditionsmarxistischen Marx-Verständnis folgend – in seiner ursprünglichen Konstitution einen über das System hinausweisenden Widerspruch darstellt. Ein Führungskonflikt hingegen wird in der Konkurrenz verschiedener Führungseliten systemimmanent ausgetragen. Ein wesentliches Element der Transformation der Demokratie in einen autoritären Staat rechtsstaatlichen Typs ist nach Agnoli die Transformation des aus dem Widerspruch von Arbeit und Kapital entstehenden Herrschaftskonflikts in einen Führungskonflikt, bei dem es inhaltlich nur mehr um die Konkurrenz um die beste Betreuung des Widerspruchs von Kapital und Arbeit geht.

Am Beispiel der „Anti-Institution" des römischen Volkstribunats legt Agnoli dar, dass Macht nicht dann wirksam kontrolliert und schon gar nicht sabotiert werden kann, wenn sich die Subversion auf die Institutionen der Macht einlässt, sondern nur dann, „wenn die Vernunft auf der Straße in Permanenz tagt".[31] Dementsprechend war Agnoli ein Gegner jenes Marsches durch die Institutionen, mit dem viele der von ihm zunächst inspirierten 1968er-Aktivisten ihre Anpassung ans Bestehende vor sich selbst legitimiert haben. Er wusste, dass die Institutionen in aller Regel stärker sind als die Menschen, die sich in sie hineinbegeben: „Der Staat ist ein Palast, in den man hineintritt, der aber keinen Hinterausgang hat."[32] Agnoli begriff Politik als per se staatliche. Gegen den Mainstream der Linken in den 1970er und 1980er-Jahren rief Agnoli nicht zu einer „allgemeinen Politisierung" auf, sondern forderte vielmehr die Befreiung des Privaten vom Politischen im Sinne eines Zurückdrängens der Verstaatung der Gesellschaft. Gegen die Gleichsetzung von Politik und Öffentlichkeit im bür-

---

31 Agnoli: Subversive Theorie, S. 79
32 Burgmer: Das negative Potential, S. 21

gerlichen Bewusstsein hielt er an der Marx'schen Kommunismusvorstellung fest: „eine Öffentlichkeit ohne politischen Charakter, das heißt eine Öffentlichkeit ohne Herrschaftsstrukturen"[33], was eine „Gesellschaft der Freien und Gleichen"[34] ganz im Sinne von Marx meint.

Mit Bezug auf den marxistischen Staats- und Rechtskritiker Eugen Paschukanis ging es Agnoli nicht in erster Linie um die jeweils unterschiedlichen Staatsformen und ihre Institutionen, sondern um die „Form Staat"[35], die in den diversen Epochen der kapitalistischen Produktionsweise immer notwendig sei, um dem gestörten ökonomischen und gesellschaftlichen Verhältnis in der „Form Politik" eine je unterschiedlich erscheinende, vermittelnde und organisierende Gewalt zu verleihen, die selbst nicht identisch ist mit dem Geschäft, das sie letztlich zu sichern hat. Die diversen Streitigkeiten über gutes und schlechtes Regieren, über Korruption und das Fehlverhalten einzelner Politiker sah Agnoli als Erscheinungsformen des Politischen. Das Wesen der Politik sah er hingegen darin, dass es sich bei ihr um ein „System der Machteroberung, -erhaltung und -ausübung" handelt, um eine „institutionelle, teils konstitutionelle Form der Staatlichkeit, in die sich gesellschaftliche und ökonomische Herrschaft übersetzt".[36]

Der Staat muss sich nach Agnoli angesichts der Krisenhaftigkeit kapitalistischer Gesellschaften nicht nur in die Rolle des ideellen Gesamtkapitalisten im Sinne von Marx und Engels hineindenken, sondern auch in die Rolle des ideellen Gesamtproletariers. Als politischer Souverän in der Form Staat vermittelt er die Widersprüche der antagonistischen kapitalverwertenden Gesellschaft. Um die „grundlegende, objektive Bedingung der Kapitalakkumulation" zu sichern, muss der Staat „die gesellschaftliche Existenz der Arbeiter organisatorisch fassen und teilweise ökonomisch tragen".[37] Der Staat formiert die bürgerliche Klasse zu einer Einheit, die durch den Zirkulations- und Produktionsprozess nicht gegeben ist. Er setzt einerseits spezifische Klasseninteressen des Kapitals durch und gleicht widerstrebende Interessen zwischen einzelnen Kapitalfraktionen aus. Andererseits berücksichtigt er aber auch allgemeine, klassenübergreifende Interessen, fasst gesellschaftliche Widersprüche zusammen und geriert sich als Garant des Allgemeinwohls. Der Staat kann nach Agnoli „kein Agent des

---

33 Agnoli: Subversive Theorie, S. 73
34 Agnoli: Der Staat des Kapitals, S. 115
35 Neupert: Staatsfetischismus, S. 91
36 Agnoli: Die Transformation der Linken
37 Agnoli: Der Staat des Kapitals, S. 35

Kapitals sein, weil das Gesamtkapital keine reale Größe ist, sondern eine allerdings reale Vermittlung [...] Er richtet sich nur punktuell nach dem Einzeldruck, im wesentlichen organisiert er die gesamtgesellschaftliche Reproduktion in der allgemeinen Linie des gemeinsamen Interesses aller Einzelkapitale an der Akkumulation." In der „immanenten Anarchie der Kapitalbewegung" mit ihrem „doppelten Konflikt" zwischen den Einzelkapitalen einerseits und den Klassen andererseits ist es nach Agnoli einzig der Staat, der als „realer Gesamtorganisator" zu agieren vermag.[38]

Agnoli unterscheidet grundsätzlich zwischen einer fundamentalen Opposition und einer integrierten Opposition. Er hat betont, dass eine radikale Opposition auch innerhalb des falschen Ganzen eine zentrale Kontrollfunktion im Sinne einer demokratisch-kritischen Öffentlichkeit erfüllt, da eine gemäßigte Linke immer dazu neigt, über bestimmte Missstände zu schweigen. Agnoli verdeutlicht, dass „nur Fundamentalopposition daran interessiert ist, politische und gesellschaftliche Mißstände schonungslos aufzudecken. Die konstitutionelle Opposition wird immer innerhalb eines eng gesteckten Rahmens bleiben: Mißstände werden nur aufgedeckt, sofern dies den Regierungswechsel begünstigt oder die periodische Mandatsverteilung beeinflußt".[39]

Gegen reformistische Politikkonzeptionen hat Agnoli auf die strukturelle Unmöglichkeit von systemtransformierenden Reformen verwiesen: Die materielle Grundlage der Politik ist der Erfolg des unter der Obhut eines Staates produzierenden Kapitals. Die ökonomische Existenzbedingung des Staates ist die Aufrechterhaltung der Mehrwertproduktion. Der Staat hat die Grundlagen zur erfolgreichen Kapitalakkumulation zu garantieren und möglichst zu verbessern. Durch die Besteuerung des produzierten Mehrwerts und der Löhne eignet sich der Staat seine materielle Grundlage an und erhält so die Möglichkeit zur Politik. Das strukturelle Problem für emanzipative Politik besteht darin, dass der Staat, sobald seine politischen Maßnahmen eine Quantität und Qualität annehmen, dass sie tatsächlich als Beitrag zu einer allgemeinen Emanzipation verstanden werden könnten und nicht mehr nur eine andere Verteilung des Elends bedeuten, sich tendenziell selbst seine materielle Basis entzieht. Durch emanzipative Politik werden die Möglichkeiten zur Kapitalakkumulation eingeschränkt. Die Masse des Mehrwerts sinkt und konservative Politiker sowie Wirtschaftsführer behalten unabhängig von allem ideologischen und strategischen

---

38 Agnoli: Der Staat des Kapitals, S. 48, 46
39 Agnoli: Die Transformation der Demokratie, S. 89

Brimborium recht, wenn sie meinen, wo nichts ist, kann auch nichts verteilt werden. Greift der Staat derart in die Produktion ein, dass die Mehrwertproduktion verringert wird, kratzt er bereits an seiner Fähigkeit zu weiteren Interventionen, da er beginnt, sich selbst seine Lebensgrundlage streitig zu machen. Agnoli verweist auf das „reproduktionslogische Dilemma jeder 'fortschrittlichen Regulation' des Kapitalismus: keine Politik ohne Verwertung – und umgekehrt."[40]

Faschismus, Postfaschismus & Postnazismus

Agnolis Arbeiten beschreiben den Umschlag der negativen Dialektik des Liberalismus, der „klassischen Form des Klassenstaats liberal-polizeilichen Typus", in dem der Staat wirtschaftspolitisch als „Nachtwächterstaat", innenpolitisch aber stets, wie Agnoli immer wieder betont hat, als „Tagespolizist" gegen das rebellische Proletariat auftritt,[41] in den Faschismus – eine Entwicklung, deren Beginn er im Zeitalter des klassischen Imperialismus am Ende des 19. Jahrhunderts datierte. Mit Bezug auf Alfred Sohn-Rethels Analysen zur Klassenstruktur im deutschen Nationalsozialismus begriff Agnoli Faschismus im ökonomiekritischen Sinne als die politische Absicherung eines aus den Verwertungsschwierigkeiten des Kapitals und dem Zusammenbruch des Weltmarktes resultierenden Rückgriffs auf die absolute Mehrwertproduktion im Gegensatz zur relativen. Der faschistische „Raub- und Eroberungskrieg" sei ein „notwendiger Bestandteil der Krisenlösungsstrategie".[42] Die politische Gewalt im faschistischen Staat richtet sich im Gegensatz zum bürgerlichen Verfassungsstaat nicht nur gegen die revolutionäre, sondern auch gegen die reformistische Arbeiterbewegung, was Agnoli als „Spezifikum der faschistischen Form bürgerlicher Herrschaft" bezeichnet, die zugleich den „gemeinsamen Nenner aller bürgerlichen Herrschaftsformen in Erinnerung" rufe.[43]

Nach Agnoli war der italienische Faschismus für die bürgerlich-kapitalistischen Gesellschaften der Nachkriegszeit deutlich wichtiger als der deutsche Nationalsozialismus, dessen Vernichtungswahn er aus der kapita-

---

40 Schlemmermeyer: Kritik der Politik als Politikwissenschaft?
41 Agnoli: Der Staat des Kapitals, 43 f.
42 Agnoli: Faschismus ohne Revision, S. 102
43 Ebenda, S. 111

listischen Logik herausfallen sah: Die „Zerstörung von Arbeitskräften gehört nicht zu dieser Logik, auch wenn das deutsche Kapital der Nutznießer gewesen ist".[44] Im Gegensatz zum Nationalsozialismus sei dem italienischen Faschismus keine Ideologie der Volksgemeinschaft eigen gewesen, sondern „eine Ideologie der Neutralisierung der Klassenverhältnisse. Die Klassenverhältnisse wurden als Realität anerkannt, aber sie sollten institutionalisiert werden – was in Deutschland nicht der Fall war, denn hier wurde die Klassenstruktur einfach geleugnet und mit der Volksgemeinschaft übertüncht. Nicht von ungefähr wurden die Gewerkschaften in Deutschland verboten. In Italien dagegen bestanden sie fort, wenn auch in faschistischer Verkleidung. Der Korporatismus [...] bedeutete den Versuch, die Klassenstruktur durch den Einbau der Exponenten dieser Klassen in gemeinschaftliche Institutionen unter der Ägide des Staates zu neutralisieren." Der Faschismus sei „keine Diktatur im üblichen Sinne des Wortes" gewesen, sondern er habe „versucht, einen allgemeinen Konsens jenseits der gesellschaftlichen Konflikte herzustellen".[45]

Mitunter tendiert Agnoli dazu, sich in seiner Kritik zu sehr auf eine Manipulation der sogenannten Beherrschten durch die scheinbar selbstbewusst Herrschenden zu konzentrieren. In seinen faschismustheoretischen Schriften findet sich zwar nie jener vorbehaltlose Bezug auf die angeblich nur verhetzte Arbeiterklasse, das Volk oder die Massen, wie man es von der nationalistischen Linken kennt, aber auch bei Agnoli ist, selbst noch wenn es um den Antisemitismus geht, vorrangig von Herrschaftstechniken die Rede. Das weist Ähnlichkeiten zu einigen problematischen Formulierungen in Adornos und Horkheimers *Dialektik der Aufklärung* auf, in denen sie den „hohen Auftraggebern", die wüssten, worum es eigentlich gehe, bescheinigen, die Juden nicht zu hassen. Ähnlich wie Agnoli konstatieren sie, der Antisemitismus diene der Herrschaft zur Ablenkung und Korrumpierung. Während die herrschenden Kreise ihn unterhielten, würden die Beherrschten ihn ausüben.[46]

Agnoli weist zwar darauf hin, dass er nicht in der Lage sei, die Shoah „mit irgendwelchen rationalen, marxistischen oder sonstigen Kategorien zu begreifen",[47] und er hält an der richtigen Charakterisierung der Massenvernichtung als Ausdruck einer „totalen Irrationalität der Herrschaft"

---

44 Agnoli: Die Verhärtung der politischen Form, S. 19
45 Ebenda
46 Horkheimer/Adorno: Dialektik der Aufklärung, S. 179
47 Agnoli: Faschismus ohne Revision, S. 10

fest.⁴⁸ Den Antisemitismus *vor* dem Schritt zur bürokratisch organisierten und sowohl industriell wie handwerklich betriebenen Massenvernichtung im Nationalsozialismus begreift aber auch er nur als Mittel zu einem außerhalb des Antisemitismus liegenden Zweck. Die Behauptung von der „jüdisch-bolschewistischen Weltverschwörung" wird von ihm nicht als selbst geglaubte Lüge, als aus dem auf die Spitze getriebenen Irrsinn kapitalistischer Warenproduktion und staatlicher Herrschaft resultierende pathologische Projektion begriffen, sondern als eines der „Hauptinstrumente zur Integration und Manipulation auf Massenniveau" beschrieben.⁴⁹ Es besteht hier die Gefahr einer Verharmlosung des Antisemitismus als ein besonders hinterhältiges Herrschaftsmittel, das den scheinbar selbstbewusst Herrschenden zur kalkulierten Machtsicherung je nach Lage der Dinge frei zur Verfügung steht. Der real vorhandene Antisemitismus in herrschenden Kreisen droht dadurch unbeachtet zu bleiben und in Bezug auf die aus ihm resultierenden Handlungen ebenso unterschätzt zu werden wie der auch ohne große Überredung oder Manipulation „von oben" vorhandene Antisemitismus bei den abhängigen Klassen.

Agnoli hat mehrfach nachdrücklich darauf hingewiesen, dass wir es in den europäischen Nachkriegsstaaten keineswegs mit Gesellschaften zu tun haben, die aus dem Nichts entstanden sind, sondern mit postfaschistischen Gesellschaften, die zahlreiche Komponenten des Faschismus, wie beispielsweise den Korporatismus, in modifizierter und transformierter Form in sich aufgenommen haben. Der Faschismus dürfe nicht auf „die formalisierte Barbarei von 'totalitärer Herrschaft'" und insbesondere nicht auf die nationalsozialistische Vernichtungspraxis reduziert werden, da sonst nicht mehr zu analysieren wäre, inwiefern das faschistisch korporatistische Modell der staatlichen Integration von Arbeit und Kapital unter der Ägide des politischen Gesellschaftsplaners partiell Eingang fand in die korporatistischen Modelle der Nachkriegsgesellschaften. Agnoli setzte die sozialpartnerschaftlichen Modelle im Europa nach 1945 nicht einfach mit dem faschistischen Sozialpakt gleich, versuchte aber darzustellen, was „zum Beispiel am westdeutschen Programm der sozialen Symmetrie oder an der Politik der französischen *planification* generell technokratische und was speziell faschistisch-korporative Züge aufweist".⁵⁰

---

48 Agnoli: Faschismus ohne Revision, S. 52
49 Ebenda, S. 127
50 Ebenda, S. 28 f.

Die spezifischen Ausprägungen des postfaschistischen Sozialpakts, die auf den Erfahrungen des Faschismus aufruhende etatistische Organisation des Widerspruchs von Kapital und Arbeit in den meisten europäischen Nachkriegsgesellschaften, entstehe nicht „naturwüchsig aus den Marktgesetzen", sondern stelle „vielmehr den Versuch dar, den aus den Fugen geratenen Markt wieder in die eigene Gesetzlichkeit zurückzuführen: bewußter Eingriff in das Verhältnis Arbeit–Kapital, um dessen (kapitalistisch verstandene) 'Naturwüchsigkeit' wiederherzustellen und den Arbeitsmarkt wieder akkumulationsgerecht zu regeln".[51] In der postfaschistischen Gesellschaft ist nicht nur das Kapitalverhältnis im Staat gegenwärtig, sondern der Staat wird – im Gegensatz zum liberalen Staat der frühbürgerlichen Epoche, der weitgehend auf den Zwang der ökonomischen Gesetzmäßigkeiten vertraute – in das Kapitalverhältnis hereingeholt und agiert als Gesellschaftsplaner und präventiver Krisenbewältiger.

Der spätkapitalistische Staat in der zweiten Hälfte des 20. Jahrhunderts basiert auf den Erfahrungen des Herrschaftspersonals im Faschismus, die durch die militärische Niederlage von Faschismus und Nationalsozialismus nicht einfach revidiert wurden. Der Faschismus habe mit seinen wirtschafts- und sozialpolitischen Organisationsformen und politisch mit seinen institutionellen Strategien zur präventiven Abwehr radikaler Umwälzungen Komponenten entwickelt, die in die Kontinuität des bürgerlichen Staates eingegangen und irreversibel seien: „Hört […] eine Epoche auf, faschistisch zu sein, so bedeutet dies keineswegs, daß der Faschismus aufhören würde zu existieren und weiterzuwirken." Er wird nach Agnoli vielmehr „zu einer irreversiblen Komponente der kapitalistischen Gesellschaft".[52] Der westdeutsche Staat der Nachkriegszeit sei der Versuch, „durch eine Auflösung der Ambivalenz der Vertretungsorgane und der Vertretungsparteien", die Agnoli im frühen Liberalismus und in der vorfaschistischen bürgerlichen Gesellschaft noch gegeben sah, „die Notwendigkeit des offenen Terrors in Krisenzeiten zu umgehen".[53]

Mit seinem Insistieren auf das Fortwesen des Faschismus, bei gleichzeitiger Zurückweisung der Gleichsetzung staatlicher Repression im demokratischen Rechtsstaat mit den Praktiken des italienischen Faschismus und des deutschen Nationalsozialismus, formuliert Agnoli eine ähnliche Warnung wie Adorno, als dieser darauf verwies, dass er das Nachleben

---

51 Agnoli: Die Transformation der Demokratie, 198
52 Agnoli: Faschismus ohne Revision, S. 74
53 Agnoli: Die Transformation der Demokratie, S. 41

faschistischer Tendenzen *in* der Demokratie für potentiell bedrohlicher erachte als das Nachleben faschistischer Tendenzen *gegen* die Demokratie: „Die Einsicht, daß der Faschismus nicht etwa eine Art ‚alternativer Überbau' ist, sondern daß er, einmal als Herrschaftsform etabliert, die Bedingungen, die er vorfindet, qualitativ und irreversibel verändert, verbindet Agnolis Analysen mit denen der ‚Kritischen Theorie' Horkheimers oder Adornos."[54]

Anders aber als bei Adorno und Horkheimer erfährt bei Agnoli die Tatsache, dass es sich bei der BRD nicht nur um einen postfaschistischen, sondern vor allem um einen postnazistischen Staat handelt, wenig Beachtung. Auch wenn Agnoli stärker und früher als andere auf Unterschiede zwischen dem italienischen Faschismus und dem deutschen Nationalsozialismus hingewiesen hat, fehlt es bei ihm zuweilen an einer Zuspitzung der Kritik der postnazistischen deutschen Gesellschaft, die sich in vielen Punkten von der italienischen postfaschistischen Gesellschaft unterscheidet.

Nach Agnoli zielen Faschismus und liberale Herrschaftspraxis auf das gleiche Ziel der Aufrechterhaltung der Akkumulationsbedingungen in der kapitalistischen Gesellschaft. Die Methode ist beide Male repressiv, in der Konkretisierung aber das eine Mal terroristisch, das andere Mal konstitutionell, und es seien nur „besondere Umstände", die die bürgerliche Gesellschaft „auf den Weg des Terrors zwingen".[55] Beide Wege stehen der bürgerlichen Gesellschaft nach Agnoli stets offen: „Der Kapitalismus will keinen Faschismus, sondern die Sicherung der Profite."[56] Die Frage „Welche politische Form braucht das Kapital"[57] bleibt eine immer wieder aufs Neue zu beantwortende. Agnoli ging am Beginn des 21. Jahrhunderts davon aus, dass eine „sehr viel härtere politische Form" zur „Reproduktion des weltweiten Kapitals" notwendig sein wird, nicht zuletzt, um die „Privilegien der Metropolen" zu garantieren und „gegen den Rest der Welt zu behaupten […] der zwar zum Weltmarkt gehört, aber völlig außerhalb des Wohlstandes und aller kapitalistischer Segnungen liegt".[58]

Neben solch einer wohlstandschauvinistischen, auf Abwehr der verarmten Massen ausgerichteten „Verhärtung des objektiven Zwangscharak-

---

54 Nachtmann: Kapitalistische Krise und Gesellschaftsplanung, S. 87
55 Agnoli: Faschismus ohne Revision, S. 24
56 Ebenda, S. 43
57 Agnoli: Die Verhärtung der politischen Form, S. 23
58 Ebenda, S. 25

ters der Gesellschaft"⁵⁹ sah er am Ende seines Lebens auch die islamischen Dschihadisten als wichtige Protagonisten gesellschaftlicher Regression und sprach von ihnen als einer ähnlichen Bedrohung für die allgemein menschliche Emanzipation, wie es historisch die Faschisten gewesen seien: „Auch sie [...] wollen niemals Freiheit, im Gegenteil. Ihr Wunschtraum ist es, die ganze Welt zu islamisieren. Dass sie das Befreiung nennen, liegt an der ideologischen Verwendung der Begriffe."⁶⁰

Die Auseinandersetzungen über Nation und Nationalismus, über Antisemitismus und ressentimenthafte Kapitalismuskritik, wie sie seit Anfang der 1990er Jahre vor allem in der Linken in den deutschsprachigen Ländern geführt werden, und die bei einer Diskussion über zukünftige „härtere Formen" der Vergesellschaftung eine entscheidende Rolle spielen sollten, konnten aus Agnolis Texten jedoch kaum Impulse erhalten. Das liegt in erster Linie daran, dass jene grundlegende Gemütslage nationalstaatlicher Warenmonaden, die sich darin äußert, dass man sich permanent betrogen und übervorteilt fühlt, einen diffusen Hass gegen „die da oben" hegt und schlimmstenfalls auch noch von geheimen Mächten im Hintergrund phantasiert, die am eigenen Elend Schuld sein sollen, bei Agnoli nicht Gegenstand der Kritik ist, sondern ganz im Gegenteil immer wieder als Beleg für die grundsätzliche Widerständigkeit der abhängigen Massen herhalten muss. Die zum Teil rassistischen, vor allem aber antisemitischen Implikationen jenes antikapitalistischen Ressentiments, das einzelne Kapitalistinnen und Kapitalisten oder Politikerinnen und Politiker kritisiert, aber nicht das Kapital oder den Staat als solchen, bekommt Agnoli nur selten in den Blick. Selbst noch der rigide Antiintellektualismus der deutschen Werktätigen, der fast nie ohne eine latente antisemitische Einfärbung auskommt, schien ihm bisweilen eine Bestätigung für die ursprüngliche Aversion der Arbeiter gegen Herrschaft jeglicher Art zu sein.⁶¹

---

59 Agnoli: Die Transformation der Linken
60 Burgmer: Das negative Potential, S. 19
61 Vgl. Agnoli: 1968 und die Folgen, S. 106

Kategorische Imperative

Was heute ansteht, ist gleichermaßen eine Radikalisierung wie auch eine Relativierung von Agnolis Kritik der Politik vor dem Hintergrund der Neurezeption der Marx'schen Fetischkritik und in Reflexion auf die Globalisierung der postnazistischen Konstellation, bei der herauszuarbeiten wäre, dass die Erfahrung des Faschismus und Nationalsozialismus nicht nur für die europäischen Gesellschaften zentrale Bedeutung hatte. Notwendig wäre eine Kritik an der begeisterten Bezugnahme auf jede auch nur irgendwie widerständige Regung der wert- und staatsfetischistischen spätbürgerlichen Subjekte und an der diesen Regungen im Postnazismus fast zwangsläufig innewohnenden Affirmation der Volksgemeinschaft und ihrer heutigen Surrogate. Gegenüber Agnolis Kritik an der repräsentativen Demokratie mit ihren vermittelnden Instanzen und gegenüber seinem Setzen auf die emanzipativen Impulse des Volkes, das unmittelbar souverän werden soll, ist angesichts der Erfahrung mit der nationalsozialistischen Volksbewegung und der seit Anfang der 1990er-Jahre zunehmenden Agitation rechtsradikaler und rechtsextremer Parteien für direktdemokratische Verfahrensweisen äußerste Skepsis angebracht – auch, wenn Agnolis Kritik von ihrer Intention her den antiemanzipativen Attacken auf Repräsentation und die vermittelnden Instanzen diametral entgegengesetzt ist und statt auf ein diffuses „gesundes Volksempfinden" auf mündige, vernünftige Individuen rekurriert, die allerdings so in der spätkapitalistischen postfaschistischen und postnazistischen Gesellschaft als kollektiv handelndes Subjekt nicht mehr existieren – und tendenziell nicht einmal mehr als Vereinzelte.

Subversive Strategie im Sinne Agnolis müsste heute auch bedeuten, dass sich Gesellschaftkritik und insbesondere eine radikale Kritik an Staat und Kapital immer wieder aufs Neue ins Bewusstsein ruft, dass es etwas Schlimmeres gibt als die bürgerlich-kapitalistische Vergesellschaftung und ihre demokratisch-rechtsstaatliche Gewalt: ihre negative Aufhebung. Solange Freiheit im Sinne der Realisierung individueller und gesellschaftlicher Emanzipation keine Aussicht auf Erfolg hat, gilt es im Rahmen einer subversiven Strategie, die versucht, zumindest die Möglichkeiten kritischer Reflexion über die fetischistisch konstituierte, auf Herrschaft und Ausbeutung beruhende Gesellschaft aufrecht zu erhalten und zugleich das Schlimmste zu verhindern, jene Kräfte zu unterstützen, die sich gegen die Auflösung des schlechten Bestehenden in die antisemitische Barbarei stellen. Daraus resultiert eine unbedingte Parteilichkeit gegen jede Art falscher

Unmittelbarkeit und der Versuch, die Reste jener vom Zwang zu Kapitalproduktivität und Staatsloyalität systematisch beschädigten Mündigkeit zu retten, die eine Grundbedingung zur Verwirklichung jener Freiheit ist, für die Agnoli sich Zeit seines Lebens eingesetzt hat.

Agnolis Kritik orientiert sich durchgängig am Marx'schen kategorischen Imperativ, alle Verhältnisse abzuschaffen, „in denen der Mensch ein erniedrigtes, ein geknechtetes, ein verlassenes, ein verächtliches Wesen ist".[62] Der kategorische Imperativ Adornos hingegen, der in Reflexion auf den Nationalsozialismus und mit Bezug auf den Marx'schen kategorischen Imperativ festhält, dass es „im Stande der Unfreiheit" darum geht, alles „Denken und Handeln so einzurichten, dass Auschwitz sich nicht wiederhole, nichts ähnliches geschehe",[63] spielt für Agnolis Theoriebildung und seine politischen Urteile nur eine untergeordnete Rolle. Das zeigte sich exemplarisch an der unterschiedlichen Einschätzung der Revolte von 1968 durch Agnoli einerseits und durch die dieser Revolte deutlich skeptischer gegenüberstehende Kritische Theorie andererseits, die Joachim Bruhn im Gespräch mit Agnoli treffend zusammenfasst: „Adorno und Horkheimer haben immer aus der Erfahrung des Nationalsozialismus reflektiert, aus dem Umschlag der bürgerlichen Gesellschaft in die kapitale Barbarei heraus gedacht, während Du den Nazismus nach Maßgabe des italienischen Faschismus verstehst. Die Konsequenz dessen ist, daß die Rolle des Antisemitismus ignoriert oder verkannt wird. Deine Differenz zu Horkheimer/Adorno in Sachen Studentenbewegung rührt meines Erachtens daher."[64]

Die Debatten über Staats- und Kapitalkritik vor dem Hintergrund der Besonderheiten der israelischen Staatlichkeit, die für die Auseinandersetzungen in der deutschsprachigen Linken seit Beginn der neunziger Jahre zentral waren und zunehmend auch in der globalen Linken ankommen, hat Agnoli zwar interessiert verfolgt, sich aber nicht mehr öffentlich an ihnen beteiligt. Dennoch hob er sich auch in diesen Fragen vom Mainstream der Linken ab. Zwar existiert von ihm ein antizionistischer Text, den er als Vorwort zu Mario Offenbergs Dissertation über *Kommunismus in Palästina* ganz im Mainstream der damaligen Linken verfasst hat. Es ist dies aber ein Beitrag, der ihm später so unangenehm war, dass er ihn nach Auskunft eines seiner Verleger am liebsten vergessen machen wollte. In den 1980er-

---

62 Marx: Zur Kritik der Hegelschen Rechtsphilosophie, S. 385; Agnoli: Die Transformation der Demokratie, S. 20
63 Adorno: Negative Dialektik, S. 358
64 Agnoli/Bruhn: Die Zerstörung des Staates

Jahren, als es in der ihrem Selbstverständnis nach „radikalen" Linken noch nahezu Konsens war, von Israel als einem „nazi-ähnlichen", „zionistisch-imperialistischen Gebilde" zu reden, intervenierte er nach Auskunft einiger seiner ehemaligen Studenten in öffentlichen Veranstaltungen zumindest dahingehend, dass er gegen die Titulierung des Staates der Shoahüberlebenden und ihrer Nachkommen als „Brückenkopf des Imperialismus" in Erinnerung rief, dass Israel im Westen lange Zeit als Brückenkopf des Sozialismus wahrgenommen wurde und insbesondere in den ersten Jahrzehnten nach der Staatsgründung ein starker Einfluss linkssozialistischer Gedanken in der israelischen Gesellschaft existierte. Agnoli artikulierte damit keine fundierte Kritik am antizionistischen linken Mainstream, brachte aber immerhin seine Skepsis gegenüber den linken Phrasen zum Ausdruck, die er auch in diesem Fall nicht als unhintergehbare Dogmen zu akzeptieren bereit war.

„*basso continuo* der Ironie"

Agnoli, „Marxist, Anarchist und Kommunist in einem",[65] ordnete sich keinem Dogma unter und setzte auf die „Kraft des Zweifels".[66] Er führte ein „Leben zwischen allen Stühlen […] und […] ohne asketische Grundhaltung".[67] Mit seiner häretischen Kritik proklamierte er augenzwinkernd einen „Marxismus-Agnolismus", mit dem er den historischen Widerspruch von kommunistischer und anarchistischer Kritik aufheben und Marx als den „besseren Anarchisten" zeigen wollte, als der sich dieser selbst verstand.[68] Zugleich erklärte er, er würde „in dem Moment, in dem der Marxismus-Agnolismus […] zum politischen Programm irgendeiner Gruppe erhoben würde", umgehend aus seiner „eigenen Theorie austreten".[69]

Agnolis Kritik eines autoritären Staates rechtsstaatlicher Prägung, seine Überlegungen zur Notwendigkeit von Fundamentalopposition und zur Integrationskraft der bestehenden Ordnung bezüglich oppositioneller Kräfte,

---

65 Narr: Johannes Agnoli
66 Agnoli/Bruhn: Die Zerstörung des Staates
67 Dahlmann: Der Kommunismus ist wichtig
68 Burgmer: Das negative Potential, S. 16
69 Agnoli/Bruhn: Die Zerstörung des Staates

zum Fortwesen der faschistischen Ideologie und ihrer Herrschaftstechniken und zum Staat als Gesellschaftsplaner, wie sie sich in dem Band *Der Staat des Kapitals* und in seinen faschismustheoretischen Schriften finden, seine Charakterisierung der postnazistischen Parteienlandschaft der BRD als „plurale Fassung einer Einheitspartei"[70] und seine Prognosen zu einer zukünftigen abermaligen Verhärtung der politischen Form haben nichts an Aktualität verloren. Bei aller Kritik an seiner positiven Bezugnahme auf „die Beherrschten", an seiner mitunter traditionsmarxistischen Interpretation der Kritik der politischen Ökonomie, an einem funktionalistischen Antisemitismusbegriff in seinen faschismustheoretischen Schriften und an seinen praxisfetischistischen Einwänden gegen die Kritische Theorie Adornos und Max Horkheimers, bleibt die ebenso ernsthafte wie charmante Kritik dieses „Partisanenprofessors"[71] und seine Verweigerung gegenüber falschen Autoritäten nicht nur angesichts des staatsidealistischen Konformismus großer Teile der heutigen Linken aktuell, sondern allein schon als Gegengift gegen ihre verbiesterte Humorlosigkeit: „Die Melodie, die die versteinerten Verhältnisse zum Tanzen bringen soll, braucht den *basso continuo* der Ironie."[72]

Literatur

Adorno, Theodor W.: Negative Dialektik [1966], Gesammelte Schriften, Bd. 6, Frankfurt am Main 1997

Adorno, Theodor W.: Philosophische Terminologie, Bd. 2, Frankfurt am Main 1992

Adorno, Theodor W.: Kritik, in: Adorno, Theodor W., Gesammelte Schriften, Bd. 10.2, Frankfurt am Main 1997

Agnoli, Johannes: Vorwort, in: Offenberg, Mario: Kommunismus in Palästina. Nation und Klasse in der antikolonialen Revolution, Meisenheim am Glan 1975

Agnoli, Johannes: Die Transformation der Demokratie und andere Schriften zur Kritik der Politik, Freiburg 1990

Agnoli, Johannes: Der Staat des Kapitals und weitere Schriften zur Kritik der Politik, Freiburg 1995

Agnoli, Johannes: Faschismus ohne Revision, Freiburg 1997

Agnoli, Johannes: 1968 und die Folgen, Freiburg 1998

---

70 Agnoli: Die Transformation der Demokratie, S. 53
71 Bruhn: Das Einfache des Staates
72 Agnoli: Der Staat des Kapitals, S. 20

Agnoli, Johannes: Subversive Theorie. „Die Sache selbst" und ihre Geschichte, Freiburg 1999

Agnoli, Johannes (2000): Die Transformation der Linken. Der Lange Marsch von der Kritik des Politischen zum Glauben an den Staat, in: DIE ZEIT, 17.2.2000, http://www.zeit.de/2000/08/200008.t-agnoli_.xml (Zugriff: 12.8.2016)

Agnoli, Johannes: Politik und Geschichte, Freiburg 2001

Agnoli, Johannes: Die Verhärtung der politischen Form. Das Kapital und die Zukunft des Faschismus am Ende der liberaldemokratischen Epoche, in: Grigat, Stephan (Hrsg.): Transformation des Postnazismus. Der deutsch-österreichische Weg zum demokratischen Faschismus. Freiburg 2003

Agnoli, Johannes / Bruhn, Joachim (2003): Die Zerstörung des Staates mit den Mitteln des Marxismus-Agnolismus. Johannes Agnoli im Gespräch mit Joachim Bruhn. https://talipidae.wordpress.com/2007/03/29/die-zerstorung-des-staates-mit-den-mitteln-des-marxismus-agnolismus/ (Zugriff: 29.7.2016)

Agnoli, Johannes / Mandel, Ernest: Offener Marxismus. Ein Streitgespräch über Dogmen, Orthodoxie und die Häresie der Realität, Frankfurt am Main: Campus 1980

Bruhn, Joachim (2003): Das Einfache des Staates. Abschied von Johannes Agnoli, http://www.ca-ira.net/isf/beitraege/pdf/isf-nachrufe.johannes.agnoli.pdf (Zugriff: 31.7.2016)

Burgmer, Christoph: Das negative Potential. Gespräche mit Johannes Agnoli, Freiburg 2002

Dahlmann, Manfred (2003): Der Kommunismus ist wichtig, aber Osso bucco ist auch nicht ohne: Johannes Agnoli, http://www.ca-ira.net/isf/beitraege/pdf/isf-nachrufe.johannes.agnoli.pdf (Zugriff: 31.7.2016)

Demirović, Alex: Der nonkonformistische Intellektuelle. Die Entwicklung der Kritischen Theorie zur Frankfurter Schule, Frankfurt am Main 1999

Horkheimer, Max: Traditionelle und kritische Theorie. Fünf Aufsätze. Frankfurt am Main 1995

Horkheimer, Max: Die Sehnsucht nach dem ganz Anderen. Ein Interview mit Kommentar von Helmut Gumnior. Hamburg 1970

Horkheimer, Max: Nachgelassene Schriften 1949-1972, Gesammelte Schriften, Bd. 14, Frankfurt am Main 1988

Horkheimer, Max / Adorno, Theodor W.: Dialektik der Aufklärung. Philosophische Fragmente [1947], in: Adorno, Theodor W.: Gesammelte Schriften, Bd. 3, Frankfurt am Main 1997

Horkheimer, Max / Adorno, Theodor W.: [Diskussion über Theorie und Praxis] (1956), in: Horkheimer, Max: Gesammelte Schriften, Bd. 19, Frankfurt am Main 1996

Kraushaar, Wolfgang (2008) Die Furcht vor einem „neuen 33". Protest gegen die Notstandsgesetzgebung, in: Geppert, Dominik / Hacke, Jens (Hrsg.), Streit um den Staat: Intellektuelle Debatten in der Bundesrepublik 1960–1980, Göttingen 2008

Markl, Florian (2003): „Eines konstruktiven Gedankens nicht fähig", in: Context XXI, 4-5, http://www.contextxxi.at/context/context/content/view/153/90/ (Zugriff: 29.7.2016)

Marx, Karl: Zur Kritik der Hegelschen Rechtsphilosophie. Einleitung, in: Marx-Engels-Werke, Bd. 1, Berlin: Dietz 1988

Nachtmann, Clemens: Kapitalistische Krise und Gesellschaftsplanung, in: Bruhn, Joachim et al. (Hrsg.): Geduld und Ironie. Johannes Agnoli zum 70. Geburtstag. Freiburg 1995

Nachtmann, Clemens (2003): Der letzte Gelehrte. Nachruf auf Johannes Agnoli, http://www.ca-ira.net/isf/beitraege/pdf/isf-nachrufe.johannes.agnoli.pdf (Zugriff: 31.7.2016)

Nachtmann, Clemens (2003): Ein Staatsfeind mit Lehrstuhl. Michael Heinrich, Joachim Bruhn und Clemens Nachtmann zur Erinnerung an Johannes Agnoli, Eine Sendung von Stephan Grigat, http://www.cafecritique.priv.at/mp3/staatsfeind.mp3 (Zugriff 13.8.2016)

Narr, Wolf-Dieter (2003): Johannes Agnoli, http://www.graswurzel.net/281/agnoli.shtml (Zugriff: 12.8.2016)

Neupert, Alexander: Staatsfetischismus. Rekonstruktion eines umstrittenen Begriffs. Münster 2013

Schlemmermeyer, Jan: Kritik der Politik als Politikwissenschaft? Zur Aktualität der Staatstheorie von Johannes Agnoli und den Chancen einer kategorialen Marxrezeption, in: PROKLA. Zeitschrift für kritische Sozialwissenschaft 160, 2010, http://www.academia.edu/16788470/Artikel_Agnoli_Prokla (Zugriff: 31.7.2016)

Autorinnen und Autoren

Thomas Ebermann, Jahrgang 1951, war in den siebziger Jahren Industriearbeiter und Mitglied des *Kommunistischen Bundes*. In den Achtzigern mühte er sich vergeblich, aus den Grünen eine nicht staatstragende Partei zu machen. Danach misslang auch das Projekt „Radikale Linke" und seitdem schreibt er in *Konkret*, ist Buchautor gemeinsam mit Rainer Trampert, mit dem er auch satirische Lesungen absolviert. In den letzten Jahren hat er in seiner „Vers- und Kaderschmiede" in Hamburg Prosa zu szenischen Lesungen bearbeitet und als Autor, Dramaturg, Regisseur und Kleindarsteller an den Inszenierungen *Der Firmenhymnenhandel* und *Der eindimensionale Mensch wird 50* mitgewirkt.

Stephan Grigat, Lehrbeauftragter für Politikwissenschaft an der Universität Wien; 2016/17 Gastprofessor für Israel Studies am Moses Mendelssohn Zentrum für europäisch-jüdische Studien der Universität Potsdam, 2015/16 Gastprofessor für kritische Gesellschaftstheorie an der Universität Gießen; Autor von *Die Einsamkeit Israels. Zionismus, die israelische Linke und die iranische Bedrohung* (Konkret 2014) und *Fetisch & Freiheit. Über die Rezeption der Marxschen Fetischkritik, die Abschaffung von Staat und Kapital und die Kritik des Antisemitismus* (ça ira 2007), Herausgeber von *AfD & FPÖ. Antisemitismus, völkischer Nationalismus und Geschlechterbilder* (Nomos 2017).

Maximilian Hauer wurde anlässlich der IV. Internationalen Degrowth-Konferenz im Jahr 2014 erstmals auf die Postwachstumsbewegung aufmerksam. Seitdem hat er sich mehrfach in Form von Vorträgen und Publikationen der Kritik der Alternativökonomie gewidmet, etwa als Mitverfasser der *16 Thesen zur Degrowth-Bewegung*. Der Autor ist Teil der Leipziger *translib*, die sich der Weiterentwicklung einer kritischen Theorie der bürgerlichen Gesellschaft widmet. Er arbeitet derzeit an einer Promotion zum Problem der Entfremdung in der klassisch deutschen Philosophie.

Frédéric Krier, geboren 1976, studierte Geschichte und Europastudien in Luxemburg, Straßburg und Frankfurt (Oder). 2007 promovierte er bei Heinz Dieter Kittsteiner. Seit 2008 ist er als Berater des geschäftsführenden Vorstands des *Unabhängigen Gewerkschaftsbundes Luxemburg* (OGBL) tätig, seit 2014 dort auch Zentralsekretär für die Bereiche Hochschule und Forschung.

Bakara Merle hat Politik und Wirtschaft studiert und beschäftigt sich aktuell in ihrer publizistischen Arbeit insbesondere mit ideengeschichtlichen Fragen der VWL.

Nadja Rakowitz arbeitet in der Geschäftsstelle des *Vereins demokratischer Ärztinnen und Ärzte* und in der Redaktion des *express. Zeitung für sozialistische Betriebs- und Gewerkschaftsarbeit*. Sie macht Bildungsarbeit für die Gewerkschaft ver.di und hat ihre Dissertation zum Thema *Einfache Warenproduktion. Ideal und Ideologie* veröffentlicht.

Norbert Trenkle ist freier Autor und Mitherausgeber der gesellschaftheoretischen Zeitschrift *Krisis – Beiträge zur Kritik der Warengesellschaft*. Zusammen mit Ernst Lohoff hat er das Buch *Die große Entwertung. Warum Spekulation und Staatsverschuldung nicht die Ursache der Krise sind* (Unrast Verlag 2012) geschrieben. Weitere Texte zur Krisentheorie sowie zu anderen Themen finden sich auf: http://www.krisis.org

Merlin Wolf studierte Pädagogik und Philosophie an der Universität Mainz und war Doktorand der Universität Heidelberg im Bereich der Kritischen Erziehungswissenschaft. Er arbeitet in den Bereichen Demokratiepädagogik und Rechtsextremismusprävention. Nebenbei engagiert er sich gegen Ideologien der Ungleichheit und in sozialen Bewegungen. Von ihm herausgegeben wurde 2015 *Zur Kritik der irrationalen Weltanschauungen - Religion, Esoterik, Verschwörungstheorie, Antisemitismus*. 2017 erschien seine Monographie *Paulo Freire und die Kritische Theorie*.

Guy Standing
PREKARIAT
Die neue explosive Klasse
280 Seiten | 18 Euro | ISBN 3-89771-579-0

Ein brisantes Thema, ein hochaktuelles Buch – ein radikales Plädoyer für soziale Solidarität

Jene durchaus völlig inhomogene Gruppe von Menschen rund um den Globus, die unter unsichersten Bedingungen arbeiten, gewöhnlich in kurzfristigen Beschäftigungsverhältnissen ohne langfristige Perspektiven, meist ohne genügende soziale Absicherung oder andere Schutzmechanismen – nennt Standing das PREKARIAT. Er legt dar, dass diese neue Klasse die westlichen Industriegesellschaften destabilisieren wird. Das Prekariat wird zunehmend frustrierter und gefährlicher. Jene, die keine Stimme haben, sind folgerichtig anfällig für die Lockrufe populistischer und insbesondere extrem rechter Parteien.

UNRAST **Verlag • Postfach 8020 • 48043 Münster**
www.unrast-verlag.de • E-Mail: info@unrast-verlag.de

Johannes Agnoli
Die Subversive Theorie
«Die Sache selbst» und ihre Geschichte
2014, 230 Seiten, kart., 18,80 €
ISBN 3-89657-066-8

«Ich lasse euch hoffen.» - So endet die «subversive Theorie» Johannes Agnolis.
Das Buch dokumentiert die letzte Vorlesungsreihe des Autors 1989/90 am Berliner Otto Suhr-Institut. «Ich wollte», so Agnoli, «Abschied nehmen von der akademischen Aktivität mit einer Reise quer durch die Geschichte der Theorie der menschlichen Rebellion gegen jede Form von Macht und der Unterdrückung. Ich hatte zwei Ziele, abgesehen von meinem grundlegenden Wunsch, das Denken anzuregen und das Gehirn kritisch einzusetzen. Als Erstes geht es um eine historische Forderung: den anderen Weg der Entwicklung des ‹Bewusstseins der Freiheit› aus der Vergessenheit zu reißen, selbstverständlich nicht als linearen Prozess im Sinne Hegels, sondern als ständige Präsenz. Und ich wollte zweitens verständlich machen, daß dieser Weg noch nicht zuende ist, daß die Hoffnung auf eine Gesellschaft der Freien und Gleichen nicht etwa eine eintägig-vergängliche und bedenkliche Kundgebung ist, sondern vielmehr, um es mit Nachdruck zu sagen, der eigentlich Existenzgrund der Menschheit.»
Das Buch wird ergänzt durch ein Sach- und Personenregister sowie umfangreiche Quellenangaben.

Außerdem von Johannes Agnoli im Schmetterling Verlag:
Faschismus ohne Revision
177 Seiten, kart, ISBN 3-89657-074-9, 15,00 €

Politik und Geschichte
266 Seiten, kart., ISBN 3-89657-073-0, 22,00 €

1968 und die Folgen
275 Seiten, kart., ISBN 3-89657-075-7, 15,00 €

Merlin Wolf (Hrsg.)
Zur Kritik der irrationalen Weltanschauungen
Religion – Esoterik – Verschwörungstheorie – Antisemitismus
ISBN 978-3-86569-187-3, 202 Seiten, kartoniert, Euro 16.-

Die Aufklärung hat die irrationalen Weltbilder nicht zum Verschwinden gebracht, sondern nur neue Formen unterschiedlicher Mythen und Einbildungen geschaffen. Die Beiträge analysieren deren wichtigste Erscheinungsformen und ihre Zusammenhänge.
Mit Beiträgen von Manuel Kellner, Johannes Klaffke, Hannah Magin, Ansgar Martins, Gerhard Scheit, Gunzelin Schmid-Noerr, Jasmin Tran, David Waldecker und Merlin Wolf.

Paul Lafargue
Das Recht auf Faulheit
Widerlegung des „Rechts auf Arbeit" von 1848
Herausgegeben von Gerald Grüneklee und Michael Wilk
ISBN 978-3-86569-907-7, 97 Seiten, Abbildungen, kartoniert, Euro 10.-

In seiner erstmals 1883 erschienenen Polemik kritisiert Paul Lafargue die Vorstellung von Arbeit als Selbstzweck. Angesichts der zunehmenden Zwangsverpflichtung von Arbeitslosen zu vorgeblich „gemeinnütziger Arbeit", sinkender Reallöhne und immer schlechter werdenden Arbeitsbedingungen kommt seiner Vision von „Muße und Freiheit" große Aktualität zu. Wer nicht länger einsieht, für die Profite der Konzerne den Buckel krumm zu machen, findet im *Recht auf Faulheit* Ansätze, den tradierten Denkmuster zu entkommen. Obschon bereits im 19. Jahrhundert geschrieben, hat der Text auch in der aktuellen Diskussion um die Arbeit und ihre Bedingungen noch immer eine grundlegende Bedeutung.

Peter Kropotkin
Die Eroberung des Brotes
Herausgegeben von Jürgen Mümken
ISBN 978-3-86569-163-7, 237 Seiten, kartoniert, Euro 15.-

In Die Eroberung des Brotes umreißt Kropotkin seine Vorstellungen einer libertären Gesellschaft. Ausgehend von der Kritik der Verhältnisse am Ende des 19. Jahrhunderts entwickelt er die Utopie einer Gesellschaft, in der andere Eigentums- und Arbeitsverhältnisse existieren als im Kapitalismus. Durch die Neugestaltung sollte eine Aufhebung der Arbeitsteilung auf volkswirtschaftlicher und internationaler Basis stattfinden. Kropotkin kritisierte nicht nur die Trennung von Hand- und Kopfarbeit, sondern auch die Zerstückelung des Wissens über die Gesamtheit der Produktion. Dazu gehörte für ihn die Dezentralisierung der Industrie. Ein zentraler Punkt bei Kropotkin ist die Ablehnung jedwedes Lohnsystems. Kropotkins Werk ist insofern nicht nur ein „Klassiker", der einen grundlegenden Beitrag zur Theorie des Anarchismus liefert, sondern enthält auch für aktuelle Debatten noch Denkanstöße. Die Eroberung des Brotes gehört bis heute zu den wichtigsten Schriften des kommunistischen Anarchismus.

Alibri Verlag, Postfach 100 361, 63703 Aschaffenburg
Fon (06021) 581 734, www.alibri.de